普通高等教育广告学系列教材

# 广告经营与管理

（第二版）

廖秉宜 著

ADVERTISING MANAGEMENT
AND ADMINISTRATION

## 内容提要

"广告经营与管理"是广告学专业的核心主干课程,旨在培养学生的广告经营管理意识和能力。本书构建了系统的广告经营与管理学科知识框架体系,全书共分为三篇:上篇是基本概念与一般原理,重点探讨广告经营与管理概述、广告经营机制——广告代理制、广告经营环境;中篇是广告产业与广告经营,重点探讨广告产业组织、智能广告产业、广告产业制度、国际广告产业;下篇是广告公司的经营与管理,重点探讨广告公司的类型与组织结构、广告公司的业务运作流程管理、广告公司的核心竞争力、广告公司的人力资源管理、广告公司的财务管理与资本运作、媒介广告公司的经营管理、企业内部广告公司的经营管理、媒介购买公司的经营管理、程序化购买广告公司的经营管理。

**图书在版编目(CIP)数据**

广告经营与管理 / 廖秉宜著. —2版. —西安:西安交通大学出版社,2021.6(2025.1重印)
ISBN 978-7-5693-2159-3

Ⅰ.①广… Ⅱ.①廖… Ⅲ.①广告-经营管理 Ⅳ.
①F713.82

中国版本图书馆 CIP 数据核字(2021)第 063580 号

| | | |
|---|---|---|
| 书　　名 | 广告经营与管理(第二版) | |
| | GUANGGAO JINGYING YU GUANLI | |
| 著　　者 | 廖秉宜 | |
| 责任编辑 | 赵怀瀛 | |
| 责任校对 | 柳　晨 | |
| 封面设计 | 任加盟 | |
| 出版发行 | 西安交通大学出版社 | |
| | (西安市兴庆南路1号　邮政编码 710048) | |
| 网　　址 | http://www.xjtupress.com | |
| 电　　话 | (029)82668357　82667874(市场营销中心) | |
| | (029)82668315(总编办) | |
| 传　　真 | (029)82668280 | |
| 印　　刷 | 陕西奇彩印务有限责任公司 | |
| 开　　本 | 787mm×1092mm　1/16　印张 15　字数 374千字 | |
| 版次印次 | 2021年6月第2版　2025年1月第5次印刷 | |
| 书　　号 | ISBN 978-7-5693-2159-3 | |
| 定　　价 | 45.00元 | |

读者购书、书店添货,如发现印装质量问题,请与本社市场营销中心联系。
订购热线:(029)82665248　(029)82667874
投稿热线:(029)82668133
读者信箱:xj_rwjg@126.com

**版权所有　侵权必究**

# 编 委 会

**总 主 编** 姚 曦 武汉大学新闻与传播学院教授、博士生导师、副院长

**编委会成员（以姓氏笔画排序）：**

于婷婷 华中科技大学新闻与信息传播学院副教授

刘 研 内蒙古大学文学与新闻传播学院副教授

刘建平 西南大学文学院副教授

李华君 华中科技大学新闻与信息传播学院教授、副院长、广告学系主任

杨 琳 西安交通大学新闻与新媒体学院教授、博士生导师

张梅兰 华中科技大学新闻与信息传播学院副教授

洪长晖 上海大学新闻传播学院副教授

莫梅锋 湖南大学新闻与传播学院教授、院长助理、广告学系主任

廖秉宜 武汉大学新闻与传播学院教授、广告学系副主任

# 总序 Preface

改革开放四十余年来,中国人民谱写了波澜壮阔的发展历史,创造了最为耀眼的发展奇迹。不仅政治、经济、文化、社会等以前所未有的速度发展,而且国家在发展理念、人民在生产与生活方式等诸方面均产生了前所未有的改变。

这一时代是社会快速转型变革的时代。社会的进步推动着经济制度的完善,经济制度的完善又推动着技术的创新与进步,技术的创新与进步则推动着生产与生活方式的变化。技术创新与进步的路向同样影响着广告学科、广告教育、广告产业和广告研究。它们的进步与发展首先是经济制度完善的结果。经济制度完善带来了广告行业整个学科与产业链的制度保障与变革方向,技术进步不可避免地成为广告产业转型升级的孵化器与助推器。

这一时代是社会飞速发展进步的时代。广告学这门学科理应在这一时代顺应时代的发展潮流而不断改进。之前的广告学教材虽然在某些方面堪称经典,依旧具有借鉴和学习的价值,但是由于时代和社会变革带来的广告业的巨大变化,现有的学科体系、话语体系、理论成果已不足以支撑与技术进步联系极其紧密的广告学的学科建设、学术研究、人才培养和社会服务,相当多的方面已经不能满足当今广告学人才培养的现实需要,因此编纂一套能够真实反映当今学科发展方向的广告学教材已迫在眉睫。

"守正"与"创新"是我们编纂本系列教材应当确立的基本方法。

守正是起点,是根基,是规律,是操守。我们要坚守正道,把握本质,遵循规律。无论时代如何变幻,广告学的基本知识体系不会变化,广告行为的媒介本质不会变化,高层次人才培养的规律不会变化。坚持学术前沿、技术优先,坚定广告业整体发展信心,坚守广告学发展根基,将使中国特色、中国风格、中国气派的广告学展现出更为强大的生命活力。

创新是源泉,是动力,是方向,是路径。创新是历代广告人所拥有的优秀人格与品格。每一代广告人始终坚持把广告学基本原理同时代特点、社会实际紧密结合起来,推进理论创新、制度创新、体制创新、机制创新乃至实践创新,实现广告业挺立潮头，与时俱进。

这个时代的广告学教材需要我们站在前人的肩膀上继续守正，坚毅前行，需要我们把创新作为不断进步的不竭动力，需要我们在守正与创新之间寻求突破，不断发展。我们不应墨守成规，完全恪守过去的知识和理论体系，而应与新媒体、大数据、人工智能等新的学科生长点相结合，在吸收原来教材优点的基础上，走向学术研究和社会应用的最前沿，建立全新的知识体系、学科体系和话语体系，打造一套既尊重传统又超越现有知识体系，既有历史积淀又有最新发现、最新思想、最新观念的，能够引领时代发展和社会进步的广告学教材。这不仅是本系列教材编写组的良好期许，更是我们需要努力达到的最终目的。

本系列教材包括《广告学概论》《广告经营与管理》《广告美学》《广告媒介策划》《广告品牌战略理论与实务》《网络广告文案写作》《数字广告创意与沟通》《公益广告概论》等。本系列教材还佐以与书本同步的电子课件，形成纸媒与电子媒体同步的立体式教学模式，以方便广大师生使用。

该系列教材的编写特色可以概括为以下几个方面：第一是"全"。本系列教材涵盖广告学教学与研究的各个方面，即原理、创意、文案、战略、表现、策划、品牌以及公益广告，可以说既有基础性课程，又有专业性课程，两者相辅相成，缺一不可。第二是"新"。本系列教材根植于传统知识体系，又超越于传统知识体系，虽然在书名上与原来的广告学教材差别无多，但是在内容上却又有实质的变化和发展。本系列教材在吸收原有教材优点的基础上，融入了国内外广告学发展的最新成果，并且大多与新媒体紧密结合，可以代表广告学发展的方向，是对原有教材的一次发展和创新。第三是"实"。本系列教材既在内容方面充盈饱满，又在实务方面贴近现实，反映实际，走向前沿。

为保证教材的质量，最大程度地实现教材编纂初衷，本系列教材编纂人员均来自全国著名高校，如武汉大学、华中科技大学、西安交通大学、湖南大学、上海大学。各位编纂者皆活跃于教学、科研第一线，不仅具有一流的科研能力、丰富的学术成果，而且能够将理论与实践紧密结合，使得教材既有扎实的理论作为基础，又具有很强的实践指导意义。

是为序。

姚 曦

己亥年初夏于珞珈山

# 第二版前言
## Foreword

广告产业是国家文化产业的重要构成,广告产业发展对于国家文化产业战略具有重要意义。近年来,我国政府高度重视广告产业,原国家工商行政管理总局(现国家市场监督管理总局)等政府主管部门相继出台了《关于促进广告业发展的指导意见》《关于推进广告战略实施的意见》《广告产业发展"十二五"规划》《国家广告产业园区认定和管理暂行办法》《广告产业发展"十三五"规划》等产业政策文件,为推动广告产业持续快速发展创造了良好的外部环境。目前,中国广告产业规模已居全球第二位,随着中国经济的持续快速增长,广告产业的增长空间依然巨大。数字化、智能化、集约化、全球化成为中国广告产业发展新的关键词,也对广告人才的知识结构和专业能力提出了新的要求。当前,我国广告行业亟须高级职业经理人,以及熟谙经营管理的策划创意人才和媒介专家。

"广告经营与管理"是广告学专业的核心主干课程,旨在培养学生的广告经营管理意识和能力。本书构建了系统的广告经营与管理学科知识框架体系,全书共分为三篇:上篇是基本概念与一般原理,重点探讨广告经营与管理概述、广告经营机制——广告代理制、广告经营环境;中篇是广告产业与广告经营,重点探讨广告产业组织、智能广告产业、广告产业制度、国际广告产业;下篇是广告公司的经营与管理,重点探讨广告公司的类型与组织结构、广告公司的业务运作流程管理、广告公司的核心竞争力、广告公司的人力资源管理、广告公司的财务管理与资本运作、媒介广告公司的经营管理、企业内部广告公司的经营管理、媒介购买公司的经营管理、程序化购买广告公司的经营管理。

本书的特色之处在于:一是建构系统的广告经营与管理学科知识体系,既有宏观层面的广告产业分析,也有微观层面的广告公司经营管理探讨;既有传统广告公司经营管理与数字化转型战略分析,也有数字广告公司的发展战略与经营管理策略探讨。二是将广告公司经营管理置于广告产业发展语境下,有助于让学生了解广告产业发展的规律与趋势,开阔学生的知识视野。三是探讨智能时代的广告产业发展与广告经营管理,例如智能广告产业、程序化购买广告公司经营管理的知识内容等。四是包含对不同形态广告公司经营管理的分析,例如媒介广告公司、企业内部广告公司、媒介购买公司、程序化购买广告公司经营管理的知识内容,具有系统性、专业性和前沿性。

本书为国家社会科学基金项目"中国互联网广告监管制度研究"(项目编号:16BXW004)、教育部人文社会科学重点研究基地重大项目"传媒智能化背景下中国传媒和广告产业竞争力研究"(项目编号:16JJD860002)、武汉大学人文社会科学青年学者学术发展计划学术团队项目"智能营销传播研究"(项目号:413100035)的阶段性成果。

感谢西安交通大学出版社对本书出版的大力支持,感谢责任编辑赵怀瀛老师及其编辑团队为本书编辑与出版提供了诸多专业建议。本书自2016年出版以来,被全国数十所高校选为广告学专业教材,感谢广告教育界同仁的肯定和支持。针对广告业的最新发展,本书第二版在内容和数据方面均做了修订。由于笔者水平所限,书中不妥之处,敬请各位专家同仁和读者不吝赐正!

廖秉宜

2021年1月于珞珈山

# 第一版前言
## Foreword

近年来，国家高度重视广告产业。2008年以来，国家工商行政管理总局、国家发展和改革委员会等部门相继出台了《关于促进广告业发展的指导意见》《关于推进广告战略实施的意见》《广告产业发展"十二五"规划》《国家广告产业园区认定和管理暂行办法》等政策文件，为推动中国广告产业持续快速发展创造了良好的外部环境。中国广告产业规模目前已跃居全球第二位，随着中国经济的持续快速增长，广告产业的增长空间依然巨大。广告产业的快速发展与数字技术背景下广告产业的急剧变革，对广告人才的知识结构和专业能力提出了新的要求。2005年年底中国广告市场完全对外资开放，国际广告集团在中国市场开始了以资本并购和联合为主要特征的产业扩张，影响中国广告产业的竞争格局和未来走向。提升广告公司的核心竞争力和专业代理能力，推动广告公司的规模化与集约化发展，是当前中国广告教育界和广告产业界共同关注的重大课题。

"广告经营与管理"是广告学专业的核心主干课程之一，旨在培养学生的广告经营管理意识和能力。当前，我国广告行业亟需高级职业经理人，以及熟谙经营管理的策划创意人才和媒介专家。"广告经营与管理"课程需要传授和训练学生的经营管理知识和技能。本书构建了系统的广告经营与管理学科知识框架体系，全书共分为三篇：上篇是基本概念与一般原理，重点探讨广告经营与管理概述、广告经营机制——广告代理制、广告经营环境；中篇是广告产业与广告经营，重点探讨广告产业组织、大数据与广告产业、广告产业制度、国际广告产业；下篇是广告公司的经营与管理，重点探讨广告公司的类型与组织结构、广告公司的业务运作流程管理、广告公司核心竞争力的建构、广告公司的人力资源管理、广告公司的财务管理与资本运作、媒介广告公司的经营管理、企业内部广告公司的经营管理、媒介购买公司的经营管理、程序化购买广告公司的经营管理。本书的特色之处在于：一是建构了系统的广告经营与管理学科知识体系，既有宏观层面的广告产业分析，也有微观层面的广告公司经营管理探讨；既有传统广告公司经营管理与数字化转型战略分析，也有数字广告公司的发展战略与经营管理策略探讨。二是将广告公司经营管理置于广告产业发展语境下,有助于让学生了解广告产业发展的规律与趋势,开阔学生的知识视野。三是探讨数字时代的广告产业发展与广告经营管理,例如大数据与广告产业、程序化购买广告公司的经营管理的知识内容等。四是对不同形态广告公司经营管理进行分析,例如媒介广告公司、企业内部广告公司、媒介购买公司、程序化购买广告公司经营管理的知识内容,具有系统性、专业性和前沿性。

本书是武汉大学"351人才计划"、中央高校基本科研业务费专项资金资助2016年度武汉大学自主科研项目(人文社会科学)的研究成果。

在本书出版之际,特别感谢西安交通大学出版社对本书出版的大力支持,感谢本书责任编辑赵怀瀛老师的信任以及对本书认真负责的审读与校正。感谢武汉大学新闻与传播学院领导和同事在工作上给予的支持。感谢广告教育界前辈及同仁在学术上给予的帮助。本书的写作,也引用了广告学界前辈及今贤的相关研究成果,在此一并表示感谢。此外,还要特别感谢家人一直的支持与鼓励,让我能够全身心地投入学术科研和教学工作。由于笔者水平所限,书中不妥之处,敬请各位专家同仁和广大读者批评指正。

# 目录

## 上篇　基本概念与一般原理

**第一章　广告经营与管理概述** …………………………………………… (002)
　第一节　广告经营与广告管理 …………………………………………… (002)
　第二节　广告经营与广告市场 …………………………………………… (004)
　第三节　广告经营与产业发展 …………………………………………… (008)

**第二章　广告经营机制——广告代理制** ………………………………… (021)
　第一节　广告代理与广告代理制 ………………………………………… (021)
　第二节　广告代理制的三种模式 ………………………………………… (026)

**第三章　广告经营环境** …………………………………………………… (032)
　第一节　广告经营的宏观环境 …………………………………………… (032)
　第二节　广告经营的微观环境 …………………………………………… (039)

## 中篇　广告产业与广告经营

**第四章　广告产业组织** …………………………………………………… (050)
　第一节　广告产业的市场结构 …………………………………………… (050)
　第二节　广告产业的市场行为 …………………………………………… (063)
　第三节　广告产业的市场绩效 …………………………………………… (075)

## 第五章　智能广告产业 ……………………………………………………………… (085)
- 第一节　中国智能广告产业的发展与创新 ………………………………………… (085)
- 第二节　智能广告产业发展的模式与战略 ………………………………………… (091)
- 第三节　智能广告产业发展的趋势与挑战 ………………………………………… (094)

## 第六章　广告产业制度 ……………………………………………………………… (097)
- 第一节　广告产业制度的历史回顾 ………………………………………………… (097)
- 第二节　广告产业制度的问题审视 ………………………………………………… (099)
- 第三节　广告产业的制度优化路径 ………………………………………………… (100)
- 第四节　国家广告产业园建设战略 ………………………………………………… (102)

## 第七章　国际广告产业 ……………………………………………………………… (107)
- 第一节　国际广告产业发展现状及其特点 ………………………………………… (107)
- 第二节　美国网络广告产业的现状与趋势 ………………………………………… (112)
- 第三节　国际广告集团全球扩张模式选择 ………………………………………… (118)
- 第四节　国际广告集团在中国的发展战略 ………………………………………… (122)

# 下篇　广告公司的经营与管理

## 第八章　广告公司的类型与组织结构 ……………………………………………… (128)
- 第一节　广告公司的类型 …………………………………………………………… (128)
- 第二节　广告公司的组织结构 ……………………………………………………… (130)

## 第九章　广告公司的业务运作流程管理 …………………………………………… (140)
- 第一节　广告公司业务运作的基本流程 …………………………………………… (140)
- 第二节　广告公司的客户关系管理 ………………………………………………… (142)

## 第十章　广告公司核心竞争力的建构 ……………………………………………… (147)
- 第一节　核心竞争力与广告公司核心竞争力 ……………………………………… (147)
- 第二节　世界范围内广告公司的战略转型 ………………………………………… (152)
- 第三节　本土广告公司核心竞争力的建构 ………………………………………… (154)

## 第十一章　广告公司的人力资源管理 ·················································· (162)
### 第一节　广告公司人才选聘与素质要求 ············································ (162)
### 第二节　广告公司员工考评、培训与职业发展 ···································· (166)

## 第十二章　广告公司的财务管理与资本运作 ········································ (171)
### 第一节　广告公司的财务管理 ······················································ (171)
### 第二节　广告公司的资本运作 ······················································ (178)

## 第十三章　媒介广告公司的经营管理 ················································ (186)
### 第一节　日本媒介广告公司的发展历程与现状 ··································· (186)
### 第二节　媒介广告公司的经营运作与竞争优势 ··································· (191)
### 第三节　中国媒介广告公司的经营策略 ············································ (194)

## 第十四章　企业内部广告公司的经营管理 ·········································· (197)
### 第一节　韩国企业内部广告公司的发展历程与现状 ····························· (197)
### 第二节　企业内部广告公司的竞争优势与局限 ··································· (201)
### 第三节　韩国企业内部广告公司的经营运作 ······································ (202)
### 第四节　中国企业内部广告公司的经营策略 ······································ (204)

## 第十五章　媒介购买公司的经营管理 ················································ (207)
### 第一节　欧美媒介购买公司兴起的背景及成因 ··································· (207)
### 第二节　欧美媒介购买公司发展的策略及趋势 ··································· (209)
### 第三节　欧美媒介购买公司对中国的影响及对策 ································ (211)

## 第十六章　程序化购买广告公司的经营管理 ········································ (215)
### 第一节　程序化购买的基本原理与运作流程 ······································ (215)
### 第二节　程序化购买广告公司的经营策略 ········································· (218)

## 参考文献 ······················································································ (224)

## 上篇

# 基本概念与一般原理

# 第一章 广告经营与管理概述

广告是商品经济的产物,人类社会自从有了商品生产和商品交换,就有了广告。广告是联结生产者和消费者的重要营销传播工具。现代广告公司的诞生,加速了广告的产业化进程,将广告经营推向一个更新的历史阶段。回顾广告经营的历史,可以看出,广告经营是广告行业发展到一定阶段的产物,现代意义的广告经营更是广告行业高度专业化分工的产物。本章重点探讨广告经营与广告管理、广告经营与广告市场、广告经营与产业发展之间的联系与区别。

## 第一节 广告经营与广告管理

### 一、广告经营的定义

广告是商品经济的产物,人类社会自从有了商品生产与商品交换,就有了广告。广告是联结生产者和消费者的重要营销传播工具。生产者和消费者处于信息不对称状态,生产者通过广告传播商品信息,消费者则通过广告来收集商品信息,降低购买风险,做出正确的购买决策。广告对于生产者和消费者而言,都是必需的。

广告的本质属性是它的商业性,这是广告作品不同于艺术作品的最大区别。正如美国著名广告大师大卫·奥格威所言:"广告的终极目的就是销售。"但是广告也非直白的叫卖,而是需要通过艺术化的创意表现,引起目标消费者注意,激发兴趣,产生欲望和促成购买行动。艺术性是广告的衍生属性,虽非本质属性,但是却影响广告的效果。

随着广告媒介技术的发展,广告形态也在不断演变。传统的广告形态,如口头叫卖、实物陈列、招牌幌子、音响广告等,发展到现代丰富多彩的广告形态,如报纸广告、杂志广告、广播广告、电视广告、户外广告、PC端互联网广告、移动互联网广告、物联网广告等多种形态并存的格局。广告形态演进并非是一种简单的替代性演进,而是一种共生性演进,即新型广告形态的出现,并不会完全取代以往的广告形态,而是呈现一种共生状态。

广告形态日益丰富,对广告专业性的要求越来越高。专业性也是广告的重要属性,它是随着广告媒介技术的发展与广告形态的丰富而日益凸显的。传统广告的口头叫卖和实物陈列,没有太大的技术含量,可以由生产经营者自己来执行。招牌、幌子或是生产经营者亲自设计制作,或是交给专门经营招牌和幌子的店铺来设计制作,这种制作招牌和幌子的店铺的经营活动可以视为最早的广告经营活动。人类社会早期的广告经营活动具有以下明显特点,即手工作坊式的广告经营、简单的字体和图文设计、小范围的代理制作等。然而,早期的广告经营活动总体处于无意识和自然的状态,而非有意识和自觉的广告经营活动,而且生产规模较小、制作工艺简单、专业要求不高。

广告代理公司的诞生,加速了广告产业化的进程,将广告经营推向新的历史阶段。可以说,现代意义上的广告经营活动是以广告代理公司的诞生为标志的。广告史上具有现代意义的第一家广告代理公司,是当时年仅20岁的F.W.艾耶,借他父亲的名义,于1869年在美国费城创建的艾耶父子广告公司。该公司不仅从事报纸广告的媒介代理业务,并且向广告客户提供文案撰写、广告设计制作、媒介的建议和安排等方面的服务,甚至还开展市场调查,为客户提供广告宣传用的资料。此后,不同规模而同类型的广告代理公司相继成立。现代广告经营活动是高度组织化的广告经营活动,具有以下三个方面特点:①高度组织化的经营活动。与人类社会早期广告经营活动不同的是,现代广告经营活动是一种高度组织化的经营活动,即成立专门的广告代理公司,有专业化的组织架构和广告人员,为广告主和媒体提供代理服务。②提供广告全案代理服务。现代广告代理公司,不再仅仅是负责媒体版面销售的掮客,而是为广告客户提供包括市场调查、广告策划、广告设计与制作、广告文案撰写和广告媒体计划等在内的广告全案代理。③广告行业成为独立产业。大量专业的广告代理公司成立,为广告主和媒体提供代理服务,广告行业的竞争加剧,广告公司需要不断提高专业代理能力,以满足广告客户和媒体的需求,由此推动广告产业的规模化发展和广告公司竞争力的提升,广告行业逐渐成为一个独立产业,在国民经济中发挥重要作用。

广告代理公司的产生,是社会化大分工的产物。从企业的角度来看,工业革命带来大规模的流水线生产革命,扩大了产品的生产规模,降低了产品单位成本,企业需要迅速将产品销往全国甚至全球市场,而如果产品不为大众所知晓,销售必然受到影响。因而,企业需要一种大众化的、性价比高的营销传播工具来推销商品,广告的重要性日益被工商界所重视。由于广告作业具有高度专业性,单纯依靠企业自身力量设计制作广告,不仅费时费力,而且专业性不高,因而企业迫切需要专门的广告代理公司为其提供广告代理服务。从媒体的角度来看,公元17世纪初,西方世界出现了真正称得上是近代意义上的报纸和杂志,标志着西方世界近代报业的诞生,从而为广告的发展提供了历史性契机。从17世纪初到20世纪20年代广播诞生之前,报刊广告一直占据主导地位。报刊媒体经营人员与分散的广告客户打交道,管理成本高,财务风险大,这些因素都使得报刊媒体经营者迫切需要专门的广告代理公司帮助其推销版面,而非直接面向广告客户,这样便可以降低管理成本和财务风险。从广告代理公司的角度来看,广告行业是一个高度专业化的智力服务型行业,广告代理公司拥有专业的广告人员、专业的组织架构和专业的广告代理经验,能够为广告主和媒体提供专业的代理服务。广告代理公司是专业化分工的产物,适应了广告主和媒体的需要。

回顾广告经营的历史,可以看出,广告经营是广告行业发展到一定阶段的产物,现代意义的广告经营更是广告行业高度专业化分工的产物。

所谓广告经营,是指经国家广告监督管理机关批准的广告经营者和广告发布者,利用专业的人员、技术和设备,为广告主提供广告设计、制作、代理或发布方面的广告服务或提供广告、公共关系、销售促进、娱乐营销、体育营销、事件营销、网络营销等营销传播服务,并从中获取经济收益的行为。按照上述界定,可以明确以下五点。

(1)从事广告经营,必须经过国家广告监督管理机关批准。国家广告监管管理机关,是指县级以上市场监督管理行政机关。

(2)从事广告经营,必须具备一定的软硬件条件。《广告经营许可证管理办法》规定,广告经营许可证是广告经营单位从事广告经营活动的合法凭证。申请广告经营许可证应当具备以下条件:具有直接发布广告的媒介或手段;设有专门的广告经营机构;有广告经营设备和经营场所;有广告专业人员和熟悉广告法规的广告审查员。

(3)广告经营的主体是广告经营者和广告发布者,即广告公司和广告媒体,广告经营的服务对象是广告主,或称广告客户。

(4)广告经营的业务范畴和活动形式,主要是承揽、代理、设计、制作和发布广告,但不仅限于此。随着企业营销传播代理需求的变化,广告经营的业务范畴和活动形式也在不断拓展,公共关系、销售促进、娱乐营销、体育营销、事件营销、网络营销等营销传播活动,也被纳入现代广告经营的业务范畴。

(5)广告经营属于以提供服务来获取经济收益的一种经济活动和行为。经济效益是衡量广告经营绩效的重要指标,同时广告经营的社会效益也不容忽视,广告经营必须要合法经营、诚信经营。

## 二、广告管理的定义

广告经营与广告管理是既有联系又有区别的两个概念。从广义理解,相关政府机关、单位、组织和个人对广告经营和广告业发展的计划、组织、领导和控制,都可以称之为广告管理。广义的广告管理主要包括以下五个方面。

(1)广告主的广告营销管理。广告主在生产、经营活动中,通过其内部负责广告宣传活动的职能部门,对广告营销战略的制定和实施予以管理。

(2)广告经营者和广告发布者对广告的经营管理。依法取得经营权的广告经营者和广告发布者在法律规定或授权的范围内对所从事的广告经营活动环节及内部经营组织予以管理。

(3)国家对广告的行政管理和法规管理。国家授权有关行政管理机关,依据法律、法规及有关规定进行广告监督管理,保护合法经营,取缔非法经营,查处违法行为,维护社会主义市场经济秩序。

(4)广告行业的自我管理,又称行业自律。广告行业协会组织通过章程、准则、规范等形式进行自我约束、自我管理,促进广告业健康发展。

(5)社会对广告的监督管理,主要是消费者监督和社会舆论、新闻媒介对广告经营活动和广告行业的监督。

本书所论述的广告管理,是指广告经营自身的管理,国家对广告的行政管理和法规管理、广告行业的自律管理、社会对广告的监督管理,则不纳入本书讨论的范畴。

# 第二节 广告经营与广告市场

## 一、广告市场的定义

市场是社会生产和社会分工发展的产物,它与商品生产、商品交换是同时出现的,哪里有社会分工和商品生产,哪里就有市场。从经济学观点看,市场是商品交换的场所,是商品交换关系的总和,反映了人与人之间的关系。经济学家现在用市场来泛指一个特定产品或某类产品进行交易的卖方和买方的集合。

按照市场是"商品交换的场所"的界定,所谓广告市场,是指广告活动的场所。从狭义上讲,它是指某一项广告活动所实施的地理范围,如某个国家或地区的经济状况、消费水准、媒介分布及营销特点等;从广义上讲,是指广告活动的整体环境,如某个国家或地区的经济环境、社会环境、产业状况以及媒介政策等。本书倾向于从市场的性质来解释市场,即把市场看作是"商品交换关系的总和"。所谓交换关系,是指商品生产者、经营者和消费者,为了满足各自的需要,通过买、卖使产品互相转让,以实现各自经济利益的一种经济关系。所谓广告市场,是指广告作为一种特殊商品的交换关系的总和,即把广告活动始终看作一种商品交换活动,看作一种市场行为和市场过程,特别注重这种交换活动、市场行为和市场过程中的交换关系、经济关系和经济利益关系,而把从市场是"商品交换的场所"的定义出发对广告市场所做的界定,看作广告市场的环境要素。

## 二、广告市场的构成要素及运行特点

### (一)广告市场的构成要素

广告活动是一种商品交换活动,是一种市场行为和市场过程。广告主出于营销的需要,支付一定的费用,委托广告代理公司策划、设计和制作广告作品,并在广告媒体上发布,将广告信息传达给目标消费者,这是广告市场运作的一般过程。由此可见,广告市场的构成要素包括以下方面。

(1)参加广告交换活动的当事人。具体包括广告主、广告公司、广告媒介和广告受众。广告主是广告的出资方和委托方,广告公司是广告的生产方和代理方,广告媒介是广告的发布方,广告受众则是广告信息的接受方。

(2)专业的广告人员和技术设备。广告活动是一种高度专业化的作业,广告公司必须要有专业的广告人员和技术设备,才能为广告主提供专业代理服务,进而维系与广告主之间的良好关系,这也是双方交换关系稳定发展的基础。

(3)相互需要的广告商品或资源。参与广告交换活动的当事人彼此需要对方,这使广告商品交换成为必要。广告主制定广告预算,需要广告公司为其提供广告代理服务;广告公司有专业的广告人员和技术设备,以及对市场的深入洞察和广告运作经验,通过为广告主提供代理服务获取经济收益;广告媒介作为广告发布的载体,拥有媒介资源和受众资源,通过出售广告版面/时段或受众资源来获取经济收益;广告受众是广告信息传达的对象,对于广告主、广告公司和广告媒介而言,具有重要的经济价值,没有广告受众,广告市场也无法形成。

### (二)广告市场的运行特点

广告作为一种智力型商品,其价值体现在对目标受众的影响力,帮助广告主达成其广告目标。广告市场的运行与一般市场既有共性,也有自身的特性。

#### 1. 广告市场的直接交易与代理交易

广告市场的交易形式,本身是一种市场选择。广告主既可以选择直接交易,也可以选择代理交易,这取决于不同交易形式的成本效益比。广告主作为广告市场的发起方,既可以自己设计制作广告,直接与广告媒介进行交易,也可以委托广告公司代理其业务,由其代表广告主与媒体进行交易。如果广告公司能够提供比广告主与媒体直接交易更专业的代理服务和性价比更高的交易费用,广告主必然会选择与广告公司进行合作。随着广告行业专业化程度的日益提高,代理交易日益成为广告市场占主导的交易形式。

#### 2. 广告市场的一次交易与多次交易

广告市场的形成,根源于广告市场各方对广告的需求。广告主需要借助广告这一营销传播工具提升品牌知名度、美誉度和信任度,促进产品销售;广告公司需要制作优秀和具有实效性的广告作品帮助广告主达成广告目标;广告媒介需要售卖媒介版面/时段或受众资源给广告主或广告公司,实现其经济收益;广告受众通过广告获取商品信息,做出科学的购买决策,同时广告部分承担了媒体的生产成本,可以让受众免费或廉价消费媒介产品。广告市场的交易形式可以分为一次交易和多次交易,广告主、广告公司和广告媒介之间的合作关系,取决于各方利益的满足程度,广告主作为广告市场的"买方",关注的是广告效果和广告费用的投入产出比,因而,作为广告市场"卖方"的广告公司和广告媒介,只有不断提升代理服务的专业水平和媒体的广告价值,才能维系与广告主之间的良好关系,从而实现多次交易的目标。

3. 售卖媒介资源向售卖用户的转变

传统广告市场采取的是二次售卖模式,即媒介首先将内容售卖给受众,然后将媒介受众售卖给广告主。因而媒介所拥有的受众数量和受众购买力等因素,直接影响媒介的广告价格。媒介是广告信息传播的重要载体,在传统广告市场中,由于媒体资源的相对稀缺,媒体在广告市场中长期处于一种强势地位。广告公司为了增强与媒体和广告主博弈的实力,通过组建媒介购买公司,采取集中采买媒介资源的方式,以量定价,从而增强市场话语权,提高对媒介的影响力和对广告主的吸引力。在互联网时代,二次售卖的模式仍然会继续存在,但是随着大数据挖掘技术的发展,原有售卖媒介资源的形式正在向售卖用户资源的形式转变。需求方平台(demand side platform, DSP)、供应方平台(supply side platform, SSP)、数据管理平台(data management platform, DMP)、广告交易平台(Ad exchange, ADX)等成为数字广告产业链的重要市场主体。新型的广告技术公司可以从海量用户数据中及时发现目标人群,并采用程序化购买的方式,精准地投放广告,实现广告的"千人千面千景",广告效果变得可视化,广告主和广告公司可以实时评价广告效果好坏,调整广告投放策略。

## 三、广告市场的主体活动

### (一)广告主的市场地位与行为

广告主是指为推销商品或者服务,自行或者委托他人设计、制作、发布广告的自然人、法人或者其他组织。从该定义可以看出,广告主做广告的目的主要是为了推销商品或者服务,广告主设计、制作、发布广告的方式有两种,即自行设计、制作与发布,或委托他人设计、制作与发布。广告主既可以是自然人,也可以是法人或者其他组织。

广告主作为广告市场的发起者,是广告市场存在的先决条件。广告市场的规模取决于三个因素,即广告主的数量、广告主的"购买动机"、广告主的"购买力"。这三个因素相互制约,缺一不可。其中广告主的数量是决定广告市场规模大小的基本因素。一般而言,广告主的数量越多,广告花费越高,广告市场规模和容量也就越大。但是广告市场的规模与容量大小也会受到广告主的购买动机和购买力的影响。只有当广告主的数量多,购买力高,购买动机又强时,才能构成现实的理想广告市场。

### (二)广告媒介的市场角色与行为

广告媒介,是指为广告主或者广告主委托的广告经营者发布广告的自然人、法人或者其他组织。从该定义可以看出,广告媒介是为广告主或者广告主委托的广告经营者发布广告服务的,广告媒介是广告发布的载体,广告媒介可以是自然人、法人或者其他组织。

广告媒介是广告发布的重要渠道,在广告市场中处于重要位置。媒介既可以自己经营广告业务,也可以委托广告公司代理销售其广告版面或时段。媒介作为一个经济组织,也是"经济人",必然追求自身利益最大化。现代媒介组织十分重视广告经营,广告也是媒介最重要的经济来源。

媒介的广告经营经历一个由"坐商"到"行商"的过程。传统媒介占主导的时代,媒介资源相对比较稀缺,一些全国性和地方性的强势媒体拥有渠道资源和受众资源,广告主和广告公司经常会主动上门联系业务,这个时期可以称之为媒介的"坐商"时代。然而,随着媒介数量的增加,特别是网络媒体兴起之后,传统媒体生存面临巨大挑战,传统媒体的广告经营额持续下滑,为了提高广告经济效益,传统媒体广告部门需要主动去开发广告客户,并与广告公司开展合作,这个时期可以称之为媒介的"行商"时代。例如,中央电视台从1994年以来每年开展央视黄金资源广告招标活动,通过主动邀请全国的品牌广告主和广告公司参与竞标,大大提升了央视的社会影响和经济收益,成为传统媒体创新广告经营方式的成功典范。

### (三) 广告公司的市场地位与行为

广告公司,是指接受委托,提供广告设计、制作、代理服务的法人组织。

广告公司在广告市场中居于主导地位。广告公司是社会化专业分工的产物,广告公司专业水平的提升,对于广告市场规模扩大和广告产业发展具有重要意义。广告公司竞争力水平,直接决定一个国家广告产业竞争力的高低。在广告市场中,广告主与广告公司之间、广告媒介与广告公司之间是一种"委托-代理"关系。广告公司既接受广告主的委托,提供包括广告或其他营销传播服务在内的代理服务,即客户代理,也接受广告媒介的委托,帮助广告媒介销售版面或时段,即媒介代理。可见,广告市场是一种双重代理模式,广告公司处于联结广告主和广告媒介的重要位置。

广告公司在广告市场中影响力的强弱,取决于广告公司的专业实力和规模实力。广告公司的核心价值在于能够为广告主提供专业的广告和营销传播代理服务,广告公司的专业服务能力越强,对于广告主的吸引力也就越大,广告客户数量也就越多,这样的广告公司对于广告媒介的吸引力自然越大。广告公司的规模实力也影响其在广告市场中的地位,规模实力体现为广告公司的经营区域、服务领域、资金实力等方面。经营区域是指广告公司是全球性经营、全国性经营,还是地区性经营;服务领域是指广告公司是代理广告运作的某个或某几个环节,提供广告全案代理服务,还是提供整合营销传播服务等;资金实力包括广告公司的注册资本、年营业额、年利润额等指标。广告公司之间的竞争不仅体现为专业实力的竞争,同时也体现为规模实力的竞争。比如,广告公司为了提高与广告媒介博弈的实力,通过组建媒介购买公司,集中采买媒介资源,以量定价,从而大大提升与广告媒介博弈的实力。由于拥有优质而且性价比高的媒介资源,广告主更倾向于选择与这类广告公司开展合作,因而也提升了对广告主的话语权。专业实力和规模实力是密切联系的两个概念,专业实力的提升可以促进广告公司的规模化发展,而规模实力的增强又可以促进广告公司专业水平的提升。

### (四) 广告受众的市场参与及影响

广告受众,即大众消费者,是广告活动的目标指向和宣传对象,是广告信息传播的终点,是广告市场活动的最后一环。

广告受众对于广告主、广告公司和广告媒介都具有特殊意义。广告受众是广告主的广告传播对象,也是广告主的消费者,广告主的任何一次广告运动都必须以广告受众的反应作为最终的评价依据。广告受众的反应即广告效果,包括传播效果和销售效果,广告效果的评价以广告目标为依据。广告受众也是广告公司需要研究的对象,成功的广告运动必然建立在深入洞察广告受众的基础上。互联网时代,广告公司需要通过大数据挖掘技术,精准定位广告受众,从而有针对性地进行广告投放,广告公司也由传统的售卖媒介资源的模式向直接售卖受众转变,这种模式的广告效果更容易监测,对于广告主而言,更有说服力。程序化的广告交易日益受到广告主认可,并逐渐成为互联网媒体广告资源交易的主导形式。广告受众也是媒体最有价值的经济资源,传统媒体通过制作优质的内容,将内容售卖给受众,然后将受众出售给广告主,这是传统媒体的二次售卖模式,而在互联网媒体环境下,媒介直接将用户出售给广告主。无论是二次售卖模式,还是直接售卖模式,广告受众都是媒介最重要的资源,对于媒介广告经营人员而言,需要开展深入的媒介受众研究,发掘媒体的真正价值,从而为广告主和广告公司的决策提供科学依据。

随着公众广告素养的日益提升,公众也开始更多地参与广告活动,如通过点赞、分享和评论等表达对广告和品牌的意见,影响消费者的品牌评价与购买决策,因而广告市场主体必须高度重视社交媒体中针对广告和品牌的用户评价意见,不断优化广告策略,提升广告效果。此外,广告受众对虚假违法广告的社会监督,对于促进广告产业健康发展具有积极作用。

## 第三节 广告经营与产业发展

### 一、广告产业的定义

马克思主义政治经济学曾将产业表述为从事物质性产品生产的行业。20 世纪 50 年代以后,随着服务业和各种非生产性产业的迅速发展,产业的内涵发生了变化,不再专指物质产品生产部门,而是指"生产同类产品(或服务)及其可替代品(或服务)的企业群在同一市场上的相互关系的集合"。"产业"是一个居于微观经济的细胞(企业)和宏观经济的整体(国民经济)之间的"集合概念",它既是同一属性的企业的集合,也是根据某一标准对国民经济进行划分的一部分。杨公朴、夏大慰认为,产业就是"具有使用相同原材料、相同工艺技术或生产产品用途相同的企业的集合"[①]。如汽车企业的集合构成汽车产业、房地产企业的集合构成房地产产业、广告企业的集合构成广告产业等。

所谓广告产业,是指代理广告业务或提供相关营销传播服务的广告公司与承揽并发布广告的广告媒介在同一市场上的相互关系的集合。广告产业的主体是广告公司和广告媒介,其中又是以广告公司为主导,它是衡量广告产业发达和成熟程度的重要指标,广告公司的创新发展将直接推动中国广告产业升级。广告市场与广告产业是密切相连又有区别的两个概念。广告市场是指广告作为一种特殊商品的交换关系的总和,即把广告活动始终看作一种商品交换活动,看作一种市场行为和市场过程,特别注重这种交换活动、市场行为和市场过程中的交换关系、经济关系和经济利益关系。广告市场由广告主、广告公司、广告媒介和广告受众四个基本要素共同构成。需要厘清的是,广告主是不是广告产业的主体?广告主作为广告市场的发起人和出资方,对于广告产业的发展具有重要意义,广告主的数量、广告购买动机、广告购买能力直接决定广告产业的规模。但是广告主并不是广告产业的主体,而是广告市场的主体。广告主是广告的"买方",从营销者观点来看,卖方构成产业,即作为"卖方"的广告公司和广告媒介才是广告产业的主体。

---

① 杨公朴、夏大慰:《现代产业经济学》,上海:上海财经大学出版社,2005 年版,第 2 页。

## 二、广告产业的定位与特征

### （一）广告产业的定位

关于广告产业的定位问题，主要有三种代表性的观点。

第一种观点认为广告产业属于第三产业中的商务服务业。2002年修订的《国民经济行业分类》用新的方法重新划分三次产业，具体范围是：第一产业包括农、林、牧、渔；第二产业包括采矿业，制造业，电力、燃气及水生产和供应业，建筑业；第三产业包括除第一、二产业以外的其他行业，具体包括交通运输、仓储和邮政业，信息传输、计算机服务和软件业，批发和零售业，住宿和餐饮业，金融业，房地产业，租赁和商务服务业，科学研究、技术服务和地质勘查业，水利、环境和公共设施管理业，居民服务和其他服务业，教育，卫生、社会保障和社会福利业，文化、体育和娱乐业，公共管理和社会组织、国际组织等。按照这一分类方法，企业管理服务、法律服务、咨询与调查、广告业、知识产权服务、职业中介服务、市场管理、会议及展览服务等都属于商务服务业范畴。《国民经济行业分类》经过数次修订，2019年3月25日，国家标准化管理委员会批准GB/T 4754—2017《国民经济行业分类》(2019年修订)，自2019年3月29日起实施，广告业属于商务服务业。2011年3月27日，国家发展和改革委员会发布《产业结构调整指导目录(2011年本)》，作为体现广告行业核心竞争力的"广告创意、广告策划、广告设计、广告制作"，进入了指导目录中的鼓励类(详见《产业结构调整指导目录(2011年本)》第32项"商务服务业"中第7条)。《产业结构调整指导目录》是政府引导投资方向，管理投资项目，制定和实施财税、金融、土地、进出口等政策的重要依据。该目录自2011年6月1日起施行。2013年2月26日，国家发展和改革委员会会同国务院有关部门对《产业结构调整指导目录(2011年本)》有关条目进行了调整，形成了《国家发展改革委关于修改〈产业结构调整指导目录(2011年本)〉有关条款的决定》，自2013年5月1日起施行。2019年8月27日，国家发展和改革委员会审议通过《产业结构调整指导目录(2019年本)》，自2020年1月1日起施行，《产业结构调整指导目录(2011年本)(修正)》同时废止。

第二种观点认为广告产业是创意产业的组成部分。创意是广告的灵魂，广告人的工作就是对信息进行艺术化和商业化的创意表现，从而达到提高企业和品牌知名度、美誉度和信任度的传播效果，促进企业产品的销售。1998年英国创意产业专责小组提出"创意产业"，并将其定义为"源自个人创造力、技能及才华，通过知识产权的生成和取用，具有创造财富并增加就业潜力的行业"。该定义界定了休闲游戏软件、电视与广播出版、表演艺术、音乐、电影与录音带、时尚设计、工艺、广告、建筑、时装设计、软件、古董等12个行业为创意产业[1]。丁俊杰教授认为，创意产业是我国正在成型的一个朝阳产业，亦是推动信息产业和文化产业的强大引擎。而未来创意产业的龙头就是广告业。广告业不仅拥有丰富的创意资源，更是一个经营创意的平台。通过这个平台，中国的创意资源将被整合、发布并利用，能够激发多个行业乃至产业的创造力，而创造力的强弱通常可以作为行业或产业发展潜力的重要评价指标[2]。

第三种观点认为广告产业属于文化产业的重要构成。陈培爱教授认为，广告业本身就是

---

[1] 厉无畏：《创意产业导论》，上海：学林出版社，2006年版，第3页。
[2] 丁俊杰、黄河：《观察与思考：中国广告观——中国广告产业定位与发展趋势之探讨》，《现代传播》2007年第4期，第80页。

一个庞大的文化产业。文化产业不仅具有意识形态属性,而且可以转化为巨大的经济价值。广告作为经济发展的助推器,在文化产业的发展中发挥重要作用。各种文化活动、文化产品多是利用广告在媒体中传播出去的,广告业自身就是文化产业的一个重要组成部分①。陈刚教授认为,广告业是文化产业的重要组成部分,具有无可替代的优势地位。广告业作为以创意为核心价值的产业,必须找准其作为文化产业发展发动机和推进器的定位,成为文化产业的支柱产业之一,进而提升广告产业在整个社会经济中的影响力②。谢名家教授认为,文化产业作为一种特殊的经济形态,是以文化资源作为主要基础,生产各种文化产品的行为。文化产业和其他产业的界线不是绝对分明的。文化产业包括科技和科技服务产业、教育及各行各业的培训产业、出版业、传媒业、会展业、软件业和信息服务业、咨询服务业、旅游业、演艺娱乐业、影视业、体育产业、卫生保健业、美术业、广告业、文化中介和市场中介、法律服务、图书博物馆业等③。2009年9月22日,国务院常务会议审议通过的《文化产业振兴规划》,将文化创意、影视制作、出版发行、印刷复制、广告、演艺娱乐、文化会展、数字内容和动漫等九大行业确定为国家重点文化产业,并加大对文化产业的扶持力度,完善产业政策体系,实现跨越式发展。

事实上,广告的多元属性决定了广告产业的综合性产业定位。广告产业既属于第三产业中的商务服务业,也是文化产业和创意产业的重要组成部分。在我国,广告产业的发展被纳入国家文化产业的范畴,对于广告产业界而言,需要明确其产业定位,利用国家大力发展和扶持文化产业的历史机遇,提升中国广告产业的国际竞争力,更好地服务国家经济发展战略。

**(二)广告产业的特征**

1. 广告产业的独立性

根据国家标准化管理委员会批准的 GB/T 4754—2017《国民经济行业分类》(2019年修订),广告业属于"租赁和商务服务业"门类中的"商务服务业"。广告产业是国民经济行业类型中商务服务业的重要构成。作为国民经济产业的重要构成,广告产业的发展将会有力推动国民经济的发展。国家市场监督管理总局发布的数据显示,2019年我国大陆地区广告市场总体规模达到8674.28亿元,较上年增长了8.54%,占国内生产总值(GDP)的0.88%,较上一年度净增682.8亿元。按最新的全国人口计算,2019年全国人均广告消费额为619.57元人民币,相比于2010年人均181.55元人民币,增长幅度为341.26%,市场活跃度显著提升④。广告产业作为国民经济的晴雨表,反映着市场走势的结构变化趋势。1981—2019年中国广告产业发展状况如表1-1所示。

广告产业是一个独立性产业,有其产业发展的客观规律。广告产业提供的是智力服务型产品,广告产业发展既有产业发展的一般特性,同时也有其发展的特殊性。因而,关于广告产业的研究,既要关注产业发展的共性层面,也要关注产业发展的个性层面。广告产业的研究必须要深入分析广告公司和广告媒介内部的组织结构和运营机制,同时也要深入研究广告产业的外部环境,如政治、经济、社会、文化、政策法规等对广告产业的积极影响和消极影响。

---

① 陈培爱:《论广告与文化产业的互动发展》,《今传媒》2005年第11期,第10-12页。
② 陈刚:《中国广告产业重新定位的四个维度》,《广告大观》(综合版),2006年第12期,第24-26页。
③ 谢名家:《文化产业:精神生产发展的现代形态》,《思想战线》2007年第1期,第47-59页。
④ 《2019中国广告年度数据报告》,http://biz.ifeng.com/c/7v8CVm6AVBA,2021年1月20日访问。

表 1-1 1981—2019 年中国广告产业发展状况[①]

| 年度 | 经营单位/户 | 从业人员/人 | 营业额/万元 | 营业额增长幅度/% | 占 GDP 比重/% | 人均营业额/万元 |
| --- | --- | --- | --- | --- | --- | --- |
| 1981 | 1160 | 16160 | 11800 | 686.7 | 0.02 | 0.73 |
| 1982 | 1623 | 18000 | 15000 | 27.1 | 0.03 | 0.83 |
| 1983 | 2340 | 34853 | 23407 | 56.1 | 0.04 | 0.67 |
| 1984 | 4077 | 47259 | 36528 | 56.1 | 0.05 | 0.78 |
| 1985 | 6052 | 63819 | 60523 | 65.7 | 0.07 | 0.95 |
| 1986 | 6944 | 81130 | 84478 | 39.6 | 0.08 | 1.04 |
| 1987 | 8225 | 92279 | 111200 | 31.6 | 0.09 | 1.21 |
| 1988 | 10677 | 112139 | 149294 | 34.3 | 0.10 | 1.33 |
| 1989 | 11142 | 128203 | 199900 | 33.9 | 0.12 | 1.60 |
| 1990 | 11123 | 131970 | 250173 | 25.2 | 0.13 | 1.90 |
| 1991 | 11769 | 134506 | 350893 | 40.3 | 0.16 | 2.61 |
| 1992 | 16683 | 185428 | 678475 | 93.4 | 0.25 | 3.66 |
| 1993 | 31770 | 311967 | 1340874 | 97.6 | 0.38 | 4.30 |
| 1994 | 43046 | 410094 | 2002623 | 49.4 | 0.41 | 4.88 |
| 1995 | 48082 | 477371 | 2732690 | 36.5 | 0.45 | 5.72 |
| 1996 | 52871 | 512087 | 3666372 | 34.2 | 0.51 | 7.16 |
| 1997 | 57024 | 545788 | 4619638 | 26.0 | 0.58 | 8.46 |
| 1998 | 61730 | 578876 | 5378327 | 16.4 | 0.63 | 9.30 |
| 1999 | 64882 | 587474 | 6220506 | 15.7 | 0.69 | 10.59 |
| 2000 | 70747 | 641116 | 7126632 | 14.6 | 0.71 | 11.12 |
| 2001 | 78339 | 709076 | 7948876 | 11.5 | 0.72 | 11.21 |
| 2002 | 89552 | 756414 | 9031464 | 13.6 | 0.75 | 11.94 |
| 2003 | 101786 | 871366 | 10786800 | 19.4 | 0.79 | 12.38 |
| 2004 | 113508 | 913832 | 12646000 | 17.2 | 0.79 | 13.84 |
| 2005 | 125394 | 940415 | 14163000 | 12.0 | 0.76 | 15.06 |
| 2006 | 143129 | 1040099 | 15730018 | 11.1 | 0.72 | 15.12 |
| 2007 | 172615 | 1112528 | 17409626 | 10.7 | 0.65 | 15.65 |
| 2008 | 185765 | 1266393 | 18995614 | 9.1 | 0.60 | 14.99 |
| 2009 | 204982 | 1333100 | 20410322 | 7.5 | 0.59 | 15.31 |
| 2010 | 243445 | 1480525 | 23405076 | 14.7 | 0.57 | 15.81 |

[①] 数据来源:根据《中国广告二十年统计资料汇编》、原国家工商行政管理总局(现国家市场监督管理总局)、中国广告协会、《现代广告》杂志历年发布的中国广告业统计数据报告整理。

续表

| 年度 | 经营单位/户 | 从业人员/人 | 营业额/万元 | 营业额增长幅度/% | 占GDP比重/% | 人均营业额/万元 |
|---|---|---|---|---|---|---|
| 2011 | 296507 | 1673444 | 31255529 | 33.5 | 0.65 | 18.68 |
| 2012 | 377778 | 2177840 | 46982791 | 50.3 | 0.88 | 21.57 |
| 2013 | 445365 | 2622053 | 50197500 | 6.8 | 0.85 | 19.14 |
| 2014 | 543690 | 2717939 | 56056000 | 11.7 | 0.88 | 20.62 |
| 2015 | 671893 | 3072542 | 57934100 | 6.6 | 0.84 | 18.86 |
| 2016 | 875146 | 3900384 | 64891300 | 8.6 | 0.87 | 16.64 |
| 2017 | 1123059 | 4381795 | 68964100 | 6.3 | 0.84 | 15.74 |
| 2018 | 1375892 | 5582253 | 79914800 | 15.9 | 0.87 | 14.32 |
| 2019 | 1633046 | 5935051 | 86742800 | 8.5 | 0.88 | 14.62 |

2. 广告产业的依附性

尽管广告产业像其他产业一样，都是国民经济的独立产业，但是广告产业具有明显的依附性特点，具体表现为对广告主和广告媒介的依附。这是由广告产业作为商务服务业的特性所决定的。广告产业是智力服务型行业，广告产业的发展与国民经济的发展和广告主的发展有着密切关系。广告产业的发展规模受到国民经济总体发展状况和广告主的数量、广告购买动机和广告购买能力的影响。同时，广告是依附于媒介而发布的，广告媒介的发展状况也会影响广告产业发展。

广告产业对于广告主的依附性，表现为广告主的数量越多，广告购买动机越强，广告购买能力越高，广告投放费用就越多，广告产业的规模也就越大。但是，广告主的广告费支出也不是无限度的，它受到国家税收政策的影响。例如，2020年11月27日，财政部、国家税务总局发布《财政部税务总局关于广告费和业务宣传费支出税前扣除有关事项的公告》，根据《中华人民共和国企业所得税法》及其实施条例，对广告费和业务宣传费支出税前扣除有关事项做出如下规定："一、对化妆品制造或销售、医药制造和饮料制造（不含酒类制造）企业发生的广告费和业务宣传费支出，不超过当年销售（营业）收入30%的部分，准予扣除；超过部分，准予在以后纳税年度结转扣除。二、对签订广告费和业务宣传费分摊协议（以下简称分摊协议）的关联企业，其中一方发生的不超过当年销售（营业）收入税前扣除限额比例内的广告费和业务宣传费支出可以在本企业扣除，也可以将其中的部分或全部按照分摊协议归集至另一方扣除。另一方在计算本企业广告费和业务宣传费支出企业所得税税前扣除限额时，可将按照上述办法归集至本企业的广告费和业务宣传费不计算在内。三、烟草企业的烟草广告费和业务宣传费支出，一律不得在计算应纳税所得额时扣除。四、本通知自2021年1月1日起至2025年12月31日止执行。"[1]

---

[1] 《财政部税务总局关于广告费和业务宣传费支出税前扣除有关事项的公告》，http://www.chinatax.gov.cn/chinatax/n362/c5159609/content.html，2021年1月20日访问。

广告产业对于广告媒介的依附性表现为广告媒介数量的增加,意味着媒介受众人数的增加,对于广告主的价值就越大,广告主的广告媒介投放费用就会越多,自然扩大了广告产业的规模。同时广告媒介的结构性变化,也会引起广告产业的结构性变化。网络媒介的发展正在深刻改变广告产业的结构,广告主的广告预算开始越来越多地向互联网媒体倾斜,传统媒体广告经营额下降,互联网媒体广告经营额显著上升,这已经成为广告产业发展的必然趋势。面对这一趋势,无论是广告主,还是广告公司、广告媒介都需要及时转变广告经营理念和经营战略。

3. 广告产业的关联性

广告产业发展与国民经济发展具有高度相关性。广告产业是一个高度依附性的产业,受到国家宏观经济政策的影响,以及其他产业发展的影响。改革开放以来中国广告产业的快速发展,得益于中国经济的持续稳步发展。广告产业具有高渗透性和强辐射力,其规模化发展和竞争力提升对于推动国民经济发展和提升民族品牌附加值产生重大的推动作用[1]。统计数据显示,1981—2019 年间,中国广告产业的年均增长率大大高于同期国内生产总值(GDP)和全国社会消费品零售总额的年均增长率。1981—2019 年全国广告经营额、GDP 和社会消费品零售总额及其增长情况如表 1-2 所示。

**表 1-2 1981—2019 年全国广告经营额、GDP 和社会消费品零售总额及增长情况[2]**

| 年度 | 全国广告经营额及增长幅度 | | 全国 GDP 及增长幅度 | | 全国社会消费品零售总额及增长幅度 | |
| --- | --- | --- | --- | --- | --- | --- |
| | 总量/万元 | 增长率/% | 总量/亿元 | 增长率/% | 总量/亿元 | 增长率/% |
| 1981 | 11800 | 686.7 | 4935.8 | 7.6 | 2350.0 | 9.8 |
| 1982 | 15000 | 27.1 | 5373.4 | 8.9 | 2570.0 | 9.4 |
| 1983 | 23407 | 56.1 | 6020.9 | 12.1 | 2849.4 | 10.9 |
| 1984 | 36528 | 56.1 | 7278.5 | 20.9 | 3376.4 | 18.5 |
| 1985 | 60523 | 65.7 | 9098.9 | 25.0 | 4305.0 | 27.5 |
| 1986 | 84478 | 39.6 | 10376.2 | 14.0 | 4950.0 | 15.0 |
| 1987 | 111200 | 31.6 | 12174.6 | 17.3 | 5820.0 | 17.6 |
| 1988 | 149294 | 34.3 | 15180.4 | 24.7 | 7440.0 | 27.8 |
| 1989 | 199900 | 33.9 | 17179.7 | 13.2 | 8101.4 | 8.9 |
| 1990 | 250173 | 25.2 | 18872.9 | 9.9 | 8300.1 | 2.5 |
| 1991 | 350893 | 40.3 | 22005.6 | 16.6 | 9415.6 | 13.4 |
| 1992 | 678475 | 93.4 | 27194.5 | 23.6 | 10993.7 | 16.8 |

---

[1] 廖秉宜:《自主与创新:中国广告产业发展研究》,北京:人民出版社,2009 年版,第 10 页。
[2] 数据来源:根据《中国广告二十年统计资料汇编》、原国家工商行政管理总局(现国家市场监督管理总局)、中国广告协会、《现代广告》杂志历年发布的中国广告业统计数据报告,以及国家统计局网站年度数据整理。

续表

| 年度 | 全国广告经营额及增长幅度 | | 全国GDP及增长幅度 | | 全国社会消费品零售总额及增长幅度 | |
|---|---|---|---|---|---|---|
| | 总量/万元 | 增长率/% | 总量/亿元 | 增长率/% | 总量/亿元 | 增长率/% |
| 1993 | 1340874 | 97.6 | 35673.2 | 31.2 | 14240.1 | 29.5 |
| 1994 | 2002623 | 49.4 | 48637.5 | 36.3 | 18544.0 | 30.2 |
| 1995 | 2732690 | 36.5 | 61339.9 | 26.1 | 23463.9 | 26.5 |
| 1996 | 3666372 | 34.2 | 71813.6 | 17.1 | 28120.4 | 19.8 |
| 1997 | 4619638 | 26.0 | 79715.0 | 11.0 | 30922.9 | 10.0 |
| 1998 | 5378327 | 16.4 | 85195.5 | 6.9 | 32955.6 | 6.6 |
| 1999 | 6220506 | 15.7 | 90564.4 | 6.3 | 35122.0 | 6.6 |
| 2000 | 7126632 | 14.6 | 100280.1 | 10.7 | 38447.1 | 9.5 |
| 2001 | 7948876 | 11.5 | 110863.1 | 10.6 | 42240.4 | 9.9 |
| 2002 | 9031464 | 13.6 | 121717.4 | 9.8 | 47124.6 | 11.6 |
| 2003 | 10786800 | 19.4 | 137422.0 | 12.9 | 51303.9 | 8.9 |
| 2004 | 12646000 | 17.2 | 161840.2 | 17.8 | 58004.1 | 13.1 |
| 2005 | 14163000 | 12.0 | 187318.9 | 15.7 | 66491.7 | 14.6 |
| 2006 | 15730018 | 11.1 | 219438.5 | 17.1 | 76827.2 | 15.5 |
| 2007 | 17409626 | 10.7 | 270092.3 | 23.1 | 90638.4 | 18.0 |
| 2008 | 18995614 | 9.1 | 319244.6 | 18.2 | 110994.6 | 22.5 |
| 2009 | 20410322 | 7.5 | 348517.7 | 9.2 | 128331.3 | 15.6 |
| 2010 | 23405076 | 14.7 | 412119.3 | 18.0 | 152083.1 | 18.5 |
| 2011 | 31255529 | 33.5 | 487940.2 | 18.4 | 179803.8 | 18.2 |
| 2012 | 46982791 | 50.3 | 538580.0 | 10.4 | 205517.3 | 14.3 |
| 2013 | 50197500 | 6.8 | 592963.2 | 10.1 | 232252.6 | 13.0 |
| 2014 | 56056000 | 11.7 | 643563.1 | 8.5 | 259487.3 | 11.7 |
| 2015 | 57934100 | 6.6 | 688858.2 | 7.0 | 286587.8 | 10.4 |
| 2016 | 64891300 | 8.6 | 746395.1 | 8.4 | 315806.2 | 10.2 |
| 2017 | 68964100 | 6.3 | 832035.9 | 11.5 | 347326.7 | 10.0 |
| 2018 | 79914800 | 15.9 | 919281.1 | 10.5 | 377783.1 | 8.8 |
| 2019 | 86742800 | 8.5 | 990865.1 | 7.8 | 408017.2 | 8.0 |

通过计量经济模型分析,广告营业额与GDP和社会消费品零售总额存在强正相关关系。从1981年到2019年,广告经营额与GDP、社会消费品零售总额的皮尔森(Pearson)相关系数分别高达0.993和0.996,统计意义十分显著(见表1-3)。

表1-3 1981—2019年全国广告经营额、GDP、社会消费零售总额简单相关分析

| | 指标 | 国内生产总值(GDP) | 社会消费品零售总额 |
| --- | --- | --- | --- |
| 广告经营额 | Pearson相关系数 | 0.993** | 0.996** |
| | 显著性(双侧) | 0.000 | 0.000 |
| | N | 39 | 39 |
| 国内生产总值(GDP) | Pearson相关系数 | | 0.998** |
| | 显著性(双侧) | | 0.000 |
| | N | | 39 |

注:** 表明相关系数在0.01水平(双侧)上显著。

广告产业与国家经济战略具有高度关联性。首先,广告产业是国家文化产业战略的重要构成。国家统计局发布的数据显示,2019年全国文化及相关产业增加值为44363亿元,比上年增长7.8%(未扣除价格因素),占GDP的比重为4.5%。全国广告经营额占文化产业增加值的比重为19.6%,广告产业规模的扩大和国际竞争力的提升,将有力推动文化产业成为国民经济支柱性产业。其次,广告产业助推经济发展方式转型。当前,我国经济发展方式转型的目标就是要从依靠投资、出口拉动向消费、投资、出口协同拉动转变,尤其强调消费的重要作用。2020年10月26日至29日在北京举行的中国共产党第十九届中央委员会第五次全体会议,通过了《中共中央关于制定国民经济和社会发展第十四个五年规划和二〇三五年远景目标的建议》,提出要加快构建以国内大循环为主体、国内国际双循环相互促进的新发展格局。广告对于塑造品牌,刺激消费,加快形成"国内国际双循环相互促进"具有重要意义,广告产业发展将有力推动国家经济战略的实施。再次,广告产业竞争力提升可以推动国家出口战略和企业"走出去"战略的实施。尽管中国现在已经成为全球第二大经济体和第二大广告市场,但是中国民族企业和营销传播公司的国际竞争力还不强,如何推动中国品牌走向世界,打造世界级的中国跨国企业和营销传播集团,成为新时期的重要战略任务。中国广告产业竞争力的增强,将会有力地提升中国品牌国际声誉和市场竞争力。

4. 广告产业的复合性

广告产业复合性是由广告产业的多元属性决定的。在前文中谈到,广告产业的三种定位,即商务服务业、创意产业和文化产业。由于广告业本质上是为广告主提供策划、创意、设计、制作和代理发布等的商务服务行业,因而将广告产业纳入商务服务业自然是情理之中。同时,广告是一种创意产品,凝结着广告人员的智慧,广告作品的创意与艺术作品的创意最大不同在于广告作品的商业性,可以说广告是一种商业化的创意作品,因而一些国家如英国等将广告产业纳入创意产业的范畴。广告又是大众文化的一部分,广告的本质属性是商业性,文化是广告的衍生属性,但是在现代社会,广告对于消费文化、时尚文化、流行文化的引领作用显著,广告产业也是文化产业的重要组成部分。可见,广告产业定位的不同,正是由于广告产业的复合性特点。

## 三、中国广告产业的发展

### 1. 广告产业规模跃居全球第二

1979年,中国广告市场重开。数据统计显示,1979年,全国广告经营额约1000万元,广告经营单位仅十几户,广告从业人员约1000人[1]。随着改革开放的深入实施和市场经济的发展,中国广告产业迎来了快速发展的时期。根据国家市场监督管理总局发布的数据,2019年,我国大陆地区广告市场总体规模达到8674.28亿元,较上年增长了8.54%。中国广告产业规模已经跃居全球第二位,仅次于美国。根据电通集团网站发布的《电通集团2015年年度报告》中关于全球广告花费的预测数据显示,2014年,北美、亚太、西欧占了全球广告产业市场份额的90.1%,其中北美占37.8%,亚太占34.5%,西欧占17.8%。亚太也是全球广告产业增长最快的地区,2014年,亚太广告花费比上一年增长5.25%,北美比上一年增长4.49%,西欧比上一年增长2.31%。各国广告产业市场份额占全球的比重排名分别为美国(36.2%)、中国(14.8%)、日本(10.0%)、英国(4.7%)、德国(3.2%)、巴西(2.3%)、法国(2.2%)、澳大利亚(2.1%)、加拿大(1.6%)、意大利(1.6%)、韩国(1.6%)、印度尼西亚(1.6%)等(见表1-4)[2]。

表1-4 2012—2014年全球各地区和国家广告花费及所占比重

| 地区/国家 | 2012年 广告花费/百万美元 | 比重/% | 2013年 广告花费/百万美元 | 比重/% | 2014年 广告花费/百万美元 | 比重/% |
|---|---|---|---|---|---|---|
| 北美 | 179445.2 | 37.8 | 186984.8 | 37.9 | 195387.8 | 37.8 |
| 美国 | 171432.0 | 36.1 | 178824.4 | 36.2 | 186955.6 | 36.2 |
| 加拿大 | 8013.2 | 1.7 | 8160.4 | 1.7 | 8432.2 | 1.6 |
| 西欧 | 90285.2 | 19.0 | 89737.5 | 18.2 | 91807.5 | 17.8 |
| 英国 | 21320.7 | 4.5 | 22661.4 | 4.6 | 24199.5 | 4.7 |
| 德国 | 16308.1 | 3.4 | 16252.4 | 3.3 | 16485.0 | 3.2 |
| 法国 | 11808.8 | 2.5 | 11490.4 | 2.3 | 11387.0 | 2.2 |
| 意大利 | 9158.7 | 1.9 | 8235.5 | 1.7 | 8073.9 | 1.6 |
| 西班牙 | 5219.0 | 1.1 | 4777.4 | 1.0 | 5054.6 | 1.0 |
| 中东欧 | 12317.3 | 2.6 | 12529.5 | 2.5 | 12843.5 | 2.5 |
| 俄罗斯 | 5460.4 | 1.1 | 5991.6 | 1.2 | 6221.1 | 1.2 |
| 亚太 | 160890.4 | 33.9 | 169177.4 | 34.3 | 178073.2 | 34.5 |
| 中国 | 66181.7 | 13.9 | 71098.8 | 14.4 | 76480.4 | 14.8 |
| 日本 | 49704.2 | 10.5 | 50420.5 | 10.2 | 51905.4 | 10.0 |

---

[1] 现代广告杂志社:《中国广告业二十年统计资料汇编》,北京:中国统计出版社,2000年版,第3页。
[2] 《电通集团2015年年度报告》,https://www.group.dentsu.com/en/ir/,2021年1月20日访问。

续表

| 地区/国家 | 2012年 广告花费/百万美元 | 比重/% | 2013年 广告花费/百万美元 | 比重/% | 2014年 广告花费/百万美元 | 比重/% |
| --- | --- | --- | --- | --- | --- | --- |
| 澳大利亚 | 10528.4 | 2.2 | 10611.7 | 2.1 | 10647.4 | 2.1 |
| 韩国 | 7992.7 | 1.7 | 8165.2 | 1.7 | 8286.8 | 1.6 |
| 印度尼西亚 | 6086.1 | 1.3 | 7223.2 | 1.5 | 8030.5 | 1.6 |
| 印度 | 4099.2 | 0.9 | 4430.0 | 0.9 | 4815.4 | 0.9 |
| 拉美 | 18214.1 | 3.8 | 20289.4 | 4.1 | 22596.9 | 4.4 |
| 巴西 | 9674.4 | 2.0 | 10668.4 | 2.2 | 11680.6 | 2.3 |
| 其他地区 | 14073.3 | 3.0 | 15204.8 | 3.1 | 15843.3 | 3.1 |
| 总计 | 475225.4 | 100.0 | 493923.4 | 100.0 | 516552.3 | 100.0 |

数据来源：《电通集团2015年年度报告》。

**2. 广告公司代理能力显著提升**

改革开放四十多年来，中国本土广告公司快速发展，专业代理能力显著提升。在中国广告市场上，本土广告公司与国际广告公司之间的竞争异常激烈。本土广告公司与国际广告公司人才的相互流动，提升了本土广告公司的国际化代理水平和国际广告公司的本土化运作能力。本土广告公司和国际广告公司处于一种不平衡竞争状态，国际广告公司利用自身雄厚的资金支持、全球性的策划创意资源、先进的管理经验和资本运作经验等，在中国市场开始了以资本并购和联合为主要特征的新一轮产业扩张，对本土广告公司发展构成极大威胁和挑战。与之相比，本土广告公司则高度分散与高度弱小，面对国际广告公司的强势扩张，本土广告公司唯有通过专门化的代理寻找市场空间，或是通过大资本运作提升与国际广告公司竞争的实力。资本和技术成为广告公司发展的关键性要素。本土广告公司如蓝色光标传播集团、广东省广告集团股份有限公司等，近年来通过并购和联合等资本运作方式，将国内一些优秀的广告公司和营销传播公司收入旗下，提升了公司在整合营销传播代理和数字营销传播代理方面的实力。例如，2015年6月8日，蓝色光标传播集团宣布收购多盟和亿动传媒两大移动广告公司，以此提升该集团在移动广告代理方面的实力，占领快速成长的移动广告市场。

广告主对数字营销和移动营销传播需求的新变化，要求广告公司调整经营战略，及时布局数字营销和移动营销领域。传统广告公司和媒介代理公司如果只是固守传统媒体广告领域，将会面临经营的巨大困境。本土广告公司的数字化发展战略可以通过以下路径，即通过在公司内部设立数字营销传播部门，新建独立的数字营销公司，并购优秀的数字营销公司，与优秀的数字营销公司构建战略联盟等。事实上，本土广告公司经营管理者已经认识到数字营销和移动营销对于公司未来发展的重要性，并采取了积极的举措。本土广告公司数字化战略转型成功与否，将会直接影响其未来广告市场竞争中的地位。

**3. 广告媒体呈现结构性的变化**

长期以来，我国广告市场存在"强媒体、弱公司"的市场结构，传统媒体掌控着广告发布的渠道和媒体资源，在与广告公司和广告主的博弈中居于强势地位。这种结构正在发生改变：一是广告公司通过组建媒介购买公司，采取大资本运作的方式，以量定价，提升了与媒介博弈的实力。随着媒介竞争的加剧，除了一些强势的传媒集团之外，许多传统媒体都需要与媒介购买公司进行合作，"强媒体、弱公司"的市场结构将会发生扭转。二是广告媒介市场中传统媒体的衰落与网络媒体的崛起，具体表现为传统媒体广告经营额持续下滑，网络广告和户外广告经营额则快速增长。

国家市场监督管理总局公布的数据显示，2019年，广播、电视广告经营额分别呈现5.73%、14.26%的负增长。作为电视台主要收视人群的中老年群体及三四线城市受众，在2019年遭遇到互联网下沉市场的快速分流。抖音、快手、拼多多与阿里巴巴、腾讯在下沉市场抢夺红利用户，原本缓慢迁移的用户突然加快进度，广播、电视却在这一轮市场下沉中作为有限，在应对分流上显得力不从心。报社和期刊社呈现反弹迹象，实现了19.49%、14.95%的可观增长，原因可能在于报刊社的经营收入已经不再单纯依赖版面广告，而是将多种经营收入如新媒体经营、活动经营等多元化经营统计为广告经营收入①。对于传统媒体而言，如何应对数字化的挑战，已经成为传统媒体经营管理者的重要课题。1983—2019年中国四大传统媒体广告营业额及年增长率情况如表1-5所示。

表1-5　1983—2019年中国四大传统媒体广告营业额及年增长率情况②

| 年度 | 报纸 | | 杂志 | | 电视 | | 广播 | |
|---|---|---|---|---|---|---|---|---|
| | 营业额/万元 | 增长率/% | 营业额/万元 | 增长率/% | 营业额/万元 | 增长率/% | 营业额/万元 | 增长率/% |
| 1983 | 7330.3 | — | 1081.1 | — | 1624.4 | — | 1806.9 | — |
| 1984 | 11864.7 | 61.80 | 1297.2 | 20.00 | 3397 | 9.1 | 2323 | 28.60 |
| 1985 | 22011.4 | 85.50 | 2809.3 | 116.50 | 8669.6 | 102.2 | 2670.7 | 15.00 |
| 1986 | 25602.8 | 16.30 | 3565.9 | 26.90 | 11514.4 | 67.4 | 3564 | 33.40 |
| 1987 | 35549.2 | 38.90 | 4542.9 | 27.40 | 16927.3 | 47.0 | 4721.2 | 32.50 |
| 1988 | 50170.8 | 41.00 | 7056.7 | 55.50 | 25583.2 | 51.1 | 6383.7 | 35.20 |
| 1989 | 62940.1 | 25.60 | 8506.4 | 20.40 | 36190.2 | 41.5 | 7459.9 | 16.90 |
| 1990 | 67710.5 | 7.60 | 8683 | 2.10 | 56136.8 | 55.1 | 8641.6 | 15.80 |
| 1991 | 96187.6 | 42.10 | 9989.3 | 15.00 | 100052.1 | 82.1 | 14049.3 | 41.80 |
| 1992 | 161832.4 | 68.20 | 17266.6 | 72.80 | 205470.5 | 105.4 | 19920.4 | 41.80 |
| 1993 | 377109.9 | 133.00 | 18447 | 6.80 | 294390.7 | 43.3 | 34944.3 | 75.40 |
| 1994 | 505442 | 34.00 | 39506 | 114.20 | 447600 | 52.0 | 49569 | 41.90 |
| 1995 | 646768 | 28.00 | 38229 | -3.20 | 649800 | 45.2 | 73769 | 48.80 |

---

① 《2019中国广告年度数据报告》，http://biz.ifeng.com/c/7v8CVm6AVBA，2021年1月20日访问。

② 数据来源：根据《中国广告二十年统计资料汇编》、原国家工商行政管理总局（现国家市场监督管理总局）、中国广告协会、《现代广告》杂志历年发布的中国广告业统计数据报告整理。

续表

| 年度 | 报纸 | | 杂志 | | 电视 | | 广播 | |
|---|---|---|---|---|---|---|---|---|
| | 营业额/万元 | 增长率/% | 营业额/万元 | 增长率/% | 营业额/万元 | 增长率/% | 营业额/万元 | 增长率/% |
| 1996 | 776891 | 20.10 | 56096 | 46.70 | 907894 | 39.7 | 87267 | 18.30 |
| 1997 | 968265 | 24.60 | 52709 | −6.00 | 1144105 | 26.0 | 105776 | 21.20 |
| 1998 | 1043546 | 7.80 | 71328 | 35.30 | 1356380 | 18.6 | 133036 | 25.80 |
| 1999 | 1123256 | 7.60 | 89232 | 25.10 | 1561496 | 15.1 | 125243 | −5.80 |
| 2000 | 1464668 | 30.40 | 113400 | 27.10 | 1689126 | 8.2 | 151947 | 21.30 |
| 2001 | 1577000 | 7.70 | 118600 | 4.60 | 1793700 | 6.2 | 182800 | 20.30 |
| 2002 | 1884800 | 19.50 | 152100 | 28.30 | 2310300 | 28.8 | 219000 | 19.80 |
| 2003 | 2430100 | 28.90 | 243800 | 60.30 | 2550400 | 10.4 | 255700 | 16.80 |
| 2004 | 2307242 | −5.10 | 203698 | −16.40 | 2915415 | 12.4 | 329346 | 28.80 |
| 2005 | 2560497 | 11.00 | 248669 | 22.10 | 3552867 | 21.9 | 388583 | 18.00 |
| 2006 | 3125894 | 22.10 | 241033 | −3.10 | 4040249 | 13.7 | 571858 | 47.20 |
| 2007 | 3221927 | 3.10 | 264648 | 9.80 | 4429522 | 9.6 | 628202 | 9.80 |
| 2008 | 3426737 | 6.40 | 310246 | 17.20 | 5015037 | 13.2 | 683409 | 8.80 |
| 2009 | 3704633 | 8.10 | 303792 | −2.10 | 5361903 | 6.9 | 718703 | 5.20 |
| 2010 | 3815060 | 2.90 | 322270 | 6.10 | 6798263 | 26.8 | 771668 | 7.40 |
| 2011 | 4694530 | 23.05 | 520883 | 61.63 | 8979233 | 32.08 | 909525 | 17.86 |
| 2012 | 5556310 | 18.36 | 832723 | 59.87 | 11322728 | 26.10 | 1410556 | 55.09 |
| 2013 | 5047018 | −9.17 | 872077 | 4.73 | 11011042 | −2.75 | 1411868 | 0.09 |
| 2014 | 5016661 | −0.60 | 816154 | −6.41 | 12785033 | 16.11 | 1328438 | −5.91 |
| 2015 | 5011200 | −0.11 | 719000 | −11.90 | 11466900 | −10.31 | 1244900 | −6.28 |
| 2016 | 3592600 | −28.31 | 603100 | −16.12 | 12390000 | 8.05 | 1726400 | 38.67 |
| 2017 | 3486300 | −2.96 | 649500 | 7.69 | 12343900 | −0.37 | 1366800 | −20.83 |
| 2018 | 3125700 | −10.34 | 587900 | −9.49 | 15643600 | 26.73 | 1366600 | −0.02 |
| 2019 | 3735200 | 19.49 | 675800 | 14.95 | 13411400 | −14.26 | 1288200 | −5.73 |

与传统媒体广告经营额下降形成鲜明对比的是,网络广告经营额呈现快速增长态势。艾瑞咨询发布的《2020年中国网络广告市场年度洞察报告》显示,2019年,中国网络广告市场规模达到6464.3亿元,同比增长30.2%。移动广告市场规模达到5415.2亿元,增长率达47.8%,在互联网广告整体市场中占比83.8%。信息流广告市场规模为1761.7亿元,发展速度保持高位,未来五年内,网络广告诸多广告形式都将信息流化。电商广告份额占比为

37.8%，随着电商平台内容电商战略的成熟以及其他媒介形态对电商平台整合的深入发展，未来其广告份额仍将保持较好的水平。受抖音、快手等头部短视频平台持续的商业化行动带动，中国短视频行业规模达1302.4亿元。在线视频行业移动广告市场规模达273.3亿元，占总体广告收入比重的74.4%[1]。在网络广告市场整体进入成熟稳定阶段之后，市场仍然呈现出一些新的发展态势。各个网络媒体细分领域表现各异，一些传统领域呈现出成熟态势下的增速放缓，一些领域在新的广告技术与广告形式共同驱动下，迸发出强劲的增长势头。与此同时，品牌广告主的预算进一步向互联网媒体倾斜，推动中国网络广告市场规模达到新的高度。

4. 广告产业的国际化发展趋势

中国广告市场自1979年重开以来，国际广告公司便以设立办事处的形式进入中国市场，目前，国际知名的广告公司大都在中国设立有分公司。例如，WPP集团在中国拥有150多个公司或分支机构，分布在企业管理、营销咨询、品牌策划、市场调查、创意制作、媒体购买、促销管理、公共关系、活动赞助、数字营销、互动传播、娱乐营销、公益营销等企业经营和营销传播等价值链条的各个环节上。

随着中国经济的快速发展和中国企业在国际市场的拓展，中国广告公司也开始了国际化经营之路。欧美国家广告业发展的经验表明，伴随欧美企业的国际化，欧美广告公司也日益走向国际化，这些国际广告公司在帮助跨国企业开拓市场的同时，也拓展了自己的经营地域和代理市场，从而成长为国际性的广告集团。当前，对于中国广告公司而言，国际化经营是国家经济发展的战略需要，也是广告公司经营的必然趋势。本土广告公司在国际化经营方面进行了积极的探索，代表性的企业如蓝色光标传播集团。近年来，蓝色光标开展了一系列的海外并购活动，先后投资并购了7家国外（境外）一流企业，满足客户对国际业务的需求，提升了公司的国际竞争能力，这其中包括：位于伦敦、处于国际领先地位的国际化公共关系集团Huntsworth，英国最大的专业社交媒体营销公司We Are Social，香港特别行政区最大的独立广告公司METTA，来自美国硅谷的智能硬件设计公司FuseProject，加拿大历史悠久的综合性整合营销传播公司Vision7集团，总部位于新加坡的亚洲知名投资者关系顾问公司Financial PR，以及Blab——一家借助大数据分析预测，可以帮助人们"看到明天的报纸"的美国科技公司。正是借助这些海外投资并购，蓝色光标传播集团迅速跻身全球传播业跨国巨头行列。

---

[1] 艾瑞咨询：《2020年中国网络广告市场年度洞察报告》，https://www.iresearch.com.cn/Detail/report?id=3614&isfree=0，2021年1月20日访问。

# 第二章 广告经营机制——广告代理制

广告代理的产生与广告代理制度的确立,是广告业自身发展的产物和内在要求。广告代理制度从初创至今,发展成为国际通行的广告市场运作机制,有一个较长的历史过程。广告代理制是一种市场运作机制,是广告市场中广告主、广告公司和广告媒介之间分工合作的制度安排。本章重点探讨广告代理与广告代理制确立的意义及其发展演变的过程,以及全球范围内广告代理制的三种主要模式及其特点。

## 第一节 广告代理与广告代理制

### 一、广告代理的演变与广告代理制的确立

#### (一)广告代理的演变

从世界范围来看,广告代理业的发展大致经历了三个时期,即媒体销售时代、媒体掮客时代、独立的专门化代理时代。

1. 媒体销售时代

媒体版面销售时代,可以说是广告代理业的发轫期。世界上最早的一家广告公司,是1800年詹姆斯·怀特(James White)在英国伦敦创立的 White & Sun 公司[1]。怀特在伦敦完成学业后,留在母校担任会计工作,当时他有位同学任职于地方报社,委托怀特于工作之余,招揽伦敦地区的广告,并允重酬,结果这种业余工作所得,比本职薪俸高,怀特毅然辞掉工作,专营销售版面业务,这就是所谓的版面销售(space seller)。

美国最早的广告代理公司,是沃尔尼·帕尔默(Volney B. Palmer)于1841年在美国费城创立的。帕尔默的父亲,当时在新泽西经营《镜报》,为了替《镜报》招揽广告,才成立这家公司。可见,早期的广告代理业,是以媒体公司代理者的立场而诞生的,并非独立自主的。换言之,它本身属于报社,将报社的报纸版面推销给广告主,向广告主收取广告费,然后按报社所订的佣金领取个人的酬劳。

2. 媒体掮客时代

随着社会经济的发展,各企业广告活动日趋频繁,早期广告代理的缺点和局限已很明显。本来专门为一家报社推销广告版面的人,也推销其他报社的版面,进而脱离媒体公司各自独立,蜕变为版面掮客(space broker)。这种自主的掮客,已不再是过去充当媒体公司的业务代表,而是介于媒体公司和广告主之间,成为独立的契约当事人。换言之,不再是为媒体公司服务的版面销售者,而是媒体购买者,即从媒体公司以批发价格大量购买广告版面,再将其分割

---

[1] 樊志育:《广告学原理》(修订版),上海:上海人民出版社,2000年版,第18页。

高价零售给广告主,独享买卖差额利润。

版面捎客虽各自独立经营,但可以为报社确保一定的广告版面,他们不断开发新客户,减轻报社招揽广告之劳,负担广告费呆账风险,在职能上仍保有媒体公司业务代表的性质。

3. 独立的专门化代理时代

随着企业的广告活动日益频繁,捎客业者不断增加,业者间竞争激烈,任由版面捎客削价竞争,难保业务稳定,一部分报社、杂志社为了拓展广告业务,在其组织内部,纷纷设置版面推广部。同时,由于企业营销意识和广告意识不断提升,不论媒体本身推广部门,还是版面捎客,其服务内容已难满足广告客户的要求,因此急需具备媒体专门知识,向广告客户提供广告策略建议和广告设计制作的专业广告公司。1869年,艾耶父子广告公司的成立,标志着现代意义的广告代理公司的诞生。广告代理业进入独立的专门化代理时代,广告代理公司也开始从媒体公司的业务代表转向广告主的业务代表,不仅为媒体提供版面销售代理业务,而且为广告主提供客户代理业务。广告代理公司的业务范围也经历一个由小型代理、有限代理,逐步成长发展,而走向大型代理、全面综合型广告代理和整合营销传播代理的过程。随着广告公司代理范围和代理区域的日益扩大,广告产业呈现专业化、集团化和全球化发展态势。

### (二) 广告代理制的确立

广告代理的产生与广告代理制度的确立,是广告业自身发展的产物和内在要求。广告代理制度从初创至今,发展成为国际通行的广告市场运作机制,有一个较长的历史过程。广告代理业的发展经历了三个阶段,即处于媒体依附地位的媒体销售时代、脱离媒体的媒体捎客时代、独立的专门化代理时代。广告代理制确立的一个重要因素,就是19世纪60年代以后,广告代理业进入独立的专门化代理时代,一大批具有现代意义的广告代理公司的成立,加速了广告产业的独立发展,从此广告公司作为一个独立的经营实体为广告主和广告媒介提供专业化的广告代理服务。

广告代理制度得以确立的另一个重要因素,是广告代理佣金制的提出和确认。19世纪80年代初,被称为"现代广告公司先驱"的艾耶父子广告公司的创始人F. W. 艾耶,率先提出了一项新的收费建议,即如实向广告主收取购买媒介版面的实际费用,另按一定的比例向广告主收取一笔代理佣金。这一新的收费方式,正式建立了广告公司与客户的代理与被代理关系。稍后,美国著名的出版界大亨库蒂斯出版公司也宣布了一条新规定,该公司同意向广告公司支付佣金,条件是广告公司负责替媒介向广告主索取全价媒介刊播费,并不得将从媒介取得的佣金退回给广告主。后来这一规定逐步推广开来,形成制度。不过,当时佣金的比率由各媒体自行规定,最低为10%,最高达25%。1917年,美国广告公司协会成立,呼吁把广告公司的代理佣金固定在15%,同年,美国报纸出版商协会予以认可采纳。以15%为标准的代理佣金制在美国正式确立,标志着广告代理制度的正式确立[①]。虽然代理制最初表现为15%的媒介代理佣金,但广告代理制并不等同于媒介代理制,甚至15%的媒介代理费制[②]。从经济学角度来看,一种经营机制包括两个方面的内容,即分工机制和交易机制。分工机制确定各市场主体的分工,交易机制确定各市场主体的利润分配,以保障分工机制的维持。广告代理制作为一种经营

---

[①] 张金海、廖秉宜:《广告代理制的历史检视与重新解读》,《广告研究》2007年第2期,第26页。

[②] 张金海、程明:《广告经营与管理》,北京:高等教育出版社,2006年版,第67页。

机制,其核心内容也包括这两个方面。

### (三)广告代理制的内涵

广告代理制是一种市场运作机制,是广告市场中广告主、广告公司和广告媒介之间分工合作的制度安排。广告代理制包括分工机制和交易机制,分工机制是广告代理制的核心机制,交易机制则处于一种动态发展过程之中。关于广告代理制的内涵,可以概括为以下三个要点。

(1)广告代理制是广告市场中广告主、广告公司和广告媒介之间分工合作的制度安排,是一种市场运作机制。

最早在美国确立的广告代理制,有其特定的时代背景和概念内涵。在当时的历史条件下,市场环境和传播环境都比较单纯,广告媒体以平面印刷媒体为主,广告主和广告媒介都有对广告公司的代理需求。基于此,媒体协会和广告公司协会达成共识,以媒体代理费的形式确定了广告公司的报酬。这一制度的确立推动了广告公司的专业化发展,由于有了经济收入上的保证,从而有力推动了广告公司规模化和集团化发展。

(2)广告代理制的内涵远大于广告代理费制的内涵,广告代理制也不是一成不变的制度,而是随着市场环境和传播环境的改变而不断发展演变的。

广告代理制最初表现为广告代理费制,即广告公司为广告客户提供代理业务,一般收取由媒介返还的15%的代理佣金(由于在大多数情况下,广告客户的付费并不会高于媒体广告时间或空间的基本价格,因此广告公司只能转向媒体寻找"折扣",这种折扣即传统的佣金)[①]。但是,广告代理制并不等同于媒介代理制,甚至15%的媒介代理费制。随着广告主广告意识的增强,市场环境和传播环境日趋复杂化,广告主开始思考广告代理收费模式的合理性问题,原先确立的固定代理佣金付费方式越来越受到广告主质疑。三方之间博弈的结果是必须制定新的、科学的广告付费机制,这是广告代理制的发展,而非终结。

(3)广告公司要在广告市场三方主体的分工合作中占据主导地位,必须具备不可替代的核心竞争优势。

广告公司需要为广告主提供专业的广告代理服务和媒介代理服务,并且是广告主和媒介自身无法做到的,即使能够做到也需要投入比选择专业代理更高的费用。市场环境是在不断变化的,广告公司只有根据不断变化的市场环境和传播环境调整自己的经营战略,才能在广告市场中拥有话语权。

## 二、广告代理制是一种市场运作机制

### (一)分工机制

广告代理和被代理是一种市场交易行为。"代理的本质是什么?甲方或乙方进行相互间交易,因为种种原因,其中一方或双方认为直接进行交易的(时间、金钱或其他)成本比委托第三方进行交易的成本高,所以需要第三方来进行甲乙双方的交易的代理,委托方付给第三方代理的酬金就是代理费,广告业的代理也不例外。"[②]

广告代理制的实质是一种市场运作机制,它的最大意义在于促进专业化分工和广告产业的独立发展,保证广告市场高效率的运作。广告代理制是市场经济的产物,是一种市场运作机

---

[①] 卫军英:《广告经营与管理》,杭州:浙江大学出版社,2001年版,第296页。
[②] 马蒂:《媒介广告公司无可非议》,《国际广告》2000年第5期,第4—7页。

制,必然受自由市场经济四大基本原则,即自身利益原则、买卖双方的增长原则、完全信息原则、无外部性原则的制约。

1. 自身利益原则

从自身利益原则来看,人具有追逐利益的本能,个人或团体多半出于自身利益的驱使而行动。在市场经济中,利益驱使使得市场经济中的交易双方会想方设法降低成本。如果甲乙双方直接交易的成本高于委托第三方进行交易的成本,委托第三方进行交易必然是最佳选择,广告代理即是如此。当广告主发现委托广告公司代理其广告业务,要比自己完成广告业务所花费的成本低得多时,广告主必然选择委托第三方代理其广告业务,这就是广告代理制实施的关键。委托广告公司代理业务之所以能降低成本,在于广告公司专业化的生产经营,在面对众多的广告主完成目的各不相同的一系列广告行为时,它可以重复使用一定数量的生产要素,如人员、技术、设备、策划创意经验等,而重复率越高,效率越高,成本就越低。对媒介而言,其广告经营经历了由最初自己推销版面或时段到委托专业广告公司代理销售媒介资源的过程,广告公司的媒介代理有助于媒介将主要精力集中于媒介内容的质量上,减少其后顾之忧,降低媒介广告经营的成本。

2. 买卖双方的增长原则

仅仅基于利己原则的市场交易活动是不可能成交的,它同时还应该满足"买卖双方的增长"的"双赢"原则。"买卖双方的增长"是自由市场经济体系的基本前提之一,其本质就是"双赢"。同出于获利目的的买卖双方能够达成交易的条件,就是交易后都比交易前好(或至少不比交易前差),这也正是"双赢"原则的作用和体现。在广告代理活动中,广告代理所涉及的三方都会考虑到自身的利益,只有三方都获利的情况下,广告代理制才能顺利进行。广告主之所以选择广告公司代理其广告业务,是希望凭借广告公司的专业服务,以获取更大的利润;媒体希望同样多的版面和时段的媒介服务,能得到最大效益;广告公司则希望通过广告代理获得经济收益。

3. 完全信息原则

买卖双方均可在任何时候得到有关产品、产品质量、产品价格的信息,这使得产品之间的竞争更加激烈,产品价格更低。表现在广告代理过程中就是:在激烈竞争的广告市场中,广告代理所涉及的广告主与广告公司、广告公司与媒介之间处于错综复杂的激烈竞争之中,它们在"价值规律"这只"看不见的手"的操纵下,交易各方在自身利益原则和买卖双方的增长原则支配下,各自根据众多目标交易对象提供的有关产品、产品质量、产品价格等信息来选择最终的交易对象。尽管在现实的市场中,完全信息的获取只是一种理想化状态,但是交易双方对接近完全信息的获取,可以降低广告代理的逆向选择和道德风险。

4. 无外部性原则

从经济学的角度来看,外部性的概念是由马歇尔和庇古在20世纪初提出的,是指一个经济主体(生产者或消费者)在自己的活动中对旁观者的福利产生了一种有利影响或不利影响,这种有利影响带来的利益(或者说收益)或不利影响带来的损失(或者说成本),都不是生产者或消费者本人所获得或承担的,是一种经济力量对另一种经济力量"非市场性"的附带影响。外部性又分为正外部性和负外部性。正外部性是某个经济行为个体的活动使他人或社会受益,而受益者无须花费代价;负外部性是某个经济行为个体的活动使他人或社会受损,而造成负外部性的人却没有为此承担成本。广告代理的正外部性具体表现为:广告公司由于提供了专业化的广告代理服务,可以让广告受众欣赏到优秀的广告作品并产生愉悦情绪,同时广告受众也可以获取对自身有价值的商品信息,减少信息搜寻成本。

### (二)交易机制

在广告代理制的发展过程中,作为国际通行惯例,15%的广告代理费是弹性变化的,并不是固定不变的。它从建立之日起即受到挑战。随着广告业务范围的拓展,这种单一的收费模式和固定的佣金比例已经不能适应广告代理业的变化。1960年,奥美广告公司总裁大卫·奥格威率先打破陈规,在服务壳牌广告业务时采取"成本加成"的"实费制"方法,每年通过协商收取费用,以取代传统的收取15%固定佣金的收费方式。随后,更多的广告代理商开始根据客户需要和实际情况采用更为灵活的收费方式。

广告代理费之所以遭遇挑战,主要集中在媒介代理方面。按照传统的做法,媒体刊播价格越高,广告公司从媒体收取的代理费越多。广告公司在其他各项要素投入基本不变的情况下,媒体刊播费用越大,代理费就越高,于是会出现广告公司为了自身利益而鼓励广告主增加媒体刊播费用的情况,或不顾实际需要建议广告主使用高价位的媒体时段或版面,以获取高额的媒介代理费。这样也使得广告主对代理费的收取提出了质疑。在广告代理中建立统一的收费模式已经变得越来越不现实,应该允许多种收费方式存在。但不管采取何种收费方式,都必须建立在广告主、广告公司和广告媒介充分协商的基础之上。从广告代理制开始实施到现在,广告代理费的收取主要有以下几种方式。

1. 佣金制

佣金制是广告代理中最早形成和确立的一种收费方式。最初标准不一,低者比率为广告总费用的10%,甚或仅为2.5%~5%,高者比例达25%,确定为15%是在1917年的美国,后逐步推广,成为国际通行的一种收费制度。

2. 协商佣金制

以15%为标准的固定佣金比率,使广告公司有了一定的收入保障,但有时却对广告主不利。在佣金比率固定不变的情况下,媒介刊播费用越高,广告公司所得就越多,而其所付出的劳务却不因媒介刊播费用的增加而增加多少。与此同时,广告公司在为广告主所做的广告计划中,出于自身的利益,也倾向于增加媒体刊播费用,并倾向于更加昂贵的媒介。这样,广告主与广告公司为佣金的事常起纠纷。于是,20世纪60年代,一种新的计费方法——协商佣金制在美国广告界出现了,它是建立在广告主与广告公司协商基础上的。

3. 实费制

实费制与协商佣金制几乎同时兴起,由大卫·奥格威率先实行。所谓实费制,就是不采取一定比率来支付代理佣金的形式,而是采取按实际的成本支出与实际的劳务支出来支付整个广告代理费用的方式。它是对广告代理佣金制的"一次重大突破",可是却不受广告界的欢迎,虽然实费制的确可避免佣金制的许多缺点与不足,除了使广告主觉得比较公平合理外,也使广告公司自身在进行广告策划时解除了许多顾虑,但是实费制在操作上却相当麻烦,员工工时更是得凭良心记录。

4. 效益分配制

在以往的广告代理中,广告公司只向广告主要求代理权利,却一般不承担实际的代理责任。效益分配制将代理的权利与责任联系在一起,要求广告公司承担代理的销售风险。广告公司从广告主所实际产生的销售中,分取一定的利润,如不能产生实际的销售,则不能取得相应的利润。因为,大多数企业觉得,代理商作为一个独立的销售承包商,也应该承担一点风险。

5. 议定收费制

议定收费制即根据具体的广告个案,对代理的时间成本和外付成本做事先的预估,在预估的基础上,广告主和广告公司共同议定一个包括代理酬劳在内的总金额,一并交付广告公司,在运作过程中,或盈利或亏损,广告主不再过问。

尽管,为了适应市场的变化,广告代理制在代理业务上进行了不断的扩展,各种收费制度也逐渐建立,广告代理制的制度内涵也因时而变,但代理的本质却从未改变。而广告代理收费制度的不确定,以及代理业务的不断扩展,正表明广告代理制只是一种市场交易行为。

### 三、专业化服务是代理制实施的前提

广告市场实行的是双重代理模式,即媒介代理和客户代理。对于媒介而言,媒介可以选择直接与广告主进行交易,也可以选择由广告公司代理其版面或时段销售,具体采用何种形式取决于媒介对于"成本-效益"的综合考量。如果采取媒介代理方式比直接交易方式成本更低,收益更高,出于经济利益的考虑,媒介自然会选择与广告公司进行合作。反之,如果采取媒介代理方式比直接交易方式成本更高,收益更低,媒介无疑会选择与广告主直接交易,这是一种市场的必然选择,符合市场经济的基本规律。媒介十分看重广告代理公司的媒介购买数量和购买能力,以及广告公司的规模实力和行业信誉,这些因素会影响媒介代理的实施。对于广告主而言,广告主既可以自己设计制作广告,也可以选择由广告公司代理其广告业务;既可以直接与媒介进行交易,也可以由广告公司代理其媒介购买业务。具体采取何种形式,同样取决于广告主对"成本-效益"的评估。广告主和媒介选择由广告公司代理其广告业务,一定是因为代理方式是价值更优的市场选择。这就需要广告公司适应广告主和媒介需求的新变化,不断调整经营业务领域,创新广告经营方式,提升专业代理能力。

## 第二节 广告代理制的三种模式

### 一、广告代理制的欧美模式

欧美作为市场经济率先发展的国家和地区,选择了基于自由市场竞争环境中的独立产业发展模式,其特征是:高度市场化背景下的自由竞争和独立于媒体与企业之外的产业发展[①]。广告代理制的欧美模式具有以下三个鲜明特点。

1. 自由竞争的欧美广告市场制度安排

欧美国家崇尚自由竞争,认为自由市场竞争可以激发企业活力和产品创新,广告市场亦是如此。欧美广告产业采取的是自由竞争的市场制度安排。广告公司在广告市场上参与竞争,通过优胜劣汰机制,促使广告公司聘用优秀广告人才,更新广告技术设备,创新广告运作策略,

---

① 陈永、张金海:《中国广告产业将走向何方?——中国广告产业现状与发展模式研究报告》,《现代广告》2006 年第 7 期,第 25 - 26 页。

从而提升广告公司的市场竞争能力。在自由竞争的过程中,一些优秀的广告公司开始扩大企业规模,如拓展区域市场,成立地区分公司,增加服务项目,提供营销传播代理服务等。这些广告公司逐渐成长为全国性的广告集团,并开始通过兼并和收购等方式,发展为大型的全国性广告集团,广告市场的集中度也得到提升。最具代表性的就是英国的WPP集团,通过大规模和高频次的并购活动,奠定了WPP在英国和全球广告市场中的领先地位。在美国,为了既鼓励竞争,又限制垄断,美国政府制定了《谢尔曼法》等反垄断法律。但是由于广告业在美国产业中的比重不大,所以对其规模化和垄断的规制就比较弱化,这就为美国广告公司的规模化发展创造了宽松的条件。

2. 欧美广告公司的独立产业发展模式

欧美广告代理业起步较早,从最初的媒介销售、媒介掮客到独立的专业化广告代理,广告公司逐渐摆脱媒体的依附性地位,成为一个独立的产业。尽管广告公司和媒体之间有着密切的"委托-代理"关系,但是广告公司的经营运作是完全独立的,如独立的媒体选择、独立的客户代理、独立的公司经营运作等。这与欧美国家的经济发展有关,欧美国家率先完成了工业革命,专业化的大分工促进了欧美经济的快速发展。广告公司的成立,也是专业化大分工的产物。广告公司独立于媒体和企业之外,有几大优势:一是广告公司在客户代理和媒介代理中,可以做到更加专业和客观;二是广告公司具有丰富的广告代理经验,比媒体和企业的直接交易更能节省成本,广告效果也更好;三是广告公司由于独立经营,比媒体和企业的广告部门更有竞争压力和竞争活力。应该来说,独立产业发展模式促进了欧美广告产业的快速发展,欧美广告公司竞争力显著提升,广告公司的规模化程度也越来越高。

3. 欧美广告集团经营避免"业务不冲突"原则

欧美广告代理制实行的是一家公司只能代理同行业的一个企业或品牌的广告业务,即遵循"业务不冲突"原则。这一原则在欧美广告公司中被普遍遵守。但是遵循"业务不冲突"原则也限制了广告公司客户数量的增长,影响了广告公司规模化发展。为了避免"业务不冲突"原则对广告公司发展的限制,广告公司逐渐成长为大型的广告和营销传播集团,即在广告和营销传播集团内有很多分公司,这些分公司在行政上隶属于广告和营销传播集团,但是在经营上有很大的自主权,这样就使得集团内某一家广告公司或营销传播公司只代理同行业的一个企业或品牌的广告营销业务,但是集团却同时代理同行业多个企业或品牌的广告营销业务。

## 二、广告代理制的日韩模式

相比较欧美广告产业而言,日韩广告产业起步较晚。结合本国的实际情况,日韩选择了一种有效的广告产业发展模式,即国家政策保护下的媒介、企业和广告业共生型发展模式。广告代理公司和企业集团、媒介集团构建稳固的产业共同体,有效地抵御了欧美跨国广告集团的市场扩张,助推了日韩本土广告产业实现快速升级发展。

### (一)开放市场环境下日韩国家政策的保护

日韩广告产业在发展初期,面临跨国广告公司强势进入、本土广告公司弱小的格局。日本和韩国不约而同地选择了一条既开放广告市场,又保护广告产业发展的道路。国家政策的强力维护,对于推动早期日韩本土广告产业发展具有重要意义。韩国广告产业的In-house广告公司(即企业内部广告公司)由于依托韩国大型企业集团,拥有稳定的客户资源和雄厚的资金支持，加上韩国放送广告公社制定的《关于广告公司代理广播电视广告的规则》，对代理广播电视广告的资格进行了严格的限制，使得企业集团广告公司获得了快速发展的机遇，有效抑制了外资广告公司在韩国市场的快速扩张，保护了本国广告产业。日本广告业是在二战后逐渐发展起来的，日本的《外资法》对外资广告公司进入日本市场有严格的限制，日本鼓励本土广告公司与跨国广告公司建立合资公司，建立合资的公司的目的是学习和借鉴跨国广告公司的成功经验，提升本国广告公司的竞争力。

### （二）日韩企业、媒介与广告业共生型模式

广告公司的发展需要客户资源、媒介资源和资金资源，相对于独立型广告公司而言，企业内部广告公司可以获得稳定的客户资源和雄厚的资金支持，媒介广告公司可以获得优质的媒介资源和雄厚的资金支持，这些因素对于促进广告公司规模化发展、提升广告公司专业能力具有积极意义。尤其对于广告业后发展国家而言，广告市场的开放伴随跨国广告公司的强势进入和本土广告公司弱小的局面，亟须快速提升广告产业的规模实力和专业实力，企业、媒介和广告业共生模式无疑是一条适合广告业后发展国家的产业模式。跨国广告集团伴随跨国企业进入对象国市场，一方面需要获得优质的媒体资源，另一方面需要开发本土广告客户资源，企业内部广告公司和媒介广告公司的发展，对于跨国广告集团的市场扩张客观上也起到一定的抑制作用。

### （三）日韩广告产业的全球化扩张战略

日韩广告产业选择的广告业、媒介和企业共生型发展模式，快速提升了日韩本土广告公司的竞争力，日本和韩国涌现出一大批有实力的广告集团。随着日本和韩国企业经营的日趋国际化，日韩广告公司也开始走向全球市场，诞生了像日本的电通、博报堂、旭通集团等，韩国的第一企划、伊诺盛等大型国际广告集团。日韩广告产业选择的依托媒体集团和企业集团的发展模式，也存在一些制度上的缺陷，主要表现为：一是由于依托媒体和企业，广告公司无法做到客观；二是缺乏竞争活力，竞争动力不足；三是局限于某个行业领域，代理能力有限。在全球化市场经营中，日韩广告产业在利用自身优势的同时，也在积极寻求变革。如日本的电通公司通过公司上市的方式，成长为一家独立的广告公司，以专业实力和规模实力为日本广告客户和全球广告客户提供代理服务。韩国的第一企划则在依托三星集团的基础上，代理三星集团的广告业务，同时积极代理韩国企业的国际广告业务，不断拓展代理领域，并且开发对象国当地优质广告客户资源，提升广告公司的经营业绩。可见，日韩广告公司试图在依附媒体、企业与独立经营中找到一种创新路径。关于日韩广告产业模式和经营管理问题将在本书第十三章和第十四章中详细阐述，这里暂不展开。

## 三、广告代理制的中国模式

改革开放四十多年来，中国经济规模已经跃居全球第二位，中国也成为全球第二大广告市场。中国广告产业取得的成就举世瞩目，广告产业的中国模式正日益受到国际社会关注。广告代理制的中国模式可以概括为以下四个方面。

### （一）自由竞争的中国广告产业制度安排

我国实行的是自由竞争的广告产业制度安排，即政府在广告产业的市场准入壁垒方面设置了比较低的进入门槛，从而鼓励市场充分竞争。例如，1982年我国颁布实施的第一部全国

性综合广告管理法规《广告管理暂行条例》就规定,专营广告的广告公司和兼营或者代理广告业务的企业、事业单位,必须按照《工商企业登记管理条例》的规定,申请登记,领取营业执照。承办外商广告的单位,必须经省、自治区、直辖市以上进出口管理委员会审查同意。私人不得经营广告业务。1995年颁布的《广告经营者、广告发布者资质标准及广告经营范围核定用语规范》规定,成立综合型广告企业,注册资本不少于50万元人民币,经营场所不小于100平方米;对广告设计和制作企业、个体工商户的注册资本没有做出特别规定。根据1988年国家工商行政管理局发布的《企业法人登记管理条例施行细则》[①],广告设计和制作企业的注册资本不低于10万元人民币,个体工商户的注册资本不低于3万元人民币。从广告企业的注册资本要求来看,基本不构成市场进入障碍[②]。从我国广告产业发展的历程来看,随着中国经济快速发展对广告产业拉动效应的增强,自由竞争的广告产业制度安排为更多投资者进入广告行业提供了便利,无疑推动了早期广告产业发展。

**(二)中国国家政策的强力保护与产业引导**

国家出台针对外资进入广告业的政策法规,一方面限制了跨国广告集团在中国的快速扩张,另一方面也为本土广告公司发展创造了条件。1979年,中国广告市场重开,李奥贝纳和博报堂便落户中国,积极发展中国业务。1980年,电通在中国也设立了办事处。随后,欧美大型国际广告集团也纷纷在中国设立办事机构,为跨国企业提供广告代理服务。由于政策方面的限制,一直到1986年,日本电通株式会社、美国扬·罗必凯公司与中国国际广告公司联合成立第一家中外合资广告公司——电扬广告公司。但此后直到1991年,外商投资广告公司也仅有13户,而且经营规模尚小,广告营业额甚微,国际广告公司的实力并未显露,因而对中国广告市场的影响也比较小。1994年12月,由于国际广告公司在中国迅猛发展,国家工商行政管理局、对外贸易经济合作部联合发布《关于设立外商投资广告企业的若干规定》,首次从政策上对外资进入中国广告市场的条件进行规定和限制,外资必须与中方合营成立中外合资、合作经营广告业务的企业。1995年3月,国家工商行政管理局下发关于执行《关于设立外商投资广告企业的若干规定》有关问题的通知,指出"对外方投资比例高于我方的立项申请,原则上不予批准"。根据中国加入世界贸易组织的相关承诺,以及2004年3月2日发布的《外商投资广告企业管理规定》,自2004年3月2日起,允许外资拥有中外合营广告企业多数股份,但股权比例最高不超过70%;2005年12月10日起,允许设立外资广告企业。

国家还出台了产业政策对广告产业发展进行引导。1993年,国家工商行政管理局、国家计划委员会颁布《关于加快广告业发展的规划纲要》。2008年,国家工商行政管理总局、国家发展和改革委员会颁布《关于促进广告业发展的指导意见》。2011年,国家发展和改革委员会颁布的《产业结构调整指导目录(2011年本)》将广告业核心业务的"广告创意、广告策划、广告设计、广告制作"首次列入。2012年,国家工商行政管理总局印发《广告产业发展"十二五"规划》《国家广告产业园区认定和管理暂行办法》《关于推进广告战略实施的意见》。2016年,国

---

① 注:2001年4月,依据《国务院关于国家工商行政管理局、新闻出版署、国家质量技术监督局、国家出入境检验检疫局机构调整的通知》,国家工商行政管理局更名为国家工商行政管理总局。2018年3月,根据第十三届全国人大一次会议审议的国务院机构改革方案,组建国家市场监督管理总局,作为国务院直属机构。不再保留国家工商行政管理总局、国家质量监督检验检疫总局、国家食品药品监督管理总局。

② 廖秉宜:《中国广告产业制度的回顾、反思与优化路径》,《国际新闻界》2013年第7期,第112页。

家工商行政管理总局印发《广告产业发展"十三五"规划》等。这些政策文件的出台,为广告产业发展创造了良好的外部环境,为中国广告产业竞争力提升创造了条件。

### (三)行政主导下的中国广告代理制推广

1982年,国务院发布《广告管理暂行条例》,规定"广告的收费标准,当地工商行政管理部门已经制定统一标准的,按统一标准执行;尚未规定统一标准的,暂由广告经营单位自定,报当地工商行政管理部门备案"。1987年,国家工商行政管理局发布《广告管理条例》,规定"广告收费标准,由广告经营者制定,报当地工商行政管理机关和物价管理机关备案。广告业务代理费标准,由国家工商行政管理机关会同国家物价管理机关制定"。广告代理收费具体标准则是在1988年国家工商行政管理局制定的《广告管理条例施行细则》中,该施行细则规定"承办国内广告业务的代理费,为广告费的10%;承办外商来华广告付给外商的代理费,为广告费的15%"。

1990年,国家工商行政管理局发布《关于在温州市试行广告代理制的若干规定》,指出凡温州市企事业单位、私营企业、个体工商户在国内通过报纸、杂志、广播、电视、路牌等媒介发布广告,必须委托经温州市工商行政管理局核准的有"承揽"或"代理"广告业务经营范围的广告经营单位发布或代理。1993年中国政府在《关于加快广告业发展的规划纲要》中明确提出将建立广告代理制作为未来十年转换广告经营机制的主要目标。同年7月,国家工商行政管理局下发《关于在部分城市进行广告代理制和广告发布前审查试点工作的意见》,要求广告客户必须委托有相应经营资格的广告公司代理广告业务,不得直接通过报社、广播电台、电视台发布广告。兼营广告业务的报社、广播电台、电视台,必须通过有相应经营资格的广告公司代理,方可发布广告(分类广告除外)。报社、广播电台、电视台下属的广告公司,在人员、业务上必须与本媒介广告部门相脱离,不得以任何形式垄断本媒介的广告业务。1990年的温州试点到1993年的部分城市推广,从制度层面确立了广告代理制度。广告市场分工机制的确立,对成长初期的中国广告公司意义重大,这一制度安排为广告公司获取客户资源和媒介资源提供了制度保障,从某种程度上推动了中国广告公司成长壮大。中国广告市场的高成长性与制度安排下的高获利性,刺激广告公司数量急剧增加。可见,行政主导下的广告代理制推广,客观上促进了早期中国广告业的快速成长。但是很长一段时间,由于我国政府部门、广告学界和业界将广告代理制等同于欧美的独立型广告公司模式,抑制媒介广告公司和企业内部广告公司发展,致使媒介资本和企业资本长期游离于广告行业之外,加之媒介和企业经营管理者缺乏独立经营广告公司的意识、动力与经验,也在一定程度上导致我国广告产业长期处于一种高度分散与高度弱小的状况,在国际广告集团强势扩张的背景下,本土广告公司面临极大的生存挑战和竞争压力。

### (四)中国广告代理制形态的多元共生

在中国广告市场上,目前存在多种形态的广告代理公司,不同形态的广告公司利用自身资源优势提升服务能力和竞争优势,主要表现为四种形态。

#### 1. 独立型广告公司

早期中国广告代理制模式主要沿袭欧美模式,即发展独立型广告公司,不同所有制形态的广告公司在广告市场上自由竞争,这些独立型的广告公司与广告媒体和广告主之间没有资本上的直接联系,为广告媒体和广告主提供媒介代理和客户代理服务。代表性的企业如广东省广告集团股份有限公司、上海市广告公司等。长期以来,我国独立型广告公司大都依靠自身资源发展壮大,公司规模有限,在国际广告集团的强势扩张态势下,面临巨大竞争压力。通过并购与联合的大资本运作方式快速成长壮大,成为独立型广告公司发展的战略选择。

2. 媒介广告公司

媒介广告公司,指的是或脱胎于媒体,或与媒体有着深厚资本渊源的广告公司。中国代表性的媒介广告公司如中央电视台的未来广告公司,湖南电广传媒股份有限公司的北京韵洪广告有限公司、广州韵洪广告有限公司等,这些媒介所属广告公司由于拥有强势媒介资源以及媒介集团的雄厚资金和优质广告客户作为后盾,在中国市场成长迅速。

3. 企业内部广告公司

企业内部广告公司是企业集团投资开办或控股的广告公司。国内一些企业集团通过自建或收购等方式拥有内部广告公司,如行上行品牌整合传播机构就是福田汽车集团于2003年组建的内部广告公司,娃哈哈集团投资收购之前服务于自己的广告公司等。此外,随着大数据在企业经营运作和营销传播中的重要性日益提升,企业集团也在积极建设第一方的数据管理平台(data management platform,DMP),企业自建DMP可以与市场上优秀的需求方平台公司(demand side platform,DSP)开展战略合作,也可以直接与广告交易平台(Ad exchange,ADX)对接,实现广告的程序化购买与投放。

4. 互联网企业所属的广告交易平台与DSP广告公司

除了上述三种形态的广告公司之外,还有一种特殊形态的广告公司,即互联网企业所属的广告交易平台与DSP公司。由于互联网平台既是企业,也是媒体,因此可以将其定义为媒介广告公司或企业内部广告公司。Ad Exchange是互联网广告交易平台,像股票交易平台一样,Ad Exchange联系的是广告交易的买方和卖方,也就是广告主方和广告位拥有方。和股票交易平台不同的是,Ad Exchange平台的竞价机制不是先到先得,而是竞价获得,即实时竞价(real time bidding,RTB)模式。国内大型的互联网企业如阿里巴巴、腾讯、百度、字节跳动等都建立了自己的广告交易平台,通过自建或并购DSP公司的方式,提升在数字营销代理方面的实力。这些大型互联网企业既是经营性企业,也是媒体发布平台,其所属的DSP公司由于拥有客户资源、优质互联网媒体资源和用户大数据资源等优势,正日益成为数字营销市场的领导力量之一。代表性的企业如阿里巴巴旗下的阿里妈妈、腾讯旗下的广点通、百度旗下的DSP投放服务、字节跳动旗下的巨量引擎等。

# 第三章 广告经营环境

广告经营活动除受广告市场容量、广告经营竞争对手和广告经营自身条件等因素制约外，还要受市场环境因素的影响。广告经营的市场环境因素，是指对广告活动与广告经营活动，直接地或间接地发生促进或阻碍作用的，来自广告经营外部的各种非可控因素。本章重点探讨影响广告经营的宏观环境和微观环境因素。

## 第一节 广告经营的宏观环境

### 一、广告经营的经济环境

1. 经济体制

世界上存在多种经济体制，有计划经济体制、市场经济体制、计划—市场经济体制、市场—计划经济体制等。不同的经济体制对广告经营活动的制约和影响不同。例如，在计划经济体制下，企业是行政机关的附属物，没有生产经营自主权，企业的产、供、销都由国家计划统一安排，企业生产什么、生产多少、如何销售，都不是企业自己的事情。在这种经济体制下，企业不能独立地开展生产经营活动，因而，也就谈不上开展广告营销活动。此外，在计划经济体制下，形成了对广告的一种错误认识，认为广告是资本主义的产物，社会主义不需要广告，因而广告业在新中国成立至改革开放以前的很长一段时间内发展缓慢，甚至基本停滞。在新中国成立至改革开放之前，只有少数广告公司从事外贸广告的代理，全国广告公司的数量也仅有十几家，媒介的经济来源主要靠政府的财政拨款和发行收入，基本不开展广告经营业务。

在市场经济体制下，企业的一切活动都以市场为中心，市场是其价值实现的场所，因而企业必须特别重视营销活动，通过营销，实现自己的利益目标。改革开放以来，我国逐渐改变过去单一的计划经济体制，逐步向有计划的市场经济、社会主义的市场经济体制转变，市场的活力被充分调动起来，企业之间的竞争日益激烈。为了提高产品销量和扩大市场份额，企业加大了在广告预算方面的投入，广告市场的活力也被激发出来。广告公司之间为了争夺广告客户，不断提高服务水平和代理能力，推动了整个广告产业的专业化发展和规模化发展。这一时期，广告收入成为媒介经济收入的主要来源，媒介广告经营部门不断创新经营方式，与广告公司建立战略合作关系，进而提高媒介的经营收益。

2. 经济发展水平

广告产业发展与国民经济发展具有高度相关性。广告产业是一个高度依附性的产业，受到国家宏观经济政策的影响，以及其他产业发展的影响。改革开放以来中国广告产业的快速发展，得益于中国经济的持续稳步发展。广告产业具有高渗透性和强辐射力，其规模化发展和竞争力提升对于推动国民经济发展和提升民族品牌附加值产生重大的推动作用。广告经营额与 GDP 和社会消费品零售总额具有强正相关关系，1981—2019 年间，中国广告产业的年均增长率大大高于同期国内生产总值(GDP)和全国社会消费品零售总额的年均增长率(见表1-2、表1-3)。

国家市场监督管理总局发布的数据显示,2019年,我国大陆地区广告市场总体规模达到8674.28亿元,较上一年度净增682.8亿元,增长了8.54%,占国内生产总值(GDP)的0.88%。广告产业高速发展的背后,是改革开放以来中国经济的快速发展。广告产业已经成为国民经济的重要组成部分,成为中国新增劳动力就业的重要市场。

3. 地区与行业发展状况

我国地区经济发展很不平衡,逐步形成了东部、中部、西部三大地带和东高西低的发展格局,同时在各个地区的不同省市,还呈现出多极化发展趋势。这种经济发展的不平衡,对广告公司的投资方向与战略布局等都会产生重大影响。我国广告市场形成为了以北京、上海、广州为中心的格局,其广告经营额占全国市场份额的一半以上,国际广告公司和中国本土大型广告公司大都在北京、上海和广州设立了总部和分公司。此外,随着企业市场营销的下沉,三四线城市市场成为广告公司战略布局的重点,一些广告公司开始积极向三四线城市拓展业务,如开办分公司,与当地广告公司和广告媒介建立战略合作关系等,适应企业市场营销的新变化。

此外,行业的发展状况也极大影响广告业发展。广告产业是一个高度依附性行业,国民经济各产业的发展状况,影响它们对广告的投入。产业发展水平越高,企业竞争越激烈,投入的广告费用也越多;反之,投入的广告费用就越低。近年来,中国一些快速成长的行业,也是广告投放额最大的行业,如食品、房地产、化妆品及卫生用品、汽车、家用电器及电子产品、药品行业等。从表3-1中可以看出,2017年,绝大多数行业的广告投放额有明显增加。广告投放额居于前十位的行业分别为食品、房地产、化妆品及卫生用品、汽车、家用电器及电子产品、药品、酒类、信息传播/软件及信息技术服务、金融保险、服装服饰及珠宝首饰。

表3-1　2016—2017年中国广告经营额行业类别统计① 　　(单位:亿元)

| 类别 | 2016年 | 2017年 | 增长(%) |
| --- | --- | --- | --- |
| 食品 | 861.37 | 886.85 | 2.96 |
| 其中:保健食品 | 242.46 | 244.10 | 0.68 |
| 房地产 | 779.54 | 803.86 | 3.12 |
| 化妆品及卫生用品 | 657.77 | 678.74 | 3.19 |
| 其中:化妆品 | 433.90 | 448.00 | 3.25 |
| 汽车 | 693.78 | 659.77 | −4.90 |
| 家用电器及电子产品 | 341.26 | 341.84 | 0.17 |
| 药品 | 329.70 | 292.23 | −11.36 |
| 酒类 | 248.54 | 283.75 | 14.17 |
| 信息传播、软件及信息技术服务 | 268.45 | 278.81 | 3.86 |
| 金融保险 | 212.00 | 230.46 | 8.71 |

① 国家工商行政管理总局:《2017年中国广告经营额攀升至6896亿元》,《现代广告》2018年第7期,第24页。

续表

| 类别 | 2016 年 | 2017 年 | 增长(%) |
|---|---|---|---|
| 服装服饰及珠宝首饰 | 178.91 | 206.39 | 15.36 |
| 旅游 | 171.81 | 193.19 | 12.44 |
| 批发和零售服务 | 146.12 | 165.86 | 13.51 |
| 生活美容、休闲服务 | 142.70 | 157.23 | 10.18 |
| 医疗服务 | 125.18 | 112.77 | −9.91 |
| 教育 | 74.69 | 78.84 | 5.56 |
| 招工招聘及其他劳务 | 71.62 | 69.81 | −2.53 |
| 医疗器械 | 76.87 | 65.51 | −14.78 |
| 收藏品 | 37.05 | 34.46 | −6.99 |
| 农业生产资料 | 38.84 | 32.14 | −17.25 |
| 出入境中介 | 29.63 | 24.38 | −17.72 |
| 烟草 | 18.60 | 8.12 | −56.34 |
| 其他 | 984.72 | 1291.31 | 31.13 |

## 二、广告经营的法律环境

法律是由国家制定或认可,并以国家强制力保证实施的行为规范的总和。对广告主、广告经营者、广告发布者而言,法律是评判其广告经营和广告营销活动的准则,只有依法进行的各种广告经营和广告营销活动,才能受到国家法律的保护。因此,广告主、广告公司和广告发布者开展广告经营和广告营销活动,必须了解并遵守国家或政府颁布的有关法律、法规。我国广告行业建立了以《中华人民共和国广告法》为核心和主干、以《广告管理条例》和《广告管理条例施行细则》为必要补充、以国家市场监督管理总局单独或会同有关部门制定的行政规章和规定为具体操作依据、以地方行政规定为实际针对性措施的多层次的法规体系。

《中华人民共和国广告法》是体现国家对广告的社会管理职能的一部行政管理法律。《中华人民共和国广告法》由第八届全国人民代表大会常务委员会第十次会议于 1994 年 10 月 27 日通过,自 1995 年 2 月 1 日起施行;第十二届全国人民代表大会常务委员会第十四次会议于 2015 年 4 月 24 日修订通过,自 2015 年 9 月 1 日起施行。2018 年 10 月 26 日,第十三届全国人民代表大会常务委员会第六次会议审议通过了《中华人民共和国广告法》(2018 修正)。它的调整对象侧重在商业、服务性广告,公益广告的管理办法,由国务院工商行政管理部门会同有关部门制定,其力度、涵盖面是其他广告法规所不能比拟的,内容主要有:总则;广告内容准则;广告行为规范;监督管理;法律责任;附则。《广告管理条例》在弥补《中华人民共和国广告法》的不足方面起着不可取代的重要作用:因《广告管理条例》未将商业广告与非商业广告明确区分,所以,《广告管理条例》中的有关管理措施,对非商业广告是有效的,依据《广告管理条例》,可以对某些违反行业规范规定的行为,实施必要的行政处罚,这一点,对规范广告市场行为,制止不正当竞争,具有重要的现实意义。

由原国家工商行政管理局和原国家工商行政管理总局(现国家市场监督管理总局)单独或会同有关部门制定的有关广告监督管理的行政规章和规定有《广告管理条例施行细则》《酒类广告管理办法》《互联网广告管理暂行办法》等。这些部门规章,是依据《中华人民共和国广告法》《广告管理条例》的原则规定而制定的具体规定,有很强的针对性和操作性,在我国广告法制体系中发挥重大作用。这些行政规定,处于边施行、边修改补充、不断充实完善的过程中,是我国广告法规体系中比较活跃的组成部分。

另外,其他与广告有关的法律、法规也不容忽视,其辅佐作用不可缺少。广告作为一般意义上的经济活动和传播行为,同时也受到《中华人民共和国刑法》和《中华人民共和国民法典》有关规定和国家某些经济、社会管理法律、法规的约束和规范。就后者而言,包括《中华人民共和国消费者权益保护法》《中华人民共和国产品质量法》《中华人民共和国反不正当竞争法》《中华人民共和国药品管理法》《中华人民共和国医疗器械监督管理条例》《中华人民共和国食品安全法》《化妆品卫生监督条例》《中华人民共和国知识产权保护法》《经济合同管理办法》《中华人民共和国城乡规划法》《中华人民共和国道路交通安全法》等。它们在规范广告活动方面起着直接或间接的作用,是广告法规体系的外围支持。

在中国广告市场上,广告主、广告经营者、广告发布者必须严格遵守中国广告法律和行政法规的具体要求,避免因违反广告法律和行政法规受到法律制裁。2008—2019年中国部分广告法律法规与产业政策如表3-2所示。

表3-2 2008—2019年中国部分广告法律法规与产业政策

| 年度 | 发布单位 | 广告法律法规与产业政策 |
| --- | --- | --- |
| 2008 | 国家工商行政管理总局、国家发展和改革委员会 | 《关于促进广告业发展的指导意见》 |
| 2009 | 国家广播电视总局 | 《广播电视广告播出管理办法》 |
| | | 《关于加强电视购物短片广告和居家购物节目管理的通知》 |
| 2010 | 国家工商行政管理总局 | 《网络商品交易及有关服务行为管理暂行办法》 |
| 2011 | 国家广播电视总局 | 《〈广播电视广告播出管理办法〉的补充规定》 |
| 2012 | 国家工商行政管理总局 | 《国家广告产业园区认定和管理暂行办法》 |
| | | 《关于推进广告战略实施的意见》 |
| | | 《广告产业发展"十二五"规划》 |
| | 国家工商行政管理总局、国家旅游局 | 《关于加强旅游服务广告市场管理的通知》 |
| | 国家工商行政管理总局、中央宣传部、国务院新闻办公室、公安部、监察部、国务院纠风办、工业和信息化部、卫生部、国家广播电影电视总局、新闻出版总署、国家食品药品监督管理局、国家中医药管理局 | 《大众传播媒介广告发布审查规定》 |

续表

| 年度 | 发布单位 | 广告法律法规与产业政策 |
|---|---|---|
| 2015 | 第十二届全国人民代表大会常务委员会第十四次会议 | 《中华人民共和国广告法》修订 |
| 2016 | 国家工商行政管理总局 | 《广告产业发展"十三五"规划》<br>《互联网广告管理暂行办法》 |
| 2018 | 第十三届全国人民代表大会常务委员会第六次会议 | 《中华人民共和国广告法》修正 |
| 2019 | 国家市场监督管理总局、中央宣传部、中央网信办、工业和信息化部、公安部、卫生健康委、中国人民银行、国家广播电视总局、银保监会、国家中医药管理局、药监局 | 《整治虚假违法广告部际联席会议2020年工作要点》<br>《整治虚假违法广告部际联席会议工作制度》 |
| 2019 | 国家市场监督管理总局 | 《药品、医疗器械、保健食品、特殊医学用途配方食品广告审查管理暂行办法》 |
| 2020 | 财政部、国家税务总局 | 《财政部税务总局关于广告费和业务宣传费支出税前扣除有关事项的公告》 |
| 2020 | 国家市场监督管理总局 | 《关于加强网络直播营销活动监管的指导意见》 |

## 三、广告经营的社会文化环境

### 1.时尚流行

广告是社会的镜子，是一个族群乃至大众的价值观念和行为模式的写照，它的背后有着一个庞大的文化支持系统。一定时期的社会文化、社会风尚决定着同时期广告诉求的内容和主题。从现代广告诉求内容和主题的转换中，折射出了时尚文化不断演变的轨迹。时尚文化在其产生与传播过程中形成了许多为其所特有的价值与意义的表现符号，这些符号成了现代广告描写与叙述的基本元素，以及比喻与象征的借喻之物。时尚文化符号是日积月累逐渐建构起来的，这些符号资源有采自异域的，有源自民间的，也有自我原创的，还有多元组合的。它有各种表现系列，属于语言系统的诸如：Cool（前卫的、另类的）、In（时尚中人）、High（高兴、激动、兴奋）、Out（不时尚）、哇噻、Yeah（真棒、太好了）、帅呆等；属于人类新族科的诸如：上班一族、SOHO一族、纹身一族、新新人类、X世代（1965—1980年出生）、Y世代（1980—1995年出生）、Z世代（1995—2010年出生）；属于生活方式的诸如：崇尚名牌、讲究品位、超前消费、娱乐、休闲、运动等。时代的演进使时尚文化的符号资源不断丰富、不断多元化。现代广告在表达时对时尚符号资源的广泛运用，极大地提高了广告的表现效果。广告公司在经营运作中，需要深入研究时尚文化的演变，深入洞悉消费者的时尚观念与消费观念，从而制定科学的广告传播策略，提升广告传播效果。

### 2.语言文字

不同国家、不同民族往往都有自己独特的语言文字，即使同一国家，也可能有多种不同的语言文字,即使语言文字相同,也可能表达和交流的方式不同。由于语言的隔膜,常使广告信息不能得到准确传播,甚至使广告活动受挫。例如,埃克森公司的汽车Esso,日语发音竟是"动弹不得的汽车"。中国白象牌电池英文译作White Elephant,意思竟是"废物"。试想,有谁愿意去买"动弹不得的汽车"和"废物"呢?这些失败案例都是因为对对方的语言文字不够熟悉所致。能够适应当地的语言、文化而取得成功的例子也不胜枚举。如Coco-Cola被译为可口可乐,宝洁公司的飘柔在美国的名称是Pert-Plus,在亚洲称为Rejoice,中文则是飘柔,就是为了在语言上获得不同民族和国家的认同感。广告公司在开展广告经营活动尤其是国际广告经营时,应尽量了解对象国市场的文化背景,掌握其语言文字的差异,这样才能使广告经营活动顺利实施。

3. 宗教信仰

不同的宗教信仰有不同的文化倾向和戒律,从而影响人们认识事物的方式、价值观念和行为准则,影响人们的消费行为,也影响人们对广告的看法。世界著名快餐连锁店麦当劳在印度的上市就做得很好。麦当劳多种汉堡包都以牛肉为主要原料,而印度人大都信奉印度教,视牛为神物,因此忌食牛肉。麦当劳充分尊重印度人民的宗教信仰,汉堡包的原料不再用牛肉而换成了羊肉,并进行了广告宣传,从而顺利进入了印度市场。

4. 审美观

审美观通常是指人们对事物的好坏、美丑、善恶的评价。不同的国家、民族、宗教、阶层和个人,往往因社会背景不同,其审美标准也不尽一致。因审美观的不同而形成的消费差异自然多种多样。例如,在欧美,妇女结婚时喜欢白色婚礼服,因为她们认为白色象征着纯洁、美丽;在我国,妇女结婚时喜欢穿红色婚礼服,因为红色象征吉祥如意、幸福美满。又如,中国妇女喜欢把装饰品佩戴在耳朵、脖子、手指上,而印度妇女却喜欢在鼻子、脚踝上配以各种装饰物。因此,不同的审美观对消费的影响不同,对广告的接受度也不同,广告公司需要了解不同审美观所引起的不同消费需求和广告偏好,有针对性地制定广告营销策略。

5. 风俗习惯

风俗习惯是人们根据自己的生活内容、生活方式和自然环境,在一定的社会物质生产条件下长期形成,并世代相袭而成的一种风尚和由于重复、练习而巩固下来并变成需要的行动方式等的总称。它在饮食、服饰、信仰、节日、人际关系等方面,都表现出独特的心理特征、伦理道德、行为方式和生活习惯。不同的国家、不同的民族有不同的风俗习惯,同一个国家的不同地区风俗习惯也存在差异,它对消费者的消费嗜好、消费模式、消费行为等具有重要的影响。例如,不同的国家、民族对图案、颜色、数字、动植物等都有不同的喜好和不同的使用习惯,如中东地区严禁有六角形的包装,英国忌用大象、山羊做商品装潢图案。广告公司在开展国际广告经营时,首先必须要了解当地的风俗习惯。

## 四、广告经营的科技环境

1. 社会化媒体

社会化媒体是指人们在虚拟的社群(区)及人际网络中创造、分享、交换信息和意见的途径,它依靠网页技术和移动技术,通过个体间和社群间分享、共创、讨论和调整用户设计的内容等方式,创造高度互动的平台。从基本形式看,社会化媒体主要有电子邮件、博客、微博、微信、社交网络、内容社区、维基百科、播客、论坛、即时通讯等。作为一种能够给用户极大参与空间的新型在线媒体,与传统媒体相比,社会化媒体具有参与性、共享性、交流性、社区性、连通性等基本特征。社会化媒体的快速发展,正在深刻改变媒体竞争的格局,社会化媒体成为网民经常接触和使用的媒体,其广告价值大幅提升。对于广告公司而言,适应社会化媒体快速发展的态势以及广告主对社会化媒体营销的新需求,需要及时调整公司的组织结构和经营业务,通过组建社会化媒体营销部门或并购社会化媒体营销公司等方式,迅速提升社会化媒体营销的专业代理能力,这对传统广告公司的经营而言,既是挑战,更是机遇。能否适应营销传播变化的新趋势,及时转型升级,将直接决定广告公司在广告市场中的竞争地位。

2. 移动设备

移动设备主要包括智能手机、平板电脑、可穿戴设备等。从智能手机和平板电脑的发展来看,网民已经从个人电脑到移动端的迁移带动互联网进入移动时代,二维码、NFC(近距离无线通信)等新技术进一步拉近了营销者和消费者的距离,以智能手机、平板电脑为代表的移动终端成为新的商业转换渠道。随着移动互联网竞争日益激烈,互联网巨头企业也加快移动布局,新兴企业不断涌现,移动互联网经济的构成越来越复杂,产业生态初步形成。例如,国内互联网巨头在移动端的布局开始显现出效果,腾讯凭借微信占据了移动端的一席之地,百度将优势产品拆分上线,推出了多个移动端应用,360在手机上实现了安全产品的领先地位,此外,电商企业如1号店、淘宝、京东等也纷纷推出了自己的移动应用。从可穿戴设备的发展来看,可穿戴设备多以具备部分计算功能、可连接手机及各类终端的便携式配件形式存在,主流的产品形态包括以手腕为支撑的Watch类(包括手表和腕带等产品),以脚为支撑的Shoes类(包括鞋、袜子或者将来的其他腿上佩戴产品),以头部为支撑的Glass类(包括眼镜、头盔、头带等),以及智能服装、书包、拐杖、配饰等各类非主流产品形态。可穿戴设备等智能硬件所展现的营销机遇主要在于其拥有富有价值的独特数据,同时可进行提取加工分析,并据此提供更加细致的客户信息,让广告主、营销者有了更新更好的方式来将信息精确推送到消费者面前,这对移动营销具有重要意义。

3. 大数据

大数据时代已经来临,用户创造的内容形成了海量数据信息,能够为企业营销机构带来更完整的消费者画像和更优化的营销策略,未来社会化媒体营销的领域当中,能够深度挖掘数据价值并充分利用的企业将获得独特的竞争优势。在全球大数据市场即将迎来井喷式增长的时候,中国大数据市场也备受瞩目。根据国际数据中心(IDC)发布的《IDC全球大数据支出指南》预测,2020年,全球大数据相关硬件、软件、服务市场的整体收益将达到1878.4亿美元,较2019年同比增长3.1%。2020年中国大数据相关市场的总体收益将达到104.2亿美元,较2019年同比增长16.0%,增幅领跑全球大数据市场;预计2020—2024年中国大数据相关技术与服务市场将实现19.0%的CAGR(年均复合增长率)。国内各行各业已经开始重视社会化媒体的营销作用,关注并实施大数据营销。根据互联网实验室的调查,55%的受访企业已经开始整理并利用消费者数据,其中,32%的企业至少一周整理一次消费者数据。在企业进行社会化营销所需服务的调查中,64%的企业认为第三方数据分析服务是必要的。可见,大数据分析产业具有广阔的市场空间,并且会深刻影响广告公司的经营方式变革与未来发展,精准的目标受众分析能力、精准的策划创意能力、精准的广告媒介投放能力和精准的广告效果评估能力等,成为广告公司竞争力的核心。

#### 4. 程序化购买

程序化购买是指通过数字平台，代表广告主，自动地执行广告媒体购买的流程。相对于传统的人力购买的方式，程序化购买的实现通常依赖于 DSP（需求方平台）和 Ad Exchange（广告交易平台），它包括 RTB（实时竞价）模式和 non-RTB（非实时竞价）模式。在传统的人力购买模式广告投放过程中，广告主需要预先制定半年到一年的预算框架，其后需要进行媒体排期。一旦敲定合作细节之后，广告的投放相对固定，如中途变动，流程将会比较复杂。通过程序化购买的广告位，广告主可以随时进行购买，购买之后立即可以进行投放。投放形式、投放时间、预算分配均更加灵活，提升广告投放效率，减少人力谈判成本。程序化购买在较大程度上是通过 RTB（实时竞价）模式来进行。RTB 是广告交易平台在网络广告投放中采用的主要售卖方式，在极短的时间内通过对目标受众竞价的方式获得该次广告展现，是一种利用第三方技术在数以百万计的网站上针对每一个用户展示行为进行评估以及出价的竞价技术。而非 RTB 的结算方式主要是通过打包售卖的框架协议，或者固定价格结算。程序化购买使得广告投放更加精准，更加实效。随着越来越多广告主对程序化购买价值的认同日益上升，程序化购买将会成为未来数字营销传播的主导方式。

#### 5. 网络支付

网络支付是指卖方与买方通过因特网上的电子商务网站进行交易时，银行为其提供网上资金结算服务的一种业务。它为企业和个人提供了一个安全、快捷、方便的电子商务应用环境和网上资金结算工具。在线支付不仅帮助企业实现了销售款项的快速归集，缩短收款周期，同时也为个人网上银行客户提供了网上消费支付结算方式，使客户真正做到足不出户，网上购物。对支付货款一方来讲，在线支付是不产生任何费用的，交易所产生的费用由收款账户所属的商家承担。网络支付的方式主要有网银支付和第三方支付，最常用的第三方支付有支付宝、微信支付、财付通、环迅支付、易宝支付、快钱、网银在线等。技术进步驱动网络支付应用场景和方式不断丰富。随着移动互联网技术的发展和应用水平的提升，扫码支付、刷卡支付、信用卡还款、生活缴费、红包等应用场景应运而生。基于生物认证技术的发展，网络支付领域出现指纹识别支付和人脸识别支付等应用方式。应用场景和方式的丰富顺应了网络支付平台化发展思路，促进了网上支付商业模式和变现途径的创新。网络支付的普及，为 O2O 行业快速发展创造了条件，也为广告经营提出了新的课题。广告活动不仅要传递品牌价值和商品信息，而且需要激发消费者的购买欲望并产生购买行动。

## 第二节 广告经营的微观环境

### 一、广告经营的营销环境

从微观环境来看，广告经营的营销环境发生了重大改变。传统时代的营销传播方式已经无法适应数字营销传播的新要求。

#### 1. 精准用户画像

对用户的精准分析，一直是企业、广告公司和市场调查公司重点关注的领域。传统的用户分析主要采取以下方式：一是企业自身建立的消费者数据库，通过数据库的及时更新与数据分析,了解目标消费者的特性和趋势;二是企业、广告公司和市场调查公司通过广告调查和市场调查获取消费者信息,通过调查研究,了解目标消费者的人口统计学特征和消费心理特征等,从而制定针对性的广告营销计划;三是企业通过渠道销售商或信用卡机构获取的消费者购物数据,这类购物数据比较真实及时地反映消费者的消费选择与消费能力等信息。

大数据时代,市场分析可以通过大数据来精准地定位目标消费群体,分析其年龄、性别、职业、家庭收入等自然属性和社会交往、兴趣爱好、媒体接触、地理位置、购买意向等社会属性,从而精准地进行用户画像。大数据为受众从物理属性的分散到内在的聚合提供了可能。例如,品友互动公司人群数据库的人群属性细分标签已多达3155个,传漾广告搜集的网络Cookie达9亿个,并将其划分为33个兴趣大类、168个兴趣中类、857个兴趣小类。数据挖掘技术能从大量庞杂、琐碎的数据,如内容接触痕迹、消费行为数据、受众网络关系中提炼出消费习惯、态度观念、生活方式这样的深度数据,实现对目标人群的全面描绘。大数据时代的用户分析主要通过以下方式:一是广告技术公司通过数据挖掘技术和数据分析工具,可以对用户的上网行为进行精准的分析,并给不同的用户打上不同的标签,作为广告精准投放的主要依据;二是广告公司与阿里巴巴、腾讯、百度等大型互联网媒体和一些中小互联网媒体构建战略联盟与合作关系,通过获取BAT企业和中小互联网媒体的用户数据,来对用户进行精准画像;三是通过与企业建立自建DMP(数据管理平台)合作,开展用户分析与研究。在大数据时代,利用大数据进行用户精准画像已经成为必然趋势。同时,传统用户分析方法与大数据用户分析方法的结合,也将是广告公司需要面对的新课题。

2. 动态创意优化

动态创意优化(dynamic creative optimization,DCO),是指在多版本广告投放的过程中,根据受众反应来评估创意传播效果,动态调整不同创意版本的投放策略(比如曝光量分配),从而实现广告活动整体效果优化的机制。一直以来,我们主要依赖的是广告主自身及专业创意人士的判断。他们认为消费者希望看到什么、喜欢看到什么,就选择哪个。如果离目标受众更近一步,则会在正式投放前进行小规模的A/B测试,然后再根据结果决定是否让广告大规模投放。但程序化创意所产出的版本实在是太多了,传统方法不能完全适用。

与以前靠预先洞察和经验筛选创意作品不同,DCO直接让最终受众用行动投票,选举喜爱的广告创意。DCO在广告投放过程中,利用监测数据来观察受众的行为反应,判断其接受程度。例如,从广告页面的停留时长可以推断他们对广告内容是否感兴趣,从点击率、互动率、转化率等数据指标可以了解他们的参与意愿。把多个版本的广告创意作品数据进行比较,就能清晰地识别出哪些版本更受欢迎,传播效果更好。如果配合投放过程中所获得的人群属性信息,还可以进一步观察不同人群对创意版本的偏好差异。需要强调的是,DCO的最终目标往往不是要筛选出一个表现最佳的创意版本,而是要筛选出一组表现最佳的创意版本。基于实时更新的广告创意效果数据,DCO就可以对广告创意的投放策略不断调整,实现快速纠偏和动态优化。

3. 精准广告投放

对于广告主而言,精准广告投放意味着更高的ROI(投资回报率)。在大数据时代,广告投放方式实现了两个重大的转变。

一是由售卖媒介资源向直接售卖受众的转变。在传统媒体环境下,广告公司通过购买媒体版面或时段资源的方式获取广告位,这种方式是一种粗放式的广告投放方式,广告公司只能通过媒体的受众来推断广告的受众,因而无法避免广告费用的浪费。而大数据环境下,广告公司可以对广告主的目标受众进行精准的用户画像,还可以通过用户标签来识别广告主的目标消费者,从而准确地定位目标受众,并对这些目标受众进行精准广告投放。从理论上来说,这种广告投放方式更加精准,更加实效,对于广告主也是一种性价比更高的广告投放方式。

二是从人工交易方式向程序化交易方式转变。传统广告公司的媒介资源购买采用的是人工方式,即由广告公司或媒介购买公司专业的媒介计划人员,通过制定广告媒介计划,并与广告媒体进行面对面洽谈,从而完成媒介资源的交易过程。这种人工交易方式耗时长,耗费高,对参与媒介计划和媒介购买人员的专业素质要求高。数字时代的广告投放改变了这种人工交易方式,采取程序化交易的方式,大大提升了广告投放的效率。广告技术公司开发专业的程序化投放软件,并与DMP(数据管理平台)公司开展合作,利用外部的大数据资源和自身积累的大数据资源进行用户分析,通过算法优化,从而实现广告的精准投放,提升广告传播的效果。

4. 广告效果可视

广告主对广告效果最为关注,广告效果又分为传播效果和销售效果。传播效果表现为广告对于目标受众所产生的注意、兴趣、欲望、行动和分享等,销售效果表现为广告对于销售的促进程度。在传统媒介环境下,广告效果的测量具有滞后性和模糊性,广告效果往往是在广告活动开始一段时间之后,通过市场调查和销售反馈的方式来评价效果好坏,这种评测效果的方式带有明显的滞后性,同时,传播效果和销售效果不仅受到广告的影响,企业的营销组合和营销推广方式、竞争者的广告战略等,都可能对其产生影响,因而很难精确判断广告对于传播效果和销售效果的具体贡献。

数字时代,广告主对广告效果的可视化愈发重视。广告行业对可视化展开了全方位的诉求:品牌营销讲求可视化,信息传递讲求可视化,广告效果监测讲求可视化,大数据工具可以支持可视化,随着技术的猛进,笼统、虚假、模糊的数据信息将会变得有据可依。数字广告的可视性和广告的真实曝光,是品牌广告主最为担心的问题点。广告预算花出去了,且不说是否真的精准,广告是否已经投出去,受众到底是否看到广告,这几乎是所有广告主的疑问。例如,谷歌推出了一种新的广告监测技术,能够"察觉"所发的广告是否已经被受众看到,或者是否被掩盖在网页底部。谷歌发言人安德里亚·法维尔表示,"我们非常重视为广告公司开展数字广告业务。如今,网络上的广告需要高度透明,对于那些广告商来说,他们希望能够更清楚地获知,相关广告是否真的被投放到网页上,以及是否被用户看到等问题"。谷歌的这项技术赋予了广告"可视性",对于那些购买了谷歌服务的广告商,他们只有在其广告被至少50%的用户观看后,才会付款。

## 二、广告经营的媒介环境

媒介作为广告发布的载体,媒介形态的变迁对于广告传播产生深刻影响。当前,数字媒介的迅猛发展,正在改变广告经营的媒介环境,需要广告公司调整经营战略。

1. 传统媒介广告价值的衰减

随着媒介形态的多元化发展,受众的媒介选择也更加多样。新的媒介形态出现,必然对传统的媒介形态产生冲击和影响。近年来,我国传统媒介呈现持续下滑态势。首先来看报业的情况,近年来,报纸读者数量急剧下降,报纸读者结构呈现老龄化态势,这些因素都导致报纸广告经营额持续下滑。早在2005年,一方面由于当年上半年全国报刊广告平均增长仅有7.08%,首次低于GDP的增长速度;另一方面刚上市不久的北青传媒上半年营收及净利润同比均大幅度下滑。基于此,京华时报前社长吴海民先生在《媒体变局:谁动了报业的蛋糕?——关于报业未来走势的若干预测》一文中正式提出了"报业拐点论"。其次来看杂志的情况,目前除了少数大众杂志外,大部分杂志的经营均面临严重的困境,一方面是读者数量的减少,另一方面是年轻读者的流失,使得依靠广告生存的杂志面临巨大的生存压力。再次来看广播的情况,相比较报纸和杂志,广播尽管也受到电视和互联网的冲击,但是由于中国移动人群和购车人数的增多以及城市的严重拥堵,使得移动多媒体广播和车载广播的收听人数持续攀升,广播广告经营额保持了增长态势。最后来看电视的情况,电视媒体受到互联网媒体的冲击最大,但是近年来由于综艺娱乐节目的发展,吸引了一定数量的电视观众,使得电视广告经营额也保持了增长态势,但这并非意味着电视媒体的春天来了。实际上,电视媒体正面临巨大挑战。正如北京大学陈刚教授所言:"视频网站的发展,在视频内容的生产方面首先对传统电视媒体形成挑战。用户生产内容(UGC)的数量和质量都在加速提升,大数据的支持又会使得互联网平台视频内容的生产更加精准地满足用户的观赏需求。乐视超级电视、小米电视等所体现的变化,使家庭电视终端将不再是以电视为中心,而是以互联网为中心。在这类终端上,用户可以方便地选择互联网上的内容和电视媒体的内容。当传统电视家庭终端的垄断地位被新型的互联网电视所冲击,电视内容将直接面对互联网上海量视频内容及其他内容的竞争,包括游戏、社会化媒体的竞争,而不再具有强制性和垄断性。在这样的环境中,电视媒体的价值一定会被稀释并逐渐下降。"[1]

2. 网络媒介广告价值的提升

2020年9月29日,中国互联网络信息中心(CNNIC)发布的《第46次中国互联网络发展状况统计报告》显示,截至2020年6月,我国网民规模达9.4亿,较2020年3月增长3625万,互联网普及率达67.0%,较2020年3月提升2.5个百分点(见图3-1)[2]。随着网民规模的增长进入平稳期,互联网对个人生活方式的影响进一步深化,从基于信息获取和沟通娱乐需求的个性化应用,发展到与医疗、教育、交通等公用服务深度融合的民生服务。与此同时,随着"互联网+"和"智能+"行动计划的出台,互联网和人工智能将带动传统产业的变革和创新。未来,在人工智能、大数据、云计算、智能物联网、5G等新信息技术应用的带动下,互联网和人工智能将加速农业、现代制造业和生产服务业转型升级,形成以互联网和人工智能为基础设施和实现工具的经济发展新形态。

中国网民人数的增多和互联网普及率的提升,大大提高了互联网广告的价值。艾瑞咨询发布的《2020年中国网络广告市场年度洞察报告》显示,2019年,中国网络广告市场规模达到6464.3亿元,同比增长30.2%。未来几年市场规模仍保持较高水平,但增速将略缓,至2022年整体规模预计达到12031.4亿元(见图3-2)。

---

[1] 陈刚:《电视媒体悲剧时代的到来》,《中国传媒科技》2013年第23期,第19—20页。
[2] 中国互联网络信息中心:《第46次中国互联网络发展状况统计报告》,http://www.cnnic.net.cn/hlwfzyj/hlwxzbg/hlwtjbg/202009/P020200929546215182514.pdf,2021年1月20日访问。

图 3-1 中国网民规模和互联网普及率

图 3-2 2015—2022 年中国互联网广告市场规模及预测

**3. 移动媒介蕴含巨大的潜量**

《第 46 次中国互联网络发展状况统计报告》显示,截至 2020 年 6 月,我国手机网民规模达 9.32 亿,较 2020 年 3 月新增手机网民 3546 万人。网民中使用手机上网的比例为 99.2%(见图 3-3)。移动上网设备的逐渐普及、网络环境的日趋完善、移动互联网应用场景的日益丰富三个因素共同作用,促使手机网民规模进一步增长。首先,智能手机价格下降,为手机上网奠定了基础。近年来,各大互联网厂商和传统家电企业对于手机市场的进入,促使智能手机价格持续走低,提升了网民购买力。其次,政府加大对于移动上网的扶持,通过督促运营商降低上网资费、提升网络覆盖能力等措施优化网民上网环境,降低手机上网门槛。最后,移动互联网应用场景的丰富提升了网民使用意愿。移动互联网与传统行业加速融合,开发与各类生活紧密关联的新应用,吸引传统行业用户开始使用移动互联网。

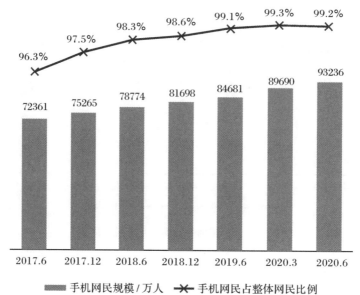

图 3-3 中国手机网民规模及其占网民比例

艾瑞咨询发布的《2020年中国网络广告市场年度洞察报告》显示，2019年，移动广告市场规模达到5415.2亿元，增长率达47.8%，在互联网广告整体市场中占比83.8%。预计2022年整体规模将达到10570.7亿元（见图3-4）。移动广告的整体市场增速远远高于网络广告市场增速。智能终端设备的普及、移动网民的增长、移动广告技术的发展和服务的提升是移动广告市场发展的动力所在。

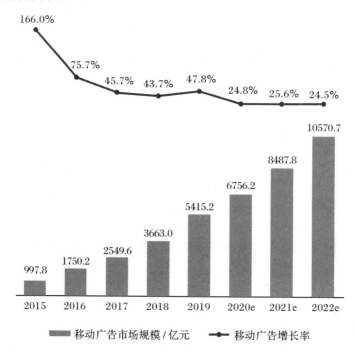

图 3-4 2015—2022年中国移动广告市场规模及预测

### 三、广告经营的竞争环境

随着广告主对广告公司代理能力的提升和代理业务范围的增多,以及满足广告主全球化战略的需要,广告公司的竞争环境也在发生深刻改变,主要呈现专业化竞争、规模化竞争和国际化竞争三种态势。

#### 1. 广告公司的专业化竞争

广告公司采取的是双重代理模式。一方面广告公司接受广告主的委托,代理其广告与营销传播业务,需要为广告主提供专业的广告与营销传播服务;另一方面广告公司接受广告媒介的委托,帮助广告媒介销售版面或时段,并获取代理佣金。广告公司具有高度依附性,广告公司的经营管理必须要适应广告主营销传播需求的新变化以及广告媒介运作的新要求,提供专业化的代理。可以说,专业代理能力是决定广告公司竞争力的核心要素。在传统媒体环境下,决定广告公司专业代理水平的要素有丰富的代理经验和策划创意资源、优秀的广告专业人才队伍、雄厚的资金实力等,而在互联网媒体环境下,大数据、技术、创意和流量资源日益成为决定广告公司生存与发展的关键性因素。大数据和技术能力直接决定了广告公司的程序化广告代理能力,创意水平和流量资源则影响广告公司的核心价值和服务能力。近年来,传统广告公司纷纷向数字营销传播公司转型,这是广告公司提升核心竞争力的战略选择。

#### 2. 广告公司的规模化竞争

长期以来,中国广告市场呈现一种自由竞争的格局,包括国有企业、集体企业、私营企业、内资公司(非私营)、外商投资企业、个体工商户等多种所有制形态的广告公司在广告市场展开竞争。中国广告市场1979年重开,由于起步较晚,本土广告公司发育不是很成熟,又缺乏运作管理经验、资金资源和专业人才,本土广告公司呈现高度分散与高度弱小的状态,这种低集中度的广告市场结构导致恶性价格竞争和市场的逆向选择,从而严重影响广告产业的可持续发展。随着中国广告产业的快速成长,本土广告公司的专业实力得到了显著提升,广告市场由自由竞争阶段向垄断竞争阶段过渡成为一种必然趋势。国际广告集团凭借雄厚的资金实力、全球性的策划创意资源以及专业的经营运作经验,开始了以资本并购和联合为主要特征的产业扩张,影响广告产业的未来发展。本土广告公司借助资本力量开展并购扩张,打造专业的营销传播集团,实现规模经济和范围经济效应,是中国广告产业升级的重要路径。2010年以来,随着省广股份、蓝色光标、华谊嘉信等一大批国内领先的广告和公关集团纷纷上市,中国广告市场迎来了产业并购的新阶段,对广告公司的经营管理将会产生重大影响。

#### 3. 广告公司的国际化竞争

广告公司不是在一个封闭的市场上竞争,而是面临一个国际化竞争的环境。中国广告市场本身就是一个高度国际化的市场,1979年中国广告市场重开,国际广告集团伴随跨国企业进入中国市场,以办事处的形式开展广告经营业务,1986年,日本电通、美国扬·罗必凯与中国国际广告公司在北京成立电扬广告公司,成为国内首家跨国合资广告公司。直到1991年,外商投资广告公司在中国仅有13户,而且经营规模尚小,广告营业额甚微。自1996年开始至今,外商投资广告公司几乎每年包揽中国市场广告公司经营额的前五位。可见,1979—1995年间是国际广告公司在中国广告市场的战略布局期,1996年至今则进入快速扩张期,尤其是2015年底中国广告市场完全对外资开放之后,国际广告公司更是加快了在中国广告市场并购扩张的步伐,它们将目标瞄准了中国领先的数字营销传播公司。

中国广告市场呈现国际广告公司和本土广告公司竞争的二元市场结构,处于国际广告集团竞争压力下的本土广告公司,必须要利用自身熟悉中国市场的优势,以及凭借大资本运作,打造一批具有国际竞争力的广告和营销传播集团。此外,随着中国综合国力的快速提升,以及国家"一带一路"倡议的推进,中国的民族企业也需要积极拓展国际市场,因而迫切需要一批既熟悉中国文化,具有高度民族责任心,又精通国际广告运作的跨国广告公司为其提供广告和营销传播代理服务。这对于中国本土广告公司而言是挑战,更是机遇。近年来,蓝色光标开展了一系列的海外并购活动,先后投资并购了 Huntsworth、We Are Social、METTA、FuseProject、Vision7、Financial PR、Blab 等 7 家一流企业,满足本土客户对国际业务的需求,提升了公司的国际竞争能力。正是借助这些海外投资并购,蓝色光标传播集团迅速成长为一家国际性的营销传播集团。

### 四、广告经营的公众环境

公众是指对广告公司实现经营目标的能力有实际或潜在利害关系和影响力的团体或个人。广告公司面对的广大公众的态度,会协助或妨碍广告公司经营活动的正常开展。广告公司必须采取积极措施,树立良好的形象,力求保持和主要公众之间的良好关系。广告公司所面临的公众主要有以下几种。

1. 内部公众

广告公司的员工,包括高层管理人员和一般职员,都属于内部公众。广告公司的经营活动,需要全体职员的充分理解、支持和具体执行。一些大的广告公司经常会发行内部通讯,向员工通报公司有关情况,介绍公司发展计划,发动员工出谋献策,关心职工福利,奖励有功人员,增强内部凝聚力。员工的责任感和满意度,必然传播并影响外部公众,从而有利于树立广告公司良好的社会形象。在广告行业,广告人员的流动频繁,经常会出现广告公司高层管理人员跳槽带走客户的情况,这对于广告公司的经营而言是不利的,如何提升公司高层管理人员的归属感和成就感,如何留住优秀的广告专业人员,如何吸引优秀的广告人才加盟公司,这些对于广告公司的发展都尤为重要。

2. 融资公众

融资公众是指关心并可能影响广告公司获得资金的金融机构,如银行、投资公司、证券经纪公司等。广告公司通过发布年度财务报告,增强财务透明度,及时回答关于财务问题的询问,稳健地运用资金,从而在融资公众中树立信誉,为广告公司的融资创造便利条件。对于国内一些上市广告公司而言,一方面可以通过资本并购的方式,实现公司业绩的快速增长,另一方面可以通过及时地公布财务报告,让股民和投资者及时了解公司的经营状况,增强投资信心。还有一些广告公司希望通过吸收风险资本、私募股权融资、上市融资等方式,快速成长壮大,这些公司也需要特别重视与融资公众充分沟通,从而获得广告公司发展所需的资金。近年来,国内外风险投资机构加大了对广告技术公司,如一些 DSP、DMP 公司的投入,反映出国际国内资本将投资重心转向了数字营销传播领域,这对于推动广告技术公司的发展将会产生积极作用。

3. 政府公众

政府对于广告产业发展和广告公司经营管理起到制度供给和监督管理的作用。

一是政府是广告产业的政策制定者。激励性的产业政策对于促进广告产业快速发展具有重要意义。1993年,国家工商行政管理总局、国家计划委员会颁布《关于加快广告业发展的规划纲要》,这是中国政府颁布的第一个指导广告行业发展的纲领性文件,对于广告产业发展产生积极作用。但是由于长期以来政府对于广告产业不够重视,工商行政管理部门重产业规制、轻激励性产业政策的制度供给,使得广告产业发展一直处于一种自发状态。2008年以来,政府高度重视广告业发展,国家工商行政管理总局、国家发展和改革委员会颁布了《关于促进广告业发展的指导意见》。2012年国家工商行政管理总局又出台了《关于推进广告战略实施的意见》《广告产业发展"十二五"规划》《国家广告产业园区认定和管理暂行办法》。2016年国家工商行政管理总局出台《广告产业发展"十三五"规划》等。这些政策文件的出台,反映出政府对广告产业的重视,对于广告公司的经营管理产生积极正面影响。

二是政府是广告产业的直接管理者。政府通过制定广告法律和行政法规实现对广告市场的管理,监督广告市场主体的活动,维护公平、公正的市场竞争环境,切实保护企业和消费者的合法权益。为此,政府出台了一系列广告法律法规。例如,1994年10月,第八届全国人民代表大会常务委员会第十次会议通过了《中华人民共和国广告法》,并于1995年2月正式实施。2015年4月,第十二届全国人民代表大会常务委员会第十四次会议通过了修订后的《中华人民共和国广告法》,并于2015年9月正式实施。2018年10月,第十三届全国人民代表大会常务委员会第六次会议审议通过《中华人民共和国广告法》(2018修正)。此外,全国人大和国家有关部委还制定了专门的广告行政法规对广告市场活动进行监管。政府作为广告产业的直接管理者,是推动广告业健康发展的重要力量。同时,政府的行为也可能会对广告公司经营产生负面影响,如政府对户外广告的清理整顿,一方面是净化城市环境的重要举措,另一方面也存在一些地方政府利用公权力侵犯户外媒体主私权利的事件。

三是政府也是有代理需求的广告主。政府不仅是政策的制定者、市场的管理者,也是有着代理需求的广告主。近年来,一些城市开展的城市宣传推广活动,都是委托专业的广告公司进行策划创意,制作代理城市特色和文化内涵的城市形象宣传片,在国内外媒体上刊播,以此提升城市形象、吸引直接投资、带动城市旅游产业发展等。例如,山东省旅游局委托广告公司策划的"好客山东欢迎您"广告,取得了巨大的成功,为山东赢得了不错的口碑,也拉动了山东旅游业的快速发展。

### 4.行业协会公众

广告行业协会实际上承担着双重职责,一方面代表广告行业利益,与政府部门和社会公众进行沟通,为广告行业发展创造良好的外部条件,另一方面广告行业协会也是广告公司、广告媒介与政府部门沟通的重要桥梁,部分承担了政府的广告管理职能,通过行业自律规则的形式规范广告市场主体的行为。

一是广告行业协会是代表行业广告公司、广告媒体和广告主利益的社会组织。广告行业协会是在行业成员自发和自愿基础上组建的社会性团体,尽管中国广告协会带有半官方的性质,但是维护行业利益,代表行业发声,是广告协会责无旁贷的责任。近年来,我国广告行业协会在广告产业政策咨询建言方面发挥了的关键性作用,成为广告产业政策的重要推手,国家市场监督管理总局出台的一系列关于促进广告业发展的激励性政策文件,与中国广告协会的咨询建言和积极参与是分不开的。

二是广告行业协会制定了行业自律规则,规范广告公司、广告媒体和广告主的广告行为。

广告行业协会必须要约束协会内部成员的行为,并对协会外部成员产生指导和引导性作用。中国广告协会受国家市场监督管理总局直接领导,实际上也部分承担了广告监管的职能。2015年修订的《中华人民共和国广告法》首次确立了广告行业协会的法律地位,《中华人民共和国广告法》第七条规定:"广告行业组织依照法律、法规和章程的规定,制定行业规范,加强行业自律,促进行业发展,引导会员依法从事广告活动,推动广告行业诚信建设。"因而,广告公司、广告媒体、广告主的广告经营和广告营销行为必须要符合广告行业协会的自律规则。

## 中篇

## 广告产业与广告经营

# 第四章 广告产业组织

在产业组织理论的 SCP 范式中,市场结构决定市场行为和市场绩效,反过来市场行为和市场绩效也会影响市场结构,但是市场结构居于主导位置,广告市场同样如此。本章重点探讨广告产业市场结构的基本形态和影响因素、中国广告产业的市场结构和影响因素、广告市场行为的基本原理和具体策略、中国广告产业的市场行为及其影响、广告市场绩效的内涵和评价指标、中国广告产业的市场绩效现状及对策。

## 第一节 广告产业的市场结构

### 一、广告产业市场结构的基本形态

1. 完全竞争的广告市场

完全竞争的广告市场是指广告市场中没有任何支配力量存在,广告公司之间是纯粹竞争关系。其主要特征是:

(1)广告市场中广告公司数目众多且规模小,每家广告公司或广告主提供或需求的广告或营销代理业务量都非常少,单个的广告公司或广告主都不能影响广告市场价格,广告市场价格完全由供求关系决定。

(2)广告公司代理服务同质化,广告产业内各个广告公司提供的代理服务之间不存在任何差别,完全均质的代理服务具有完全的替代性。

(3)广告市场进出无障碍,不存在进入与退出障碍,新的广告公司进入广告产业或原有广告公司退出广告产业有充分的自由,生产要素在广告产业间或向其他产业转移没有任何阻力,也即这类市场没有沉淀成本、转换成本或者成本很少,广告公司不需要付出任何代价就可以自由地进出广告市场。

(4)广告公司与广告主掌握广告市场的完全信息,广告公司了解广告主的需求和支付能力,广告主了解每家广告代理公司的代理项目、代理水平和代理成本,广告公司与广告主之间信息完全对称。

在现实的广告市场中,完全竞争的广告市场实际上是不存在或不完全存在的。因为无论是广告公司,还是广告主,在现实中都难以掌握对方的"完全信息",由于竞争的结果,总会有一些广告公司规模越做越大,其行为必定对广告市场的结构产生影响。在中国广告市场的某些领域,如广告制作公司领域基本接近完全竞争市场,这些广告制作公司往往数量多、规模小、缺乏品牌公司,提供的广告制作服务基本同质化,而且进入、退出的成本低,广告主可选择的空间很大,对广告制作公司服务水平认同度低,不断压缩广告代理的费用,导致广告制作公司的利润大幅缩水,公司无力投入更多资金用于发展壮大,为了生存竞相压价争夺客户,降低服务质量,必然会影响其市场行为和利润水平。

## 2. 完全垄断的广告市场

完全垄断是与完全竞争相反的概念,完全垄断的广告市场的主要特征是:

(1)市场上只有唯一的一家广告公司。即向广告市场提供广告代理服务的广告公司只有一家,它所提供的广告代理服务占据广告市场的全部份额。

(2)没有替代的代理服务。完全垄断广告公司提供的代理服务具有不可替代性,制定价格不必考虑其他替代因素。

(3)进入壁垒很高。新广告公司很难或者不能进入该领域。如果广告产业的某个市场进入壁垒很高,它就构成了垄断市场。垄断广告市场主要有以下几种进入壁垒:①规模经济壁垒。如某个广告公司向特定区域形成提供广告代理服务的网络,就可以获得规模经济性,提升其代理价值,如分众传媒对楼宇液晶电视媒体的广告经营即是如此。②资本壁垒。广告产业的某些领域因规模大,初始投资大,使一般的广告公司难以进入,如海南白马广告投资有限公司主营的风神榜候车亭网络,投入巨资在全国29个主要城市拥有超过32000个灯箱。③法律和政策壁垒。国家和地方政府、事业单位给予某家广告公司在本国、本地区、本行业内的经营特许权,从而形成垄断,如由亿品传媒运营的中国最大铁路动众媒体就是经铁道部唯一认证的,以无线宽带技术为基础,集视频、音频、网络和移动技术于一体的数字化、全方位的新型信息载体平台。

完全垄断和完全竞争一样,都是非常少见的广告市场结构。不论是规模的经济性,还是资源的稀缺性而引起的垄断,都有可能因为广告市场中更多的替代品而被打破,使得原有的广告市场垄断丧失意义。例如,某些资源型广告公司由于掌握媒体资源,形成对某个媒体代理领域的绝对控制,从某种程度上可以说一种完全垄断市场,但由于广告市场的特殊性,受众选择接触媒体信息的途径是多元的,可替代性媒体的增多也使得资源型广告公司的垄断优势减弱。此外,某个领域的高利润也使得一些新的广告公司会通过各种途径进入该领域,从而打破原有由一家广告公司垄断的局面。

## 3. 垄断竞争的广告市场

垄断竞争是介于完全竞争和完全垄断之间的一种市场结构,比较接近现实的广告市场结构,垄断竞争的广告市场的主要特征是:

(1)广告市场上有数量众多的小广告公司,每个广告公司的代理业务量和经营额在广告产业的代理业务量和经营额中只占一个较小的比例。这是垄断竞争广告市场与完全竞争广告市场的共同点。

(2)不同广告公司提供的代理服务存在差别,但是相互之间的替代弹性较大。如广告市场上存在各种不同类型的广告代理公司,有综合型广告代理公司、整合营销传播代理公司、专门型广告代理公司、媒介购买公司、DSP公司等,这些广告公司由于自身所具有的服务专业化,具有一定优势。

(3)广告市场的进入退出壁垒很低。新的广告公司能够自由进入广告产业,如遭遇经济危机或广告公司收益下降或亏损时,广告公司也可以自由退出广告产业。这是垄断竞争广告市场与完全垄断广告市场的重要差别。

(4)在垄断竞争的广告市场内,各个独立的广告代理公司之间存在激烈的竞争,但是由于代理服务的差别化,各个广告公司又可以凭借代理服务的专业化优势形成一定程度的垄断。

垄断竞争的广告市场结构中,在代理服务水平大致相当的情况,某一家广告公司将代理费用降得比其他广告公司低,一般会把广告客户吸引过来,反之,则会丧失代理业务,影响广告公司的经营收益。所以,广告公司的需求曲线是呈向下倾斜的,但由于广告市场上存在大量的广告公司和广告主,需求曲线向下倾斜度并不大,也就是说,广告公司改变代理费用以进行竞争的作用是十分有限的。在垄断竞争的广告市场上,一部分广告公司通过降低代理费用获取新客户或留住老客户,另一部分广告公司则通过提升专业代理能力和行业代理声誉,发展壮大,力争成为广告市场的领导者。两股势力在广告市场博弈,强者愈强,弱者愈弱,这是垄断竞争广告市场的具体表现。

### 4. 寡头垄断的广告市场

寡头垄断是介于完全垄断和垄断竞争广告市场之间,以垄断因素为主,同时又具有竞争因素的市场结构。寡头垄断的广告市场的基本特征是:

(1)广告产业内的少数几家大型广告公司占有大部分广告市场份额。具体可以分为两种结构形态:一是少数几家大型广告公司占有大部分市场份额,同时广告产业内还有很多中小广告公司占有小部分市场份额;二是少数几家大型广告公司占有广告产业的全部市场份额。

(2)进入退出壁垒较高。广告产业内少数大型广告公司在资金、规模、品牌、代理经验与专业服务水平等方面具有绝对的优势,新的广告公司进入该领域往往相当困难;同时由于广告公司前期投入资本多、规模大,沉淀成本和转移成本高,所以退出的壁垒也比较高,在媒介资源经营领域表现尤为明显,如分众传媒(中国)控股有限公司、江苏大贺国际广告集团有限公司等。

(3)广告公司提供的代理服务存在同质化或差别化两种情况。一是少数几家大型广告公司提供的代理服务存在较大差别,称为差别少数垄断;二是少数几家大型广告公司提供的代理服务基本同质,称为纯粹少数垄断。例如,美国广告产业越来越向少数广告集团集中,2006年,美国营业收入排名前四位的广告集团占当年美国营销传播代理公司营业收入的58.53%,排名前八位的广告集团占到65.22%[1],美国广告市场表现为寡头垄断的结构形态。

寡头垄断的广告市场结构由于广告公司处于兼有竞争和垄断的环境之中,所以能够获得某种程度的超额利润;能在保持广告公司间竞争的条件下达到较大规模,获得较好的规模效益;由于广告市场由少数大型广告集团所控制,因此价格比较稳定,信息也比较容易掌握;由于广告产业内少数大型广告集团占有绝大部分市场份额,也便于政府对广告产业的管理。但是,寡头广告公司之间的相互依存性使得它们之间更容易形成某种形式的勾结,当然这种勾结并不会取代竞争,而只是一种暂时的妥协。例如,在中国市场,多家国际广告公司率先实行"零代理",这种市场行为就是居于市场主导优势的国际广告集团打击竞争对手的一种手段,对高度分散与高度弱小的本土广告公司冲击尤其巨大。

依据行业内厂商数量及相对规模、行业内厂商产品的相似性及产品差异化程度、单个厂商独立进行经营决策的能力、进入与退出壁垒等因素,产业组织理论一般将市场结构划分为完全竞争、完全垄断、垄断竞争和寡头垄断四种类型[2]。美国经济学家贝恩(Bain)1956年在此基础上,进一步运用绝对集中度指标对产业结构进行分类研究,并将市场集中类型划分为六个类型

---

[1] 廖秉宜:《自主与创新:中国广告产业发展研究》,北京:人民出版社,2009年版,第65页。
[2] 芮明杰:《产业经济学》,上海:上海财经大学出版社,2005年版,第386页。

(见表4-1)。2008年中国广告产业 $CR_4$ 为25.43%,$CR_8$ 为42.95%,2009年中国广告产业 $CR_4$ 为21.82%,$CR_8$ 为35.28%,2010年中国广告产业 $CR_4$ 为21%,$CR_8$ 为36%。根据贝恩的划分标准,中国广告产业介于原子型市场和低集中寡占型市场之间,偏向于完全竞争的原子型市场结构。

**表4-1 贝恩对产业垄断和竞争类型的划分①**

| 类型 | | 前四位企业市场占有率($CR_4$) | 前八位企业市场占有率($CR_8$) | 该产业的企业总数 |
|---|---|---|---|---|
| Ⅰ.极高寡占型 | A | 75%以上 | | 20家以内 |
| | B | 75%以上 | | 20~40家 |
| Ⅱ.高集中寡占型 | | 65%~75% | 85%以上 | 20~100家 |
| Ⅲ.中(上)集中寡占型 | | 50%~65% | 75%~85% | 企业数较多 |
| Ⅳ.中(下)集中寡占型 | | 35%~50% | 45%~75% | 企业数很多 |
| Ⅴ.低集中寡占型 | | 30%~35% | 40%~45% | 企业数很多 |
| Ⅵ.原子型 | | 30%以下 | 40%以下 | 企业数极其多,不存在集中现象 |

## 二、广告产业市场结构的影响因素

1. 广告市场集中度

(1)广告公司规模变化与集中度。广告产业的市场容量既定,少数大型广告公司规模越大,广告市场集中度就越高;反之,则相反。导致广告公司规模变化的主要因素有:

①广告公司有扩大规模的内在动机。有两个方面原因:一是追求规模经济和范围经济效益。欧美国家大都采用的是独立产业发展模式,即广告公司实行的是一个行业代理一个品牌的模式,广告公司要扩大经营规模,必须开发不同行业的广告主,从而获得更大的经济收益。此外,由于广告主对营销传播代理需求的增加,广告公司要扩大规模必然由原来单纯提供广告代理业务的公司转型为向广告主提供综合型营销传播代理业务的公司,从而实现范围经济效益。二是垄断的动机。广告公司试图通过扩大规模,提高广告市场占有率,形成品牌优势,以力争一定的垄断地位,从而获取垄断利润。广告公司规模的扩大,可以通过拓展公司代理业务、开发新行业广告客户、在异地成立分公司等方式实现,也可以通过采用并购等资本运作方式实现。

②广告专业人才的增多以及大量专业营销传播公司的成立,为广告公司快速规模化发展提供了可能。广告公司最具竞争力的因素就是专业性的人才,在中国市场,由于广告业起步比较晚,在广告业发展之初专业人才极其缺乏,从而限制了广告公司的发展。经过改革开放四十多年的发展,高等院校和广告公司培养了大批优秀的专业人才,包括广告以及营销传播各领域的专门人才,从而为广告公司拓展新的业务领域提供了重要保障。此外,伴随中国经济的发展,大量营销传播公司成立,如营销管理咨询公司、市场调查公司、公关公司、促销公司、直效行

---

① 转引自王俊豪:《现代产业经济学》,杭州:浙江人民出版社,2005年版,第67页。

销公司、网络营销公司、移动营销公司等,广告公司可以通过与这些营销传播公司建立战略联盟,或并购该类公司迅速扩张业务。

③国家经济政策和产业政策,也对广告公司的规模化发展产生影响。工业经济时代,为了防止垄断对资源利用效率和竞争活力以及对消费者利益的损害,许多国家通过制定反垄断法、反托拉斯法等法律法规,限制超过一定规模企业之间的合并和兼并,限制市场高度集中。然而,随着经济国际化趋势的发展,许多国家为了提高本国企业在世界市场上的经济实力,往往放宽对企业合并和兼并的限制,并采取一些优惠政策,鼓励企业扩大规模,从而提高了市场集中度,导致产业市场的寡头化趋向[①]。1993年7月国家工商行政管理局、国家计划委员会联合发布《关于加快广告业发展的规划纲要》,明确提出支持有条件的广告经营企业通过发行债券、股票等各种途径、方式筹集资金;实力雄厚的可以组建跨国性、全国性、区域性广告企业联合体。进一步扩大对外开放,更多更好地利用国外资金、技术,支持国内广告公司与世界著名广告企业的合资与合作,在高起点上学习借鉴先进的广告经营与管理经验。2008年4月,国家发展和改革委员会、国家工商行政管理总局联合发布《关于促进广告业发展的指导意见》,鼓励具有竞争优势的广告企业通过参股、控股、承包、兼并、收购、联盟等方式,在国际广告市场占有更多的市场份额,实现做大做强。由此可见,从政策层面上来看,政府鼓励提高广告市场集中度。

(2)广告市场容量变化与集中度。广告市场的容量变化直接与企业的发展密切相关,当某些产业快速发展的时候,企业为了扩大市场份额,必然增加对广告的投入,还有一些新兴行业为了抢占市场,也要增加广告投入,这些因素必然影响广告市场的容量,进而影响集中度。一般而言,广告市场容量扩大,为新的广告公司提供了机会,从而瓜分一部分市场份额,导致广告市场集中度降低。但也有一种情况,就是随着广告市场容量的扩大,大型广告公司为争夺更大市场份额,通过新成立公司或并购等方式,迅速扩大公司规模,当大型广告公司发展的速度高于新的成长型广告公司的速度时,广告市场集中度非但不会降低,反而会有上升的趋势。这也反映了广告产业的特殊性。影响广告市场容量变化的主要因素有:

①国民经济发展速度。广告产业作为服务性行业,高度依赖国民经济其他产业的发展。

②居民的收入水平和消费结构,对广告产业也会产生间接的"蝴蝶效应"。居民收入水平变化反映了居民实际购买力的变化,消费结构的变化则反映了随着居民收入水平的变化,消费支出结构发生相应变化的趋势和特点,它们直接决定了最终消费品产业的市场容量变化情况。根据上面的分析,最终消费品产业市场容量的变化,必然影响广告市场的容量。

③国家经济政策和产业政策。政策主要有两个方面:一是财政货币政策,它通过影响总需求的变化进而影响市场容量的变化;二是产业政策,它通过一系列产业发展的扶持和限制政策的作用影响相关产业市场容量的变化。例如,2009年,在全球经济危机的背景下,中国政府采取了适度宽松的货币政策,国家财政全年投入4万亿元资金拉动内需,并推出了一些优惠政策刺激消费,如家电下乡,汽车以旧换新补贴、购置税减半,降低居民购房的首付比例和利息优惠等,对中国经济产生了明显的拉动效应。在全球经济不是很景气的背景下,2009年中国实现GDP增长9.1%,可以说离不开政府有效的经济政策和产业政策。这一政策也极大地带动了中国广告产业的发展,2009年中国广告产业经营额比上年度增长7.5%。

---

① 杨建文:《产业经济学》,上海:学林出版社,2004年版,第78页。

## 2. 广告代理服务差别化

广告代理服务差异化包含两层含义,即广告公司提供的是差别化代理服务,同时这一代理服务是高度专业化的,只有高度专业的差别化代理服务才能形成广告公司核心竞争力和品牌优势,引起广告公司需求价格弹性显著变化。广告公司差异化可以通过以下途径实现:

(1)代理业务范围差异化。我国广告市场容量与空间比较大,任何一家公司或少数几家公司很难占有全部市场。广告公司代理业务范围的选择,直接决定广告公司市场定位与未来发展。广告主通常有不同的营销传播问题,广告公司可以通过不同的代理业务范围,形成公司差异化,比如:在广告代理领域,既可定位于广告运作的某个环节,也可定位于为广告客户提供全方位广告代理服务;在营销传播代理领域,既可定位于营销传播的某个领域,如营销咨询、市场调查、广告传播、公关活动、促销策划、网络行销、直效行销等,也可定位于为客户提供全方位整合营销传播代理服务,发展成为大型整合营销传播集团。

(2)代理行业领域差异化。广告公司服务的客户分属于不同行业,任何一家广告公司都不可能代理所有行业领域的广告业务,也不可能在每个行业代理领域做到高度专业化,国际广告公司亦是如此。广告公司既可以将业务范围定位在一些广告投入量大的行业,如房地产、药品、食品、汽车、化妆品、服务业、保健食品、家用电器、医疗服务行业等,也可以定位于一些新兴成长行业。

(3)代理公司空间差异化。同样服务水平的两家广告公司,在不同地域,广告主对其专业服务能力的认同往往存在差异,广告主往往倾向于认为经济发达地区广告公司比经济欠发达地区广告公司的专业代理能力更强,并且愿意支付更高的代理费,尽管事实并非一定如此,这主要是因为广告公司居于不同地域空间而造成广告主心理认知差异。广告代理服务差别化,更多取决于广告主认知,代理服务有差别的两家广告公司,如果广告主认为是同质的,那么两家公司就没有差别。要让广告主认同广告公司的差异化,首先,广告公司要提供真正差别化的专业代理服务,其次,根据广告主心理进行空间布局,比如一些地区性的强势广告公司,为了拓展全国市场,将总部迁至北京、上海、广州等广告业发达城市,或在这些城市设立分支机构等就是如此。

(4)代理公司品牌差异化。广告公司品牌差异化是一个综合的评价指标,主要有以下几个方面:①广告公司规模。如公司的资金实力、办公场所、员工数量和代理业务量等。②代理经验。如广告公司曾经代理过哪些行业的品牌,这些品牌是国际性或国内知名一线品牌,还是二线品牌,是否成功推广过新品牌,等等。③行业声誉。如公司是否有全国或区域知名的资深广告策划创意人,是否一直认真尽责地与广告主合作,并得到广告主的认可,是否有代理失败的历史等。④广告作品影响力。广告作品影响力是衡量广告代理公司服务差异化的重要指标,它包括广告是否提升消费者对企业或品牌的知名度、美誉度和信任度,广告是否促成消费者的实际购买等。⑤获奖情况。公司获国际和国内权威广告奖项的数量及等级非常重要,国际性著名广告奖项有莫比广告奖、纽约广告奖、克里奥国际广告奖、伦敦国际广告奖、戛纳广告奖等,国内权威广告奖有中国广告节长城奖、香港4As广告创作大奖、台湾广告金像奖等。⑥与政府、金融机构及媒体的关系。广告公司是否与上述机构保持良好的关系,决定广告公司能否获得资金和政策方面的支持,决定广告公司是否能够拿到优势媒体资源,这些因素将决定公司未来发展空间。

3. 广告市场进入退出壁垒

(1) 广告市场进入壁垒及其种类。广告市场进入壁垒，又称为广告市场进入障碍或进入门槛，它是指广告市场内已有广告公司对准备进入或正在进入的新广告公司所拥有的优势，或者说是新广告公司在进入时所遇到的不利因素和限制。由于在一定时期、一定地域内广告产业市场容量是有限的，新广告公司一旦进入，必然与市场上已有的广告公司展开争夺市场和资源的竞争。进入障碍的大小反映了新广告公司在进入时所遇到困难的大小，进入障碍越大，就说明广告产业的垄断程度越高。对于广告产业而言，市场进入壁垒主要有以下几种类型：

①必要资本量壁垒。必要资本量壁垒是进入广告市场的某一领域所必需的资本投资，必要资本量越大，筹资就越困难，从而形成必要资本量壁垒。广告公司主要有两种类型，即综合型代理公司和专门型代理公司。如果从广告公司提供的代理服务类型划分，我们又可以将广告公司划分为智力服务型广告公司和资源型广告公司。比较而言，资源型广告公司的必要资本量壁垒比智力服务型广告公司要高。

②服务差别壁垒。广告市场上已有的广告公司通过长期的服务差别化努力已经建立起一定的公司知名度和美誉度，在确保服务质量的前提下，广告公司只需要投入少量的费用（如聘请优秀广告专业人才、员工培训、公司内增设新部门、公司外新设分支机构、广告公司自身的广告宣传等），就可以维持广告主对本广告公司的忠诚度。但是，对于新进入的广告公司而言，为寻找新的广告客户或维持已有广告客户，通常会制定更低的代理价格，或者投入更大的成本，四处参与企业组织的比稿，这种成本劣势越明显，广告公司服务差别化壁垒就越高。

③制度性壁垒。国家对新建广告公司的行政管理以及相关的经济政策和法规，也不同程度地形成了新广告公司进入的障碍。例如，中国广告市场对外资开放也是一个逐渐的过程：1979年中国广告市场重开，伴随跨国企业进入中国市场，国际广告公司也开始了在中国市场发展的历程，法国阳狮集团、日本电通集团等率先在中国设立办事处。但是，1979—1985年期间，国际广告公司只能以办事处的形式存在。1986—1994年期间，中国政府允许成立依法经营广告业务的中外合资经营企业、中外合作经营企业，但是对中外双方的股权比例并没有做出具体规定。1994年11月3日，国家工商行政管理局、对外贸易经济合作部联合发布《关于设立外商投资广告企业的若干规定》(1994年)，该文件也未对外商投资广告企业的中外双方投资比例做出规定。1995年3月1日，国家工商行政管理局下发了《关于执行〈关于设立外商投资广告企业的若干规定〉有关问题的通知》，明确规定"对外方投资比例高于我方的立项申请，原则上不予批准"，"对外商独资广告企业不予批准立项"。2004年3月2日，国家工商行政管理总局、商务部联合发布《外商投资广告企业管理规定》(2004年)，第二十三条规定："自本规定施行之日起允许外资拥有中外合营广告企业多数股权，但股权比例最高不超过70%；2005年12月10日起，允许设立外资广告企业。"

④地域文化壁垒。不同地域的市场、文化、消费心理和行为方式都存在差异，广告公司要进入一个新的地域，缺乏对当地文化和消费心理的认知和准确把握，容易增加经营的成本和风险。例如，国际广告公司在进入中国市场之初，经常出现水土不服的现象，为了降低经营风险，它们开始成立专门的研究机构分析中国地域市场的特点，或招聘当地优秀的广告专业人员加盟公司，或与当地公司成立合资广告公司等，目的正是要突破地域文化的壁垒。

⑤其他壁垒。广告市场上原有广告公司的进入遏制行为也可以形成进入壁垒，这种进入遏制行为主要包括价格遏制和投资遏制。价格遏制指的是原有广告公司之间相互协调，保持

适当的利润率,并据此调低价格水平,提高进入壁垒,这种情况在经营媒介资源的广告公司中表现明显。投资遏制是在广告市场需求将有较大幅度增长时,预先通过投资以维持适度的过剩代理服务能力,遏制新广告公司趁广告市场需求增长之际进入广告市场。

(2)广告市场退出壁垒及其种类。退出是指广告公司不再作为广告代理服务的提供者。积极退出是指广告公司发现了盈利更高的机会,而主动转移到其他市场;被迫退出是指广告公司由于经营业绩不佳,被迫退出市场。妨碍广告公司退出的因素就是退出壁垒,主要有以下方面:

①沉没成本。广告公司的资产如果专用性较强,有其特定的用途,那么广告公司一旦转移或退出市场,专用性强的资产很难转用或转卖。这种不能收回的费用就是沉没成本,它是广告公司退出广告市场时的一种损失,也就构成了广告公司退出时的障碍。如广告设计制作公司大量的制作设备、资源型广告公司购买的广告媒体资源等,都构成了广告公司的沉没成本。沉没成本越高,广告公司就越想继续维持,尽量收回未偿还的投资,那么退出壁垒也就越大。

②政策和法规障碍。户外媒体既是一种广告资源,也是城市建设的一扇窗口,所以针对那些经营城市户外媒体广告资源的大型公司,政府往往会对它们的退出加以政策和法规方面的限制。当然,这种情况往往适用于广告公司的退出可能导致城市市容市貌受到重大影响的特殊情况,一般情况下还是由市场规律决定。

进入壁垒和退出壁垒存在密切的关系。一般而言,进入壁垒越高,退出壁垒也越高;反之亦然。总体而言,广告产业的进入壁垒比较低,退出壁垒也比较低。但在广告经营的不同领域,如广告媒体资源经营领域,则具有较高的进入和退出壁垒。

## 三、中国广告产业的市场结构

### (一)中国广告产业市场结构的现状

1.中国广告产业的市场绝对集中度指标

根据原国家工商行政管理局和国家工商行政管理总局(现国家市场监督管理总局)、中国广告协会和《现代广告》杂志历年发布的中国广告行业统计数据,笔者重新对中国广告产业的绝对集中度进行了统计(见表4-2)。

表4-2 1994—2011年中国广告产业的绝对集中度[①]

| 年度 | 广告公司数量/户 | 广告公司经营额/万元 | $C_4$/万元 | $C_8$/万元 | $CR_4$/% | $CR_8$/% |
|---|---|---|---|---|---|---|
| 1994 | 18375 | 706013 | 98246 | 106453 | 13.92 | 15.08 |
| 1995 | 22691 | 1071645 | 136871 | 216112 | 12.77 | 20.17 |
| 1996 | 25726 | 1567858 | 198713 | 315328 | 12.67 | 20.11 |
| 1997 | 29010 | 1941413 | 345638 | 505820 | 17.80 | 26.05 |

---

① 根据原国家工商行政管理局和国家工商行政管理总局(现国家市场监督管理总局)、中国广告协会和《现代广告》杂志历年发布的中国广告业统计数据报告统计整理,由于从2011以后不再发布广告公司具体数据,相关数据统计截至2011年。

续表

| 年度 | 广告公司数量/户 | 广告公司经营额/万元 | $C_4$/万元 | $C_8$/万元 | $CR_4$/% | $CR_8$/% |
|---|---|---|---|---|---|---|
| 1998 | 33290 | 2301138 | 402696 | 590617 | 17.50 | 25.67 |
| 1999 | 36162 | 2778129 | 497283 | 714358 | 17.90 | 25.71 |
| 2000 | 40497 | 3177300 | 488032 | 769417 | 15.36 | 24.22 |
| 2001 | 46935 | 3709800 | 495551 | 842452 | 13.36 | 22.71 |
| 2002 | 57434 | 3956500 | 724859 | 1115051 | 18.32 | 28.18 |
| 2003 | 66353 | 4448400 | 1021106 | 1507735 | 22.95 | 33.90 |
| 2004 | 76210 | 5652956 | 1260766 | 1745965 | 22.30 | 30.89 |
| 2005 | 84272 | 6153837 | 1280738 | 1996130 | 20.81 | 32.44 |
| 2006 | 99368 | 6313245 | 1484330 | 2466928 | 23.51 | 39.08 |
| 2007 | 113222 | 6884977 | 1701769 | 2866157 | 24.72 | 41.63 |
| 2008 | 117274 | 7783289 | 1978992 | 3343157 | 25.43 | 42.95 |
| 2009 | 124886 | 8494297 | 1853490 | 2996441 | 21.82 | 35.28 |
| 2010 | 143727 | 9403495 | 2017125 | 3358797 | 21.00 | 36.00 |
| 2011 | 170215 | 13576098 | 2741306 | 4550758 | 20.19 | 33.52 |

该数据反映以下特点：

(1)广告产业介于原子型和低集中寡占型市场结构之间,偏向于完全竞争的原子型结构。这类市场结构特点是广告公司数目极多,表现为无集中或低集中现象。根据贝恩对产业垄断和竞争类型的划分,$CR_4$在30％以下、$CR_8$在40％以下为原子型市场结构,$CR_4$在30％～35％、$CR_8$在40％～45％为低集中度寡占型市场结构。

(2)广告产业呈现集中化发展趋势。1994—2011年间,1994年和1996年集中度最低,1994年$CR_8$值最低,为15.08％,1996年$CR_4$值最低,为12.67％;2008年集中度最高,$CR_4$和$CR_8$值分别为25.43％和42.95％,比1994年分别增加11.51和27.87个百分点,比1996年分别增加12.76和22.84个百分点。这说明少数大型广告企业市场势力越来越强。

(3)广告产业市场集中度提高,主要是一些外商投资广告企业(包括中外合资广告公司、中外合作广告公司和外商独资广告公司)业务迅速扩张引起的。市场集中度就是大公司营业额与全国广告公司营业额的比例,集中度提高说明大广告公司业务扩张速度高于全国广告公司业务平均增长速度。

(4)资源型广告公司发展迅猛,并成为中国广告市场的主导力量之一。如北京未来广告公司、昌荣传播、分众传媒控股有限公司、中航文化股份有限公司、江苏大贺国际广告集团有限公司、中视金桥国际传媒有限公司、四川分时广告传媒有限公司等,大都是经营媒体资源的广告公司。

## 2. 中国广告产业总体规模及分布指标

上述对广告市场绝对集中度的分析,主要反映广告市场上最大的 4 家或 8 家广告公司的市场份额及其广告市场垄断和竞争状况。中国广告产业总体规模及分布情况,可以通过广告公司数量、经营额、户均经营额及其增长情况加以考察。从表 4-3 中可以看出,中国广告产业长期处于高度分散与高度弱小的状态。

表 4-3　1992—2011 年我国广告公司数量、经营额、户均经营额及增长率①

| 年度 | 广告公司数量/户 | 增长率/% | 广告公司经营额/万元 | 增长率/% | 广告公司户均经营额/万元 | 增长率/% |
| --- | --- | --- | --- | --- | --- | --- |
| 1992 | 3077 | 166.18 | 186404 | 169.12 | 60.58 | 1.10 |
| 1993 | 11044 | 258.92 | 461746 | 147.71 | 41.81 | -30.98 |
| 1994 | 18375 | 66.38 | 706013 | 52.90 | 38.42 | -8.12 |
| 1995 | 22691 | 23.49 | 1071645 | 51.79 | 47.23 | 22.93 |
| 1996 | 25726 | 13.38 | 1567858 | 46.30 | 60.94 | 29.03 |
| 1997 | 29010 | 12.77 | 1941413 | 23.83 | 66.92 | 9.81 |
| 1998 | 33290 | 14.75 | 2301138 | 18.53 | 69.12 | 3.29 |
| 1999 | 36162 | 8.63 | 2778129 | 20.73 | 76.82 | 11.14 |
| 2000 | 40497 | 11.99 | 3177300 | 14.37 | 78.46 | 2.13 |
| 2001 | 46935 | 15.90 | 3709800 | 16.76 | 79.04 | 0.74 |
| 2002 | 57434 | 22.37 | 3956500 | 6.65 | 68.89 | -12.84 |
| 2003 | 66353 | 15.53 | 4448400 | 12.43 | 67.04 | -2.69 |
| 2004 | 76210 | 14.86 | 5652956 | 27.08 | 74.18 | 10.65 |
| 2005 | 84272 | 10.58 | 6153837 | 8.86 | 73.02 | -1.56 |
| 2006 | 99368 | 17.91 | 6313245 | 2.59 | 63.53 | -13.00 |
| 2007 | 113222 | 13.94 | 6884977 | 9.10 | 60.81 | -4.28 |
| 2008 | 117274 | 3.58 | 7783289 | 13.05 | 66.37 | 5.56 |
| 2009 | 124886 | 6.49 | 8494297 | 9.14 | 68.02 | 2.48 |
| 2010 | 143727 | 15.09 | 9403495 | 10.70 | 65.43 | -3.81 |
| 2011 | 170215 | 18.43 | 13576098 | 44.37 | 79.76 | 21.90 |

---

① 根据原国家工商行政管理局和国家工商行政管理总局(现国家市场监督管理总局)、中国广告协会和《现代广告》杂志历年发布的中国广告业统计数据报告统计整理,由于从 2011 以后不再发布广告公司具体数据,相关数据统计截至 2011 年。

从我国广告公司数量来看,截至 2011 年底,我国广告公司总数 170215 户。从上表可以看出,我国广告公司数量、经营额增长有三个高峰期:第一个高峰期发生在 1992—1994 年间;第二个高峰期发生在 2002 年;第三个高峰期发生在 2006 年以后。这三个时期我国广告公司数量的快速增长、经营额的显著提升与中国市场的开放程度及产业政策有着非常密切的关联。

"跨入 1992 年,国家改变了对广告业进行'总量控制'的政策,不再把个体、私营企业限制在设计、制作范围之内,允许各种经济类型的广告企业广泛参与广告经营,进行公开、合法、公平的竞争,使广告业呈现出无限生机与活力。同时,国务院在关于加快第三产业发展的决定中,把广告业列入重点支持的十大产业,制定了广告行业第一个被列入国家发展规划的《关于加快广告业发展的规划纲要》。该纲要的制定以及此后的贯彻实施,更促进了行业的大发展,形成了连续 3 年的高速发展期。"[①]1993 年被称作"中国广告年",是中国广告业恢复发展以来高速猛进的一年。1992—1994 年三年间,我国广告公司数量分别增长了 166.18%、258.92%、66.38%,广告公司经营额分别增长了 169.12%、147.71%、52.90%。随着中国经济的迅猛发展,中国市场开放程度的日益深化,中国广告公司的数量也明显增加。

2002 年我国广告公司数量增长率为 22.37%,经营额增长率为 6.65%;2006 年我国广告公司数量增长率为 17.91%,经营额增长率为 2.59%;2010 年我国广告公司数量增长率为 15.09%,经营额增长率为 10.70%。广告公司数量的快速增长与中国 2001 年底加入世界贸易组织,2005 年底中国广告市场完全对外资开放之后国际广告集团加速在中国市场扩张有一定关联,同时也与近年来中国经济快速增长带来中国广告市场规模扩大,国家对广告产业的政策扶持,产业界看好广告市场,纷纷投资开办广告公司有着重大联系。2002 年和 2006 年广告公司经营额增长比率不高,说明随着广告公司数量的急速增长,整个广告市场正进入调整和整合期。

从我国广告公司户均经营额来看,1992—2011 年近二十年间,仅增长了 19.18 万元。2011 年,我国广告公司经营额为 13576098 万元,户均经营额仅为 79.76 万元[②]。这里的统计数字包括了本土广告公司和外商投资广告企业。广告公司的高度分散与高度弱小由此可见一斑。我国广告公司整体表现为:数量极多,市场上存在大量的中小广告公司,很多广告公司甚至就是维持在 5~10 人的规模,广告公司的户均经营额和利润率极低。这说明我国广告产业尚处于一种粗放式的增长状态,亟须产业整合以实现规模经济效应。

**(二)影响中国广告市场结构的因素**

我国广告公司数量的急速膨胀与广告市场的巨大容量有着密切关联。除了市场容量的变化导致广告产业低市场集中度以外,还有以下四个影响因素。

1.过低的产业进入与退出壁垒

过低的进入壁垒和退出壁垒,是形成我国广告产业低市场集中度状况的重要原因之一。所谓进入壁垒,从经济学角度来看,就是厂商进入某一市场时所遇到的障碍。进入壁垒是影响市场份额和集中度的决定因素,市场份额和集中度又是市场结构的两个主要决定因素。在前文中笔者已经分析了形成进入壁垒的四个方面因素,可以用上述指标来衡量中国广告产业的市场结构。

---

① 范鲁斌:《中国广告 25 年》,北京:中国大百科全书出版社,2004 年版,第 43 页。
② 宋阳:《2011 年中国广告业统计数据报告》,《现代广告》2012 年第 5 期,第 19 页。

(1) 必要资本量壁垒。我国相关法律法规规定,成立一家综合型广告公司注册资金为50万元以上,中外合资、合作广告企业注册资本不低于30万美元,广告设计、制作企业的注册资本不低于10万元,从事广告业务的个体工商户注册资本不低于3万元,这一资金要求基本上不构成进入壁垒。

(2) 服务差别壁垒。在中国广告市场开放的初期,由于中国市场的不成熟,广告业成为一个暴利行业,基本上成立一家广告公司都可以靠代理费赚取不菲的收入,因而广告公司同质化非常严重,很多广告公司并不注重提高自身专业代理能力,服务差别壁垒很低。

(3) 制度性壁垒。制度性壁垒主要是针对外商投资广告企业,尽管中国广告市场有一个逐步开放的过程,但是由于中国本土的广告公司并没有很好地利用这个时间壮大自身实力,导致中国广告市场完全开放之后,高度分散与高度弱小的本土广告公司很难抵挡国际广告集团的强势扩张。

(4) 地域文化壁垒。不同地域的文化传统、风俗习惯、消费心理和消费行为都存在差异,就形成了外地广告公司进入的地域文化壁垒。在广告市场发展的早期,这种壁垒比较强大,但随着中国经济的发展和市场研究的深入,一些广告公司开始在异地开拓广告业务,从而进入该市场,地域文化壁垒逐渐被打破。

再来看看广告公司的退出壁垒。广告公司作为服务型企业,主要投入是人力资本和基本的机器设备,退出时的沉没成本也比较少,资本比较容易从广告行业中转移出去,基本属于一种进退无障碍市场。目前广告市场上也有一些广告公司虽然经营业绩不佳,但还是勉强维持着,主要原因还是在心理方面,"从人力资源的资产专用性角度分析,不少广告人出于对广告业的喜爱而不愿意离开,退出意愿不足,存在好死不如赖活着和等待观望的心理"①。

广告市场上大量中小型广告公司的存在,与"低进低退"的广告市场特点有着很大关系。由于中国广告市场巨大的成长空间,加之广告公司较低的进入退出壁垒和广告人的广告情结,使得广告公司进入的数量大大超过退出的数量。应该来说,市场上大量中小型广告公司的存在也是必要的,它可以服务于不同规模的企业,满足企业不同层面的需求。但是这种广告公司高度分散与高度弱小的状况,也造成很多市场问题,比如广告公司之间的恶性竞争,广告公司与企业之间一锤子买卖,虚假广告、低俗广告泛滥等,从而进一步恶化我国广告公司的生态环境,对于中国广告产业的发展极为不利。同时,广告公司的过度进入,也使得本土广告公司人力资源匮乏、客户资源匮乏的问题更为突出,不利于中国本土广告公司整体规模的提升。

**2. 代理公司间的同质化竞争**

在中国市场,广告公司在广告策划、创意、制作等领域,服务差别化不是很明显,这些领域广告公司的进入壁垒往往很低,市场上大多数的中小型广告公司主要集中在广告运作的专业领域。而在营销传播的专门领域和整合营销传播领域,产品差别化程度比较高,相对而言进入壁垒要高。

目前我国广告公司存在低水平进入和中等水平进入过多,而高水平进入不足的问题。广告公司在中低端市场竞争过于激烈,业务主要集中在广告策划、广告创意、广告设计制作等广

---

① 刘传红:《广告产业过度进入问题探析》,《企业研究》2006年第10期,第69页。

告运作领域，在市场调研、营销咨询、客户关系管理、数字营销传播、整合营销传播代理等方面显得能力不足。

同质化竞争导致的直接后果，就是价格成为广告公司竞争的主要工具，品牌差异比较小。广告主对广告公司的专业代理能力认同度低，价格成为它们选择代理商的重要因素，从而也加剧了广告公司之间的价格恶性竞争，恶化了广告业的生态环境，影响中国广告产业竞争力的提升。

### 3. 缺乏资本运作经验及动力

我国广告公司长期仅仅依靠自有资本积累方式发展，很难产生大型的广告集团。广告公司这种发展方式，与广告行业自身的特点有很大关系：一是广告公司作为服务型企业，需要的资金量相对比较少，对资金的渴求也不是那么急切；二是由我国广告公司多是内向型企业，扩张动力不足所致。具体到不同类型的广告公司，对资金的需求也存在一定差异，如：创意制作型广告公司，资金投入比较少；媒介购买/销售型广告公司、DSP公司等，则对资金需求量比较大，需要广告公司具有垫付资金、购买大数据资源与开发专业技术软件的实力；综合型广告代理公司，由于涉及广告运作的多个领域，包括市场调查、广告策划、广告创意与制作、媒体计划与购买、广告效果测定等，这类公司对资金的渴求最大。综合型广告公司利润的主要来源在于策划创意费和媒介代理费，而媒介代理业务逐渐被一些大型的国际媒介购买集团蚕食，这些媒介购买集团改变过去仅仅服务母公司的做法，直接面向企业和其他广告代理公司。由于媒介批量购买需要大量的资金，很多综合型广告公司并不具备相应的实力，而国际广告公司由于有大资本的支撑，通过其媒介购买公司进行集中采买，大大挤压本土广告公司的生存空间，使得本土综合型广告代理公司有可能沦为策划创意的执行公司，这对我国广告公司的未来发展将是致命的。

广告公司迫切需要改变传统的依靠自我资金积累的发展方式，应通过资本力量迅速实现广告公司规模化发展。利用业内外资金的途径有多种：

（1）利用国内外风险投资基金或上市融资。这类广告公司目前主要集中在新媒体和户外媒体领域，如利用国外风险投资基金和上市融资迅速成长壮大的省广股份、蓝色光标、华谊嘉信、昌荣传播、品友互动、悠易互通、力美科技等，就属于这种类型。

（2）吸收国内大型传媒集团和企业集团的资金。这两类资金的进入对于广告公司发展是极为有利的，不仅可以获得广告公司发展所需要的资金，而且能够与媒体、企业建立一种战略联盟关系，获得稳定的媒体资源和客户资源。

（3）广告公司联合出资建立新的股份公司。可以是同地域组建，也可以是跨地域组建，这种方式能够整合多家本土广告公司的资金和资源，迅速形成规模优势。

（4）与国际广告公司组建合资公司。例如三赢传播就是省广股份、广东广旭、省广博报堂等三家广告公司以及省广股份属下所有公司的媒介购买联合体，吸纳了省广博报堂的资金。

国内本土广告公司利用外资存在的最大问题，就是与国际广告公司合资成立新公司大都是由外资控股，从长远来看对中方是极为不利的。"2006年，国安集团解除与Grey、WPP所有合作关系，精信广告成为独资公司。两家关系破裂，暴露了合资广告公司存在的诸多问题，例如，资产和运营不公开透明，中方无法进入管理核心，没有决策权，财务核心设在香港特别行政区，平时无权审计等。所谓合资公司实乃外资独营，国安付出大量的资金和资源，却没得到合理的利益分配，最终走向'离婚'，还留下资产讨回等问题。这其中既有中方放弃管理监督的问题,也有国际广告公司对中方的压榨与失责。"①相比之下,日本在20世纪50年代末,外资只能以有限的比例与日本本土广告公司合资,通过学习国际广告公司先进经验,日本广告公司迅速成长壮大,很重要的经验就是坚持"以我为主,为我所用"。

## 第二节 广告产业的市场行为

### 一、广告产业的定价行为

广告公司作为追求利润最大化的"经济人",总是会把价格定在边际成本(MC)等于边际利润(MR)的点上。但是由于广告市场结构的不同,广告公司并不一定有定价权力,获得最优价格。在完全竞争广告市场上,广告公司只是价格的接受者,没有定价能力,价格由供给与需求决定,广告公司只能把价格定在供给和需求的平衡点上。在完全垄断的广告市场上,由于只有一家广告公司,广告公司具有完全的定价权,因此可以根据广告公司的情况将价格定在MR=MC的点上,获得最大利润。以上两种广告市场模型在现实中几乎是不存在的,常见的广告市场模型是寡头垄断和垄断竞争。在寡头垄断和垄断竞争的广告市场,广告公司定价的方法主要有成本加成定价法、竞争导向定价法、公司价值定价法等。

1. 成本加成定价法

成本加成定价法,是从广告公司角度出发,先计算与客户有关的营运成本,再加上预期利润而得到的价格。

广告公司的成本加成定价可分为实际成本加成定价和标准成本加成定价两种。

实际成本反映的是实际所发生的成本,包括:直接人力成本,即支付给创意、客户服务、媒介、策划等直接服务客户的人员的工资;间接人力成本,即支付给后勤、服务、行政、人事等人员的工资。

标准成本反映的是长期的平均成本(或公司预设的某项成本标准),如果广告公司已具一定规模,并建立完善的人事制度,广告公司可以使用标准成本作为定价基础。计算时将广告公司中同级职的人设定一个标准的薪资水平,采用标准值的好处在于无须逐一将客户服务团队的人力成本披露给客户(避免客户挖角或无意中泄密给第三方),同时可增加人力资源调动的灵活性,即当服务客户的人员有异动时可机动调配其他同级的人员②。

2. 竞争导向定价法

竞争导向定价法,就是以竞争对手的定价为主要考虑因素的定价方法。它强调定价是从客户的角度出发,受同业和市场的影响颇大。广告公司的价格可能与主要竞争者的价格相同,也可能高于竞争者或低于竞争者。

通常广告代理价格与竞争度成反向关系,竞争越激烈,代理价格越低;反之广告市场越缺乏竞争,代理价格越高。竞争导向定价法可能走向无序的价格战,特别是一些低成本的定位于低端市场的广告公司从来不怕价格竞争。市场上无序的价格竞争往往会拖垮优质的广告代理商,导致广告市场出现"劣币驱逐良币"。早期中国广告市场恶性价格竞争的根本原因在于:一

---

① 陈徐彬:《外资强势掘进,本土"脑体倒挂"》,《广告大观》(综合版),2007年第10期,第45页。
② 杨宇时:《广告公司如何定价》,《现代广告》2002年第10期,第58页。

是广告公司大都定位于低端广告市场,运营成本比较低,代理同质化,为了获取广告客户,广告公司之间展开激烈争夺,价格成为最主要的竞争手段;二是广告公司的恶性价格竞争导致广告主的需求价格弹性变大,一些优质的广告代理公司也不得不采用竞争导向定价的方法,降低代理费用争夺广告客户,然而,为了维持或增加公司利润,公司可能会节省人力成本,降低服务质量,从而加剧广告市场的无序竞争。

广告公司也可以通过代理服务的差异化形成品牌优势,降低广告主的需求价格弹性,规避市场的"逆向选择"。高代理价格成为代理差异化和品牌公司的市场信号,提升优质广告代理公司的市场竞争力。

采用竞争导向定价法仍然需要科学分析广告公司的实际成本,以此来确定公司获利能力及谈判桌上的让步空间。

### 3. 公司价值定价法

相对于成本与竞争,广告主更关注的是广告效果,包括广告的传播效果和销售效果。广告主的心理总是希望一方面是支付更低的代理费用,另一方面是收获更好的广告效果。代理费用低,广告无效果甚或是负效果,广告投入就是一种浪费。任何明智的广告主在追求成本最小化的同时,必然追求效益最大化。

广告主的广告支出,不仅包括支付给代理公司和媒体的代理成本,而且还包括搜寻广告公司等的交易成本。由于广告市场中广告主与广告公司之间总是处在一种信息不对称状态,广告主掌握广告公司的不完全信息,广告公司也掌握广告主的不完全信息,由此便存在代理风险。品牌广告公司成为重要的市场信号,这些公司往往拥有很好的行业代理声誉、专业的广告服务人员、雄厚的资金实力、良好的媒体关系和政府关系等。现在广告市场通行的比稿方式,实际上是市场信息不对称的一种表现,企业组织多家广告公司比稿,在降低代理风险的同时,也增加了企业和广告公司的成本。品牌广告公司可以减少广告主选择广告代理公司的环节,节省广告交易费用,降低代理风险等。对于这些高价值的品牌广告公司,广告主的价格敏感度相对较小,并且愿意支付更多的代理费用,制定高价格也是合理的。

与一般产品定价不同的是,广告公司针对具体的广告客户确定了代理费用预算,但最终还是要取决于与广告主达成一致意见。面对广告客户大力杀价,广告公司又应如何应对?作为广告公司的经营管理者必须要明确以下几点:①让利必须在有利可让的基础上。②如是投资决策则应详细考虑投资目的,并将投资风险控制在一定程度以内。③找到与客户相认同的业务结合点。比如,某广告公司原先预测下个年度需要为客户拍4~6个TVC、25个平面广告及其他一些宣传企划工作,由于客户代理费用比预期要少,可以考虑每年只替客户拍2~3个TVC、12个平面广告,服务成本将自然下降,定价则有可能为客户所接受。④优化与客户间的工作流程,或让客户市场部做部分广告工作,也是可考虑的简化成本和定价的选择。例如,客户原要求广告公司每个平面广告要做3个不同的创意供其选择,如广告公司集中全力,将一个创意做得最好,效果可能比匆忙中赶出的3个创意更好、更细、更符合客户的需要。

另外值得特别指出的是,上述三种定价方法也并不是孤立的,经常是综合采用。广告公司可以根据自身情况、竞争对手情况以及广告主情况选择合适的定价方法。

## 二、广告产业的并购行为

### 1. 横向并购:组建大型营销传播集团

横向并购是指某广告公司通过并购国内优秀的广告公司或营销传播公司,以组建综合型广告集团或整合营销传播集团,提高对广告市场的控制权。

在广告产业内,横向并购是经常采用的战略。广告公司实行横向并购战略的主要目的是:①赢得新的客户。大型国际广告公司之间的并购时有发生,这种大规模的公司并购,其中一个很重要的目的就是为了赢得更多客户,并将自己的经营模式和品牌工具复制,进而产生更大经济利益。②进入新的市场。如广告公司和营销传播公司在新市场建立与母公司服务类型一致的子公司,或并购当地优秀的广告公司和营销传播公司,以达到迅速进入该市场的目的。③提高市场势力。通过并购广告公司和营销传播公司,大大减少市场竞争者数量,形成少数大型广告公司和营销传播公司控制该领域市场的局面,从而提高市场势力和形成对该领域市场的垄断,保证获取稳定的高额利润。

广告公司成长途径多种多样,概括起来无非有两种:其一是内部成长,即广告公司主要利用内部资源,靠自身积累的资源和筹集的资金,在公司内部增设相关服务部门,或成立新公司获得发展;其二是外部成长,即广告公司主要通过兼并、收购其他广告公司或营销传播公司而获得成长。相比较而言,外部成长通过并购实行优势互补、联合发展,可以迅速壮大广告公司实力,扩大公司规模。与新设广告公司或营销传播公司走内部成长的传统途径相比,并购能够促进资本集中,节省培养人才、开拓市场、开发技术等所需要的时间,实现规模经济。美国著名经济学家乔治·J.斯蒂格勒曾说过:"一个企业通过兼并其竞争对手的途径发展成为巨型企业,是现代经济史上一个突出的现象——没有一个美国大公司不是通过某种程度、某种方式的兼并而成长起来的,几乎没有一家大公司是靠内部扩张成长起来的。"①

广告公司和营销传播公司的并购能够产生经营协同效应,产生规模经济效益;能够有效降低进入新行业、新市场的壁垒,大幅度降低广告公司发展的风险和成本,取得经验曲线效应;能够扩大广告公司市场份额,增强广告公司对市场控制的能力,获得某种形式的垄断,从而给广告公司带来垄断利润和竞争优势。从欧美国际广告集团的发展历程可以看出,并购是其发展壮大的重要途径。全球广告公司的并购浪潮大致经历以下阶段,即经历"横向并购→纵向并购→相关性混合并购→强强相关并购"的过程,目前正处在相关性混合并购和强强相关并购阶段。

以分众传媒控股有限公司为例,2005年7月13日,分众传媒成功登陆美国纳斯达克股市,成为海外上市的中国纯广告传媒第一股,并以1.72亿美元的募资额创造了当时的IPO纪录。上市之后,江南春就开始马不停蹄地"跑马圈地",打造"生活圈媒体群"。2006年1月4日,分众传媒以3960万美元收购框架媒介,而框架媒介占据着全国电梯平面媒体市场90%的份额,收购框架媒介使分众在原有网络基础上再新增高档公寓媒体广告资源。同年1月8日,分众传媒再次抛出大手笔,投资3.25亿美元合并中国楼宇视频媒体第二大运营商聚众传媒。根据双方达成的协议,分众传媒向聚众传媒支付9400万美元的现金,以及价值2.31亿美元的新发行股票。分众传媒与聚众传媒合并以后,商业楼宇联播网覆盖全国近75个城市、3万多栋楼宇、6万多个显示屏,目前在该领域处于绝对领先地位。通过横向并购框架媒体和聚众传

---

① [美]乔治·J.斯蒂格勒:《产业组织与政府管制》,上海:上海三联书店,1989年版,第3页。

媒,分众传媒提高了在户外楼宇媒体领域的竞争优势,并确立了在该市场的垄断地位。

2. 纵向并购:整合客户资源和媒体资源

纵向并购是指在供、产、销方面实行纵向渗透和扩张,在一个行业价值链中参与许多不同层次的活动。企业纵向并购在企业内部把不同供应、生产、销售和(或)其他经济过程从技术上结合起来,核心在于一个企业同时从事几个增加价值的职能,其实质是将外在价值链内部化,即将前后相关产业或经济过程由市场契约关系转变为企业内部关系。关于企业纵向并购的动因可以有多种理论解释,其中大多数与降低交易成本或消除市场外部化有关。

这种纵向并购有两种路径:一是广告公司收购企业或媒体股份,与企业和媒体建立稳定的合作关系;二是大型企业集团或媒体集团收购广告公司股份,或独立组建企业内部广告公司、媒介广告公司,将广告代理内部化。日本和韩国广告业的成功经验证明,通过纵向并购可以整合客户资源和媒体资源,迅速提升广告公司的规模实力。

企业、媒介与广告公司之间实行纵向并购战略的主要目的是:①满足广告主、媒体日益增加的全面代理需求。这里的全面代理包括全面广告代理需求,要求广告公司在广告运作的每个环节都尽可能做到专业,也包括整合营销传播代理需求,要求广告公司或营销传播公司能够提供整合营销传播代理。②降低交易的成本和与广告公司之间合作的不确定性。全面广告代理和整合营销传播代理可以在一个公司内部完成,降低了企业、媒体与广告公司的交易成本,而且由于外在价值链的内部化,也消除了合作的不确定性。

例如,2010年1月,苹果收购美国手机广告公司Quattro,收购价格约为2.75亿美元。Quattro公司业务主要涉足正在蓬勃发展的智能手机移动广告市场,它主要将广告传播给苹果手机iPhone、装配Android操作程序的手机和其他智能手机。其客户包括福特汽车、宝洁和Visa信用卡等。收购Quattro,将有助于苹果借助iPhone应用的日渐流行,来统治手机广告市场。在苹果收购Quattro之前,谷歌于2009年11月以7.5亿美元的价格收购手机广告公司AdMob。苹果和谷歌在移动广告市场展开激烈竞争。据美国市场研究公司eMarketer的数据显示,2010年美国手机广告支出达7.4亿美元,与2009年4.2亿美元的支出相比,大幅增长了76.2%。

3. 混合并购:广告产业经营多元化战略

混合并购也即多元化战略,是指企业在多个相关或不相关的产业领域同时经营多项不同业务的战略。混合并购可概括为两种基本形式,即有关联和无关联的混合并购。有关联的混合并购是指企业新发展的业务与原有的业务具有战略上的关联性和适应性,即企业利用核心竞争力纵向或横向拓展自己的经营领域。无关联的混合并购则是企业新发展的业务与原有业务之间没有战略上的关联性和适应性。对于广告产业而言,有关联的混合并购成为广告公司和营销传播公司发展为广告集团和营销传播集团采用的重要方式。对于广告公司而言,可以通过将自己经营运作的业务进行纵向拓展实现全面广告代理,同时也可以根据市场环境和传播环境的改变以及企业对广告公司新的要求,并购和联合有实力的专门化的营销传播公司,向相关产业领域拓展以实现整合营销传播代理。

广告公司实行混合并购战略的主要目的是:①获得范围经济效益。广告公司和营销传播公司在广告运作的某环节、某行业领域或营销传播的某领域积累了丰富经验和相关行业市场的数据,通过混合一体化战略,广告公司和营销传播公司能够进入广告运作的新环节、新行业或新的营销传播领域,这些行业经验和数据由于新领域的相关性能够自然延展,实现范围经济效应。②开拓新的成长机会。传统广告的作用正日益下降,集中于广告代理的广告公司利润空间的萎缩也在情理之中,广告公司将自己的业务范围拓展到企业急切需要的其他营销传播领域,自然为广告公司的发展创造了新的市场机会。

同样以分众传媒控股有限公司为例。2006年3月7日,分众传媒以1500万美元现金及价值1500万美元的股票全资收购北京凯威点告网络技术有限公司,启动"分众无线"手机广告媒体品牌。随后,分众传媒与凯威点告联合开发手机广告服务系统,充分利用后者在手机广告市场的现有运营优势开辟新市场。同年6月20日,凯威点告更名为北京分众无线传媒技术有限公司(即分众无线),并开始正式运营。2006年8月31日,分众传媒收购影院广告公司ACL,收购完成以后,ACL更名为分众影院网络。根据ACL与电影院的合同,该公司有权在每场电影开始前播放3分钟的广告。目前,分众传媒的影院网络已经覆盖全国120多家电影院,这些影院的票房收入约占全国总票房的85%。2007年3月,分众传媒又以7000万美元现金和1.55亿美元分众传媒普通股(每股美国存股凭证折合10股普通股)收购国内最大网络广告服务商好耶,进军网络广告领域。通过混合并购,分众传媒将自己的经营领域从商业楼宇视频媒体、卖场终端视频媒体、公寓电梯媒体(框架媒介)、户外大型LED彩屏媒体拓展到电影院线广告媒体、手机广告媒体、网络广告媒体等诸多领域。混合并购可以获得范围经济效益,开拓新的成长机会,但同时面临并购风险。2010年7月,分众传媒决定收缩业务战线,将旗下好耶及其附属公司出售给银湖投资集团(Silver Lake),根据交易条款,银湖投资集团支付1.24亿美元现金,以交换分众传媒所持好耶62%的股权。

## 三、广告产业的战略联盟行为

1. 广告公司之间的战略联盟

很多广告公司或是缺乏全面代理能力,或是缺乏某方面的专业代理能力。选择与其他广告公司建立战略联盟,可以提升公司的整合营销传播代理能力,更好地为广告主提供专业化的代理服务,增强广告公司对广告主的影响力。不同类型的广告公司发展战略的选择存在差异,《2006年广告公司生态调查》数据显示,近3/4的被访广告公司在未来一年选择扩张发展,被访广告公司选择比重最大的扩张方式,是在公司内部增设相应的业务部门,选择率为46.1%,其次是在其他地区设立分支机构,选择率为44.5%。综合代理公司选择率最高的扩张方式,是在其他地区设立分支机构,其次是在公司内部增设相应的业务部门和与其他广告公司建立战略联盟。未来一年内计划扩张的被访创意设计制作公司和媒介代理/销售公司,都选择了在公司内部增设相应的业务部门作为扩张的方式,选择率第二高的是在其他地区设立分支机构,选择率排在第三的方式是与其他广告公司建立战略联盟。对于不同的扩张方式,三大类型被访广告公司也各有侧重。被访媒介代理/销售公司选择在其他地区设立分支机构的比例高于其他两类公司;选择与广告主、媒体建立战略联盟方式的被访创意设计制作公司的比例最高,为27.3%;综合代理公司在与其他广告公司建立战略联盟和收购、兼并其他公司,向产业集团发展两种方式上的选择率都是最高的[1]。

---

[1] 陈永、丁俊杰、黄升民等:《2006年广告公司生态调查:广告公司大抉择》,《现代广告》2007年第3期,第73页。

例如，2006年4月，全球著名媒介购买公司传立媒体与浙江思美广告结成战略联盟。正如时任群邑中国CEO的李倩玲女士所言："拥有全球网络和先进技术的传立媒体进入浙江市场，特别需要一个对当地十分了解、能够深深扎根的本地企业。我们特别看重思美对客户需求的了解以及贴身服务，我们的合作是互补的。"此外，传立媒体还与南京银都广告公司建立战略联盟，双方采取共同服务客户的方法，开展实质性的合作。

负责媒介代理的广告公司，为共享媒介资源，提高广告媒介的资源利用效率，也会结成战略联盟。例如，针对国内机场广告商业化运作程度较低的现状，2001年8月，首都国际机场股份有限公司广告公司（现北京首都机场广告有限公司）、上海国际机场股份有限公司广告分公司和广州白云国际机场广告公司（现广州白云国际广告有限公司）宣布结成战略联盟，实现京沪穗三大机场广告公司间的销售互动、资源共享。该联盟达成共识，三家公司实行销售互动模式，即广告主在其中任意一家都可以完成对三地广告的投放，各公司广告定价与原来基本相同，以此提高客户广告投放效率，降低异地投放成本，加大三大机场媒体广告销售量。

2. 广告公司与强势媒体的战略联盟

媒体是广告传播的载体，强势媒体更是提升广告传播效果的关键，近年来，对强势媒体广告资源的争夺尤为激烈，谁掌握了强势媒体的代理权，谁就拥有广告市场主导权。广告公司与强势媒体结成战略联盟，一方面可以为广告主提供优势媒体资源，另一方面也可以降低媒体经营成本，保证媒体稳定的利润来源，这也是媒介购买公司近年来迅猛发展的重要因素。

昌荣传播通过同中央电视台及省级卫视等强势媒体建立战略联盟，实现快速发展。至2009年，昌荣传播连续七年成为中央电视台最大广告代理公司，成为中央电视台最重要的广告合作伙伴之一。同时，昌荣传播还独家代理东方卫视、天津卫视，及优势代理湖北卫视、辽宁卫视、山西卫视、深圳卫视。昌荣传播立足中央媒体，买断省级卫视和省级电视台广告经营，为客户搭建更全面的传播平台。公司服务领域包括金融、保险、医药、保健、快速消费品和汽车等，中国电信、中国农业银行、中国人保等为其长期客户。2009年5月，昌荣传播在美国纳斯达克首次公开招股（IPO），融资逾7400万美元，成为中国第一个登陆海外股市的综合性广告传播公司。昌荣传播董事长兼CEO党郃指出："未来公司在稳固来自中央电视台的广告业务外，公司还将拓展省级电视台广告业务及互联网广告业务，实现公司业务多元化，借此提高公司盈利。"

航美传媒、华视传媒与央视的战略合作成为2010年度中国广告界的代表性事件。2010年9月13日，航美传媒集团与中央电视台广告经营管理中心签署协议，依照该协议，在2010年底举行的中央电视台2011年黄金资源广告招标预售活动中，中标CCTV-1黄金档剧场特约、2011—2012年体育赛事合作伙伴、2011年春晚报时等项目的企业可以按优惠价格购买由航美提供的广告资源。航美传媒与央视达成媒体广告资源合作，可以更好地满足客户对品牌整合传播的需求。央视拥有中国覆盖最广泛的电视媒体渠道，具有强大的品牌号召力和内容影响力，而航美传媒则拥有全国90%以上的机场和机上数码媒体资源，包括50余家机场，9家航空公司的2200余条航线。央视广告资源和航美机场媒体资源，在覆盖区域、覆盖人群、收视时间上形成互补，进一步强化传播效果，同时方便客户实现一站式优惠购买。同一天还举行了华视传媒与央视的合作签字仪式，协议规定凡是购买央视招标栏目中的中标企业，可以按优惠价格购买华视传媒的广告资源。通过建立战略联盟，华视传媒将自身经营的全国最大的户外移动电视广告联播网与传统电视形成有效链接，为客户和数千万的城市出行人形成白天在路上和晚上在家里无缝隙的电视服务模式。

### 3. 广告公司与营销传播公司的战略联盟

各个专门化的公司在各自擅长的领域都能做到高度专业化,但由于自身资源的限制或是出于管理成本的考虑,无法实现或不愿实现内部一体化,而采取战略联盟的方式,在节约各自经营运作成本的同时,又能提高为广告主全面服务的能力。

广告公司与营销传播公司建立战略联盟的主要目的是:①优势互补,利益均沾,并追求规模经济。广告公司和营销传播公司建立战略联盟,发挥各自在专业领域的优势,提升其整合营销传播执行力,从而实现双赢。②以最快的速度和最低的成本进入新的市场。广告公司和营销传播公司在进入自己不熟悉的区域市场或行业领域时,如果选择自我发展的方式必然增加经营的风险和成本,而建立战略联盟能够规避这两点。③有利于开展更高层次的竞争。传统的广告公司竞争领域主要集中在广告代理上,而战略联盟的好处在于可以在更高的全面广告代理和整合营销传播代理领域展开更高起点、更高层次的竞争。

"企业联合是指两个或两个以上企业之间,为了发挥群体优势,实现某种共同目标,通过协议或联合组织等方式而结成的一种联合体及其所发生的经济联系与合作关系。"[①]联合是一种与并购相比较更为松散的实现一体化战略的有效途径,企业兼并和收购涉及产权的变化,而企业联合一般不改变产权关系。企业集团和企业战略联盟是企业联合发展的两种高级形式。企业集团的概念有狭义和广义之分:狭义的企业集团仅指以金融资本为核心的垄断财团;广义的企业集团除此之外还包括以特大型公司为核心,通过控股、参股、契约关系而形成的经济联合体。企业战略联盟是指两个或两个以上的企业,为了达到某种战略目标,通过协议或联合组织等方式而建立的一种合作关系,广义的战略联盟,还包括合资等股权参与形式在内的任何形式的企业间正式或非正式的联合。现代企业战略联盟注重加盟企业的长远发展,寻求一种战略上的、长期的合作,它以联盟盟约作为协调加盟企业之间关系,确定其为法律所认可的行为模式的准则。

长期以来,我国广告公司和营销传播公司大都是依靠自身的资源发展,在国际广告集团强势并购的背景下,很多优秀的广告公司和营销传播公司被并购到国际广告集团之中,这将会对中国广告产业发展产生深远影响。就目前单个广告公司和营销传播公司而言,资源都还是相对有限的,而多家公司通过协议或资本方式联合组建广告集团或战略联盟,则能够迅速培育和孵化一些大型本土广告集团、营销传播集团和战略联盟实体。广告公司和营销传播公司的联合方式呈现如下趋势特征:由弱弱联合走向相关联企业的强强联合;从联合走向并购,实现从经营联合到资产联合,从资产联合到资本联合的跨越;从本地区的联合到跨地区乃至跨国联合,从而诞生中国大型的国际广告集团和营销传播集团,这对于提升中国本土广告集团和营销传播集团的国际竞争力将具有重大战略意义。

## 四、中国广告产业的市场行为

### 1. 同质化与中国广告市场的逆向选择

(1)广告市场的"逆向选择"现象。"逆向选择"是信息经济学的一个重要概念。所谓"逆向选择"现象,就是由于市场交易双方之间的信息不对称,使得信息劣势方只愿意根据平均质量

---

① 王俊豪:《现代产业经济学》,杭州:浙江人民出版社,2005年版,第97页。

支付平均价格，从而导致高质量商品退出市场，最终消费者只能购买到质量次的商品，而非质量高的商品。

广告市场同样存在"逆向选择"问题。广告主和广告公司之间是一种委托-代理关系，作为委托方的广告主和代理方的广告公司总是处于一种信息不对称状态，广告公司拥有自身广告服务的完全信息，包括广告公司自身的实力和广告服务的质量和费用等，而广告主则拥有广告公司的非完全信息。处于信息劣势方的广告主在选择广告代理公司时，只愿意根据广告公司的平均服务质量来支付平均代理费用，这样使得高于平均服务质量且期望收益高于广告主愿意支付的平均价格的广告公司退出广告市场，留下来的则是那些服务质量低于平均水平的广告公司，依此类推，广告主愿意支付的平均价格更低，在极端的情况下，广告主和广告公司的交易就不会发生。

广告市场逆向选择的严重后果在于，高质量服务的广告公司会被低质量服务的广告公司挤出市场，使得广告公司服务质量大大降低，不利于中国广告产业整体竞争力提升。广告市场的逆向选择对于广告主而言，同样是非常不利的，广告主只能选择服务质量低于或等于平均水平的广告公司，感觉好像是节约了成本，但实质却造成营销成本的大幅提升，因为广告公司服务如果不能达到预期传播效果和销售效果，广告主所支付的广告费用实际上就是浪费掉了。

广告市场的逆向选择现象，关键原因在于广告主和广告公司间的信息不对称。从广告主的角度来看，一方面是对广告公司的具体情况缺乏了解，所以在选择广告公司时必然存在代理风险；另一方面认为广告公司之间没有太大差异，所以愿意支付的价格肯定就低于市场的平均价格。从广告公司的角度来看，确实也存在同质化竞争的问题。为了消解因信息不对称引发的逆向选择，广告主和广告公司都需要进行有效的信息搜寻、信号甄别和信息比较。对于广告主而言，比稿就是一种进行信息搜寻、信号甄别和信息比较的重要途径，通过比稿，广告主可以减少与广告公司之间的信息不对称，降低广告主的代理风险，但要避免广告主利用比稿窃取广告公司的智力成果而不支付相应的报酬、广告主进行暗箱操作等现象的发生。对于广告公司而言，就是要锻造自己的核心竞争优势，提升广告代理能力和代理声誉。

(2)同质化代理是广告市场"逆向选择"的根源。广告公司同质化竞争严重削弱了中国广告产业的国际竞争力，广告公司同质化竞争的事实与广告主对广告公司同质化代理的认知，使得广告市场发生"信号失灵"，广告公司的信号传递以及广告主的信息搜寻和信号甄别都无法发挥作用，从而进一步加剧了广告主和广告公司之间的信息不对称，导致广告市场逆向选择的发生。由此可见，广告公司同质化代理是产生广告市场逆向选择的根源。

由于服务趋同，找不到核心专长，广告公司之间往往相互压价抢单，陷入激烈的价格竞争，造成广告公司营业额/利润空间狭小，无力投入公司升级运作，无法集聚更多资源，而这一状况又使得广告公司核心竞争力的打造更为艰难。经营趋同，缺乏个性，已经成为当前限制我国广告公司发展的重大瓶颈[①]。

2010年，中国营业额前100位广告公司（包括媒体服务类、非媒体服务类）中有36家国际广告公司，其营业额之和占前100位广告公司营业额的55.5%，为本土广告公司的1.2倍，户均营业额为本土广告公司的2.14倍。另外，非媒体服务类广告企业中，国际广告公司营业额占61.0%，本土广告公司占39.0%；媒体服务类广告企业中，国际广告公司营业额占46%，本

---

① 廖秉宜：《中国本土广告公司经营的问题与对策》，《中国广告》2005年第7期，第57页。

土广告公司占54.0%。在前100位广告公司中,有78家公司位于北京、上海和广州,本土媒介代理型公司38家,占本土广告公司数量的59%①。总体来看,中国本土广告公司缺乏专业的整合营销传播公司,二、三线城市的广告市场发育并不成熟,本土广告公司以价格竞争和媒体代理为主,品牌广告公司较少。

广告公司是市场专业化分工的产物,广告公司存在的核心价值就在于为企业提供高度专业化的营销传播服务。长期以来,中国本土广告公司专业代理能力不高,使得企业对其专业价值的认同度较低,由此导致企业对本土广告公司专业服务能力的普遍质疑,引发广告市场的"逆向选择"。

2. 零代理是广告市场恶性竞争的产物

(1)集中于低层次价格竞争的中国广告市场。中国广告产业存在过度竞争的问题,有多方面的原因。一是广告产业进入退出的低壁垒,使得经营广告公司并没有太大的经济风险;二是中国广告市场的巨大成长空间,使得经营者对广告公司现实或未来收益的预期比较高,因而也刺激了投资者的热情。由此,产生了我国数量庞大的广告公司群体。广告市场上存在着大量的"过江龙","过江龙"是市场的掠夺者,他们只是在行业景气时进来捞一把,赚取非正常暴利,扰乱市场竞争秩序,不断发生"劣币驱逐良币"的恶性竞争现象。恶性价格竞争就是广告市场过度竞争的重要表现,在广告市场上,存在服务质量参差不齐的广告公司,这些广告公司往往通过低价竞争等方式吸引客户,在获取到客户之后,广告公司并不能提供高质量的广告服务,同时由于广告公司的低利润,也使得其无力投入更多资金吸引和培养优秀广告专业人才,提升广告公司的专业化水平和规模化程度。

从整个广告业生态来说,国内目前很多本土广告公司的竞争以价格竞争为主,而少有品牌竞争。这种恶性价格竞争,对于中国广告产业发展极为不利,它使得广告公司利润缩减,无力投入公司升级运作,使得广告公司的专业价值遭受广告主质疑,也使得广告市场"信号失灵",大大提高了广告公司和广告主之间交易的成本。

(2)零代理的实质是一种恶性价格竞争行为。价格竞争行为是一种基本的定价行为,包括限制性定价和掠夺性定价。从本质上看,价格竞争行为的两种类型是企业行使的非合作策略行为。之所以称为非合作,是因为商家试图通过改善自己相对于竞争对手的地位而使自己的利润最大化②。与限制性定价不同的是,掠夺性定价并不直接针对那些尚未进入市场的企业,而主要是为了驱除或消灭现有的竞争对手,并对潜在进入者产生一种恫吓效应,使其不敢轻易进入该市场,从而垄断市场。由于掠夺性定价中价格水平的降低并非来自于效率的提高和成本的节约,而仅是一种策略性行为,因而降价企业不可避免地要在短期承受一定的损失,而一旦将对手逐出市场,就会再行提高价格,以弥补前期降价造成的亏损③。

广告服务有不同于一般有形产品的特性,但上述两种定价行为在广告行业同样存在。零代理就是广告市场恶性价格竞争的一种重要表现,它是广告市场领导者为阻止进入或驱除竞争对手所实施的一种策略性定价行为。广告公司15%的代理佣金基本上可以拆分成:客户服

---

① 参见《现代广告》杂志编辑部:《2010年中国广告经营单位排序报告》,《现代广告》2011年第14期,数据经过重新统计整理。
② 参见杨建文等:《产业经济学》,上海:学林出版社,2004年版,第99—100页。
③ 臧旭恒、徐向艺、杨蕙馨:《产业经济学》(第二版),北京:经济科学出版社,2004年版,第200页。

务5％、创意制作5％、媒介策划与购买5％。如果广告主的媒介投放量够大，通常可以不必向广告代理公司支付任何服务费用。广告公司通过媒介购买业务，直接向媒介业者提取购买总量的15％佣金，作为自己为客户全面服务的报酬。然而事实上，目前就算是品牌过硬的4A广告公司，在收取广告代理服务费时，很少有能够超过10％的，一般都在8％以内，本土综合型广告代理公司一般能够拿到3％～5％就算不错。2001年国内一家国际广告公司率先实行"零代理"，在广告界掀起一场轩然大波。事实上，"随着广告市场的竞争日趋激烈，为了争夺客户，排挤竞争对手，广告公司之间竞相压价，将媒介支付给自己的代理费优惠给广告主，低价代理甚至零代理便不可避免地出现了"①。

零代理是广告公司非专业化媒介代理的必然，也是中国广告市场过度竞争的产物。

①零代理是广告公司非专业化媒介代理的必然。世界范围内广告代理收费制度有三种基本模式，即佣金模式、服务费模式和奖励模式。佣金模式是指广告代理公司根据广告主的媒介投放量提取一定的佣金作为广告代理费的制度；服务费模式是指广告主按劳务成本、管理费以及利润向广告代理公司支付广告代理费的制度；奖励模式是指广告主根据广告代理公司的广告专业服务所产生的实际效果而支付相应代理费奖励的制度。进入20世纪90年代以后，在欧美广告业发达国家，服务费模式和奖励模式逐渐取代佣金模式，成为主流的广告代理收费模式。事实上，零代理只是媒介计划与购买的零代理，而在策划创意和设计制作方面还是要收取相应的服务费。长期以来，我国广告公司在广告媒介投放上重经验、轻调查，导致媒介代理的非专业化，媒介代理这部分利润的消失自然也在情理之中。

②零代理是中国广告市场过度竞争的产物。"2001年底，以国内一家国际广告公司为首的合资广告公司宣布在国内推行'零代理'制度，不再收取客户的任何广告代理费，在国内推行多年的代理费制顷刻间土崩瓦解，此举在广告界引起轩然大波，广州4A协会甚至准备对该合资广告公司提起法律诉讼，以控告其不正当竞争行为。合资广告公司的媒介投放是通过其母公司旗下的巨无霸媒介购买公司来具体实施的。一方面，这些媒介购买公司采取'以量定价'的策略，即尽可能多地争取客户然后集中购买，这样就能够拿到一个较低的折扣价；另一方面，不少媒介都有一个'返点'的规定，例如，如果购买额达到2000万，可以返点5％，如果购买额达到1个亿，就返点10％。由于拥有大资本和大客户，合资广告公司即便不收代理费也有丰厚的利润，而本土广告公司由于力量相对弱小，则很难模仿这种大投入大产出的模式。"②"零代理"的实施大大提高了国际广告公司的市场份额。实施"零代理"前的2001年，该国际广告公司在中国的营业额为109925万元，2002年营业额为154980万，2003年营业额为233707万元，两年翻了一番。五大国际广告公司盛世长城广告有限公司、麦肯·光明广告有限公司、北京电通广告有限公司、上海李奥贝纳广告有限公司、智威汤逊-中乔广告有限公司上海分公司广告营业额之和2001年为590158万元，2002年为846127万元，比上年度增长43.37％，2003年为1191638万元，比上年度增长41.07％，两年内五大国际广告公司营业额之和也翻了一番。

零代理首先是由作为中国广告市场领导者的国际广告公司发起的，其目的是以压低价格的方式，使竞争公司无利可图或利润微薄而放弃竞争，从而获取广告客户。这种价格策略的定

---

① 陈刚等：《对中国广告代理制目前存在问题及其原因的思考》，《广告研究》2006年第1期，第9页。
② 周茂君、姜云峰：《国际广告公司进入中国的心路历程》，《广告研究》2008年第3期，第90页。

价接近成本,目的是驱除竞争对手,驱除对手后提高价格,近乎是一种掠夺性定价行为。这种定价行为主要是集中于争夺本土客户,国际广告公司为了提高自身赢利空间,纷纷将目光投向本土具有发展潜力的民族企业或民族品牌。为了赢得更多本土客户,国际广告公司不惜压低价格。这种价格策略一方面可以把本土优秀的、有竞争实力的广告公司驱除市场,加速广告客户向少数国际广告公司集中,进而形成国际广告公司的垄断格局;另一方面从长期来看,市场上的竞争对手被驱除之后,国际广告公司再提高价格。由国际广告公司发起的零代理风暴迅速席卷整个中国广告产业,使得本土广告公司被卷入这场价格战中,广告市场恶性价格竞争愈演愈烈,对于本土广告公司和民族企业长远发展都极为不利。

3. 并购与联合成为广告公司资源整合的重要手段

竞争的日益加剧使得广告主已经不再满足于单一功能的广告服务,要求广告公司从品牌建设的高度提供数字营销和整合营销传播代理。广告公司的职能从传统的广告业务领域延伸到公关、促销、直效行销、网络营销、移动营销等专业营销传播领域,并购与联合成为广告公司资源整合的重要手段。

以国际广告公司为例,中国广告市场完全对外资开放后,国际广告集团的运作不仅限于将合资改为独资,而是一种大资本的收购兼并,这将深刻改变中国广告产业的市场结构,并推进广告市场与其他相关市场、广告产业与其他相关产业的融合。例如,WPP集团在中国的部分并购情况如表4-4所示。

表4-4 WPP集团在中国市场的部分并购情况

| 并购时间 | 目标公司 | 并购股份 | 并购公司主营业务类型 |
| --- | --- | --- | --- |
| 2002年 | 西岸咨询策划公司 | 60% | 公关 |
| | BrandOne | 60% | 直效行销 |
| 2003年 | 上海广告公司 | 25% | 综合广告代理 |
| 2004年 | 福建奥华广告公司 | 51% | 综合广告代理 |
| | 广州旭日因赛广告有限公司 | 30% | 综合广告代理 |
| 2005年 | iPR | 多数股份 | 财经公关 |
| 2006年 | 北京华扬联众广告公司 | 49% | 互联网广告代理 |
| | 黑狐广告公司 | 60% | 房地产广告代理 |
| | 阳光加信广告有限公司 | 49% | 综合广告代理 |
| | 北京世纪华美广告公司 | 未披露 | 互联网广告代理 |
| | 上海奥维思市场营销服务有限公司 | 65% | 营销传播服务 |
| | 北京华通现代信息咨询有限公司 | 95% | 营销传播咨询 |

续表

| 并购时间 | 目标公司 | 并购股份 | 并购公司主营业务类型 |
| --- | --- | --- | --- |
| 2007 年 | 成都阿佩克思广告有限公司 | 51% | 整合营销传播 |
| | 广州达生整合营销传播机构 | 51% | 整合营销传播 |
| | 星际回声集团 | 51% | 直销、品牌推广与设计、数字营销 |
| 2008 年 | 互动通控股集团 | 少数股份 | 数字营销传播 |
| | 上海英格美爱数字互动 | 未披露 | 游戏内置广告公司 |
| | 广州智道市场研究有限公司 | 多数股份 | 营销传播咨询 |
| | 央视索福瑞媒介研究有限公司 | 未披露 | 收视率调查、市场调查与研究 |
| | 央视市场研究股份有限公司 | 未披露 | 市场调查与研究 |
| 2009 年 | 上海施达勒脉达思广告有限公司 | 60% | 医疗保健代理机构 |
| 2010 年 | 炫创设计(DPI) | 未披露 | 设计公司 |
| 2011 年 | 追加投资英格美爱数字互动 | 未披露 | 游戏内置广告公司 |
| 2012 年 | 唯思智达无线传媒广告公司 | 未披露 | 移动营销代理 |
| | 汉扬传播集团 | 多数股权 | 整合营销传播 |
| | 上海影工厂 | 未披露 | 娱乐营销公司 |
| 2013 年 | IM2.0 | 未披露 | 数字营销传播 |
| 2014 年 | 上海声色体汇营销策划服务有限公司(XMKT) | 未披露 | 营销服务代理 |
| | 贴易 | 未披露 | 社会化营销 |

当前,中国广告市场正面临以资本并购和联合为主要特征的新一轮产业扩张,本土广告公司是选择被纳入国际广告集团的战略版图,还是选择自主发展战略,是一个摆在中国广告产业界面前的严峻现实。中国本土广告公司需要积极探索发展的新路径,中国广告产业界可以通过以下五种发展战略提升市场竞争力。

一是通过广告公司资本的自我积累逐步发展。实践证明,这种方式很难在短期内实现广告公司规模的迅速提升。

二是通过上市融资的方式,快速实现广告公司规模化发展。近年来,一批优秀的广告公司纷纷通过上市融资发展壮大,迅速构建起全国性的代理网络。如 2001 年 12 月,白马广告在中国香港挂牌上市;2003 年初,山东宏智广告集团成功在美国纳斯达克上市,进行资本重组后,宏智广告集团更名为泛亚国际传媒集团;2003 年 11 月,南京大贺户外传媒在中国香港创业板上市;2005 年 7 月,分众传媒控股有限公司在美国纳斯达克上市;2008 年 7 月,中视金桥国际传媒有限公司在港交所上市;2008 年 8 月,广而告之合众国际广告有限公司在纽交所上市等。上述广告企业集中于两类,一类是拥有媒体资源的户外广告公司,另一类是代理优势媒体资源的广告公司。2009 年《文化产业振兴规划》的出台以及一系列支持包括广告产业在内的文化产业政策的颁布,为广告公司上市融资提供了政策保证。2010 年 2 月,蓝色光标上市,成为国内公关概念第一股;2010年5月,昌荣传播集团在纳斯达克证券交易所上市,广东省广告集团股份有限公司在深交所挂牌上市,成为中国第一家上市的综合性广告代理公司。

三是本土广告公司之间开展并购与联合。比如,2002年,旭日因赛由旭日广告核心团队和因赛品牌顾问(Insight Brand)合并重组而成。2004年,维传意达广告与凯普九歌广告合并组建成立维传凯普传播机构。2006年,分众传媒以3960万美元收购框架媒介,而框架媒介占据着全国电梯平面媒体市场90%的份额,收购框架媒介使分众在原有网络基础上再新增高档公寓媒体广告资源,大大提高了分众传媒对楼宇媒体广告资源的垄断力度。

四是本土广告公司主动与国际广告公司合资。比如,2003年上海广告公司分别出售25%的股份给WPP集团和博报堂集团,2004年旭日因赛广告公司出售30%的股份给WPP集团,2006年国安广告与宏盟集团以48/52的比例合资成立国安DDB广告传媒有限公司,此外,还有广东省广告集团股份有限公司与博报堂合资成立省广博报堂与省广代思博报堂,上海市广告装潢公司由旭通入股改组成为上海广告装潢有限公司,等等。

五是本土广告公司被国际广告公司收购。比如,WPP集团收购福建最大的广告公司福建奥华广告公司,以及国内领先的房地产广告代理公司黑狐广告公司等,拓展自己的营销传播网络。

上述五股力量交织在一起,共同影响中国广告产业的未来发展。

## 第三节　广告产业的市场绩效

### 一、广告市场绩效的内涵和评价指标

#### (一)广告市场绩效的内涵

所谓广告市场绩效,是指在一定的广告市场结构和广告市场行为条件下广告市场运行的最终经济成果,主要从广告产业的资源配置效率和利润率水平、与规模经济和过剩生产能力相关的生产相对效率(或规模经济效益)、销售费用的规模、技术进步状况与广告公司内部组织管理效率(或X效率程度)、价格的伸缩性以及产品的质量水准、变换频度和多样性等方面,直接或间接地对广告市场绩效优劣进行评价。

广告市场结构和市场行为是决定广告市场绩效的基础。广告市场绩效受广告市场结构和市场行为的共同制约,是广告市场关系或配置资源合理与否的最终成果标志,反映广告市场运行的效率。同时,广告市场绩效的状况及变化,反过来又影响广告市场结构和市场行为。

#### (二)广告市场绩效的评价指标

##### 1.广告市场的资源配置效率

广告市场的资源配置效率,是从广告主和广告媒介的效用满足程度和广告公司服务效率大小的角度来考察资源的利用效率。它的内容可以分为三个方面:一是有限的广告产品在广告主之间或媒体之间进行分配以使其获得的效用满足程度;二是有限的服务资源在广告公司之间进行分配以使其所获得的产出大小;三是同时考虑上述两方面,即广告公司利用有限的服务资源所获得的产出大小、规模和广告主、广告媒介使用这些产出所获得的效用满足程度。

西方微观经济学理论认为,资源的最佳配置状态应该是社会总效用或社会总剩余最大。

剩余包括三方面的内容:一是消费者剩余,指消费者购买而获得的满足一般大于因支付购买费用而放弃的满足,二者之差便是消费者剩余;二是生产者剩余,即销售收入与生产费用之差,如果总收入低于包括成本和平均利润在内的水平时,生产者不愿生产;三是社会剩余,即生产者剩余和消费者剩余之和。一般而言,在完全竞争的市场条件下,市场的资源配置效率最优,在完全垄断的市场条件下,市场的资源配置效率最差,因为垄断者通过控制价格和产量,获得垄断利润,使社会总剩余最小,从而使资源配置效率最低,而在垄断竞争市场条件下,市场的资源配置效率介于两者之间。然而,事实上在充分发挥竞争作用以提高资源配置效率与充分获得规模经济效率之间存在矛盾,即所谓的"马歇尔困境"(Marshall's Dilemma)。因此,在实际估计垄断与竞争对效率的影响时,必须对具体产业的实际情况做具体分析,将由垄断造成的资源配置效率下降和由垄断企业的大规模生产经营而获得的规模经济效益进行比较,也即根据垄断对效率的两个方面的影响来估计得失情况[①]。

评价广告市场的资源配置效率最常用的指标有三个,即利润率、勒纳指数、托宾的 $q$ 值。

(1)利润率。由于在完全竞争的广告市场上,资源配置最优,社会效率最高,而广告公司只能获得正常利润,利润率趋向平均,因此利润率的高低,以及是否存在广告行业平均利润率成为衡量广告市场绩效的重要指标。广告公司利润率的一般计算公式为:

$$R=(\pi-T)/E$$

式中:$R$——广告公司税后资本收益率;

$\pi$——广告公司税前利润;

$T$——广告公司税收总额;

$E$——广告公司自有资本。

广告公司利润率指标所指的利润是经济利润而非会计利润,但是由于经济利润等于收入减去机会成本,其测算非常复杂,因此在实际中经常用会计利润来代替经济利润。

(2)勒纳指数(Lerner Index)。所谓勒纳指数,是指产品价格与边际成本的偏离率,其计算公式为:

$$L=(P-MC)/P$$

式中:$L$——勒纳指数;

$P$——产品价格;

$MC$——产品边际成本。

勒纳指数在 0~1 之间变动,数值越大,表明垄断势力越大。在完全竞争条件下,价格等于边际成本,勒纳指数为 0。而在垄断市场条件下,价格高于边际成本,勒纳指数在 0~1 之间。这个指数本质是考察垄断者的行为。以广告公司为例,假设 $MC=10000$ 元,垄断价格 $=50000$ 元,则勒纳指数 $=(50000-10000)/50000=0.8$。

勒纳指数要求人们能够测量边际成本,而在实际中边际成本是很难测量的,因此常用平均成本代替边际成本。

(3)托宾的 $q$ 值。托宾的 $q$ 值是另一个评价市场资源配置效率的指标,这一概念由托宾于 1969 年在其著作中首先提出。$q$ 值是一家企业的市场价值与该家企业的资产重置成本的比率,企业的市场价值可以通过它已发行并出售的股票和债务来衡量,资产的重置成本则以目前

---

[①] 参见邬义钧、胡立君:《产业经济学》,北京:中国财政经济出版社,2002 年版,第 204—209 页。

市场的价格水平进行评估。其计算公式为：
$$q=(R_1+R_2)/Q$$
式中：$q$——托宾指数；

$R_1$——股票市值；

$R_2$——债券市值；

$Q$——企业资产重置成本。

当 $q>1$ 时，说明企业以股票和债券计量的市场价值大于以当前市场价格评估的资产重置成本，意味着企业在市场中能获得垄断利润。$q$ 值越大，企业能获得的垄断利润越大，社会福利损失越大，市场绩效越低。以广告公司为例，假设 $R_1=6000$ 万元，$R_2=4000$ 万元，$Q=5000$ 万元，则 $q=(6000+4000)/5000=2$。

在实际计算中，重置成本由于企业无形资产的因素，难以准确计量，从而使托宾 $q$ 值也会存在偏差。

2. 广告产业的规模结构效率

广告产业的规模结构效率，反映广告产业经济规模与规模效益的实现程度，它从另一个侧面反映广告市场的绩效。广告产业的规模结构效率主要包括两个方面：一是经济规模的实现程度。通过用达到或接近经济规模的广告公司的业务量（或营业额）占全产业的业务量（或营业额）的比例表示。二是广告公司规模能力的利用程度。包括两种情况：第一是某些广告公司，特别是集中度低的广告公司，未达到经济规模，但又存在开工不足、利润率低的情况；第二是多数广告公司达到经济规模，但开工不足，能力过剩。

广告公司的最小经济规模是边际成本等于平均成本时实现的业务量，也是广告公司长期平均成本最小时的业务量水平。但广告公司的最小长期平均成本难以直接测度，实证研究中采用以下方法确定广告公司是否达到了最小经济规模。

(1) 成本法。该方法比较不同规模最佳业务量的平均成本。不同规模的广告公司都有自己的最佳业务量。比较广告产业内不同规模广告公司在达到最佳业务量时的平均成本，就可以选出资源利用率最佳的规模。其计算公式为：
$$AC=(FC+VC)/Q$$
式中：$AC$——最佳业务量的平均成本；

$FC$——固定成本；

$VC$——可变成本；

$Q$——最佳业务量。

把不同规模广告公司最佳业务量的平均成本相互比较，平均成本最低的规模为最佳规模。

(2) 利润率分析法。该方法假设广告公司的利润率是其规模的函数，利润率越高的广告公司，其规模也就越为有效。例如，按资产的不同规模对广告产业内的广告公司进行分组，分别列出各个组别的平均税后利润，如果公司规模与平均税后利润之间存在某种相关关系，就很容易对广告行业的经济规模做出判定。

(3) 适者生存检验法。该方法是由著名经济学家斯蒂格勒首先提出的，其原理是：在激烈的竞争中能够生存，并且市场份额不断上升的企业或工厂的规模就是最优的，反之市场份额下降的企业或工厂的规模则不是过大，就是过小。用这一方法也可以测度广告公司的经济规模。

#### 3.技术进步与知识创新水平

经济学上的技术进步与知识创新,是指全部生产要素中,除劳动力和资本投入增加使经济的产出增加外,其余的使经济增长的因素。技术进步与知识创新,动态地反映了各种经济资源利用的效率,因此,也是衡量市场绩效的重要指标。广告公司作为提供智力服务的企业,技术进步与知识创新直接决定广告公司的核心竞争力,进而影响广告市场的绩效水平。

#### 4.生产率指标

广告公司的生产率可简单地定义为某一产出(业务量、经营额、利润)指标与相应的一种或多种要素投入量指标的比率。按计算中所包括的要素范围,可分为按一种要素计算的生产率和全要素生产率两大类。

(1)某一种要素的生产率的计算公式为:

$$某一种要素的生产率=经营额/该种要素投入量$$

例如:

$$劳动生产率=经营额/劳动力数量$$

$$资本生产率=经营额/资本投入量$$

(2)全要素生产率的计算公式为:

$$全要素生产率=经营额/(a_1X_1+a_2X_2+a_3X_3\cdots)$$

式中:$a_1,a_2,a_3,\cdots$为权数;$X_1,X_2,X_3,\cdots$为各种要素投入量。

#### 5. X 效率

X 效率也称为内部效率,与之相应的概念是 X 非效率,这一概念最早是由哈维·雷本斯坦于 1966 年提出的,用来描述企业内部资源利用效率的高低。

以广告公司为例,如果一家广告公司的管理者能够使广告公司在每一产出水平上达到低成本,该广告公司就实现了 X 效率。X 非效率主要发生在两种情况下:一是广告公司购买了比所需要的更多的投入资源,如设备、劳动力等;二是广告公司员工们没有努力工作。X 非效率的后果是,广告公司的实际成本超过可能的最低成本,即生产一定数量广告产品(广告策划创意方案、媒介计划方案、广告作品等)的实际成本高于最低平均成本曲线,用公式表示为:

$$X 非效率的程度=超额成本/最低成本$$

竞争性广告公司和垄断性广告公司都存在 X 非效率,但比较起来,垄断性广告公司 X 非效率更大。这是因为垄断性广告公司外部市场竞争压力小,内部的组织层次多,关系复杂,机构庞大,信息传递不畅,使广告公司难以形成利润最大化和费用最小化的共同行为,这就导致广告公司内部资源配置很低。

### 二、中国广告产业的市场绩效

#### (一)低利润率的中国广告产业市场绩效

##### 1.广告市场资源配置效率

产业资源配置效率是评价市场绩效的最基本的指标。微观经济学认为,完全竞争的市场机制能够保证资源的最优配置,它表现为社会总剩余或社会福利(生产者剩余与消费者剩余之和)的最大化。消费者剩余是指消费者愿意支付的价格与实际支付的价格之间的差额,生产者剩余是指销售收入和生产费用的差额。但现代经济学不断证明,完全竞争市场并不一定是实现资源优化配置最有效的市场结构。由自由竞争市场向垄断竞争市场的过渡,是产业升级发展的必然。

我国广告产业长期都以一种完全竞争的原子型市场结构存在,产业集中度低。在完全竞争的市场结构中,价格机制引导资源向效益更好的产业转移,从而实现资源优化配置。从广告产业发展来看,也可以看出资源向高效益领域集中的趋势,例如,近年来数字新媒体、户外媒体、媒介购买以及整合营销传播等领域的迅猛发展就是如此。但从总体来看,我国广告市场资源配置的效率还非常低,这与广告产业完全竞争的市场结构直接相关。由于集中度低、广告公司服务同质化严重以及进入退出的低壁垒等,使得我国广告产业整体效率较低。按照市场规律,服务质量差、效益差的广告公司退出市场,媒体资源、客户资源和人才资源向服务质量高、效益好的广告公司集中,广告产业集中度提升。但事实并非如此,由于中国广告产业巨大的成长空间,加之广告公司对未来收益的较高预期,都使得市场上的广告公司数量不但没有减少,反而加速上升,加剧了我国广告公司高度分散与高度弱小的状况,生产者剩余相对低下,无法实现广告市场资源的优化配置。

2. 广告公司的平均利润率

美国学者贝恩最早将产业的平均利润率与作为市场竞争和垄断程度指标的集中度、产品差别化及进入壁垒等市场结构因素之间的相关关系进行实证研究,其研究结果表明,随着集中度提高,利润率也有所提高,不过集中度和利润率之间的相关关系并不明显(相关系数0.28),贝恩的成果主要是对不同产业进行横向比较。斯蒂格勒考察了68个产业20年的利润率与集中度的关系,他认为利润率与产业集中度的线性正相关关系不是很明显,但是产业内部利润率分布与产业集中度关系明显[1]。除了市场集中度外,产品差别化和进入壁垒对产业利润率也有重要影响。产品差别化和进入壁垒不仅通过影响集中度间接影响利润率,同时又是影响利润率的独立的市场结构因素。可以认为,产业的产品差别化程度越大,进入壁垒越高,表明资源流入时所遇到的阻力越大,也就越容易形成比较高的利润率。

我国广告产业的低集中度,以及服务同质化和进入退出的低壁垒,使得广告产业存在明显的过度竞争,由此引发广告公司之间的恶性竞争,使得行业利润更加微薄,这已成为限制我国广告公司发展的重大障碍。2004年中国广告业生态调查之广告公司专项综合调查表明,被访广告公司的税后纯利润普遍较低,2003年被访公司税后纯利润的平均值为348.8万元。但各类广告公司的情况又不同,媒介策划购买/销售公司的盈利现状相对而言较为良好,2003年税后纯利润均值最大,达到664.6万元,而综合代理公司及创意设计制作公司等其他类型的广告公司利润均值相对较低,分别为287.2万元和61万元。同时,比较利润的具体分布情况,超过半数(51.1%)的被访广告公司税后纯利润在0~100万元之间。此外,分布在101万~500万元之间的被访公司占总样本量的30%,利润超过500万元的比例仅为15.6%[2]。2005年广告公司生态研究数据表明,48.3%的被访广告公司2005年上半年营业额与2004年同期相比呈增长态势,但增长速度放缓,被访广告公司营业额增长的平均幅度与2003年、2004年相比较继续下降。被访广告公司2004年平均利润为473.8万元,其中小型公司税后纯利润均值为

---

[1] 参见杨公朴、夏大慰:《现代产业经济学》,上海:上海财经大学出版社,2005年版,第85-87页。
[2] 陈永、丁俊杰、黄升民等:《2004年中国广告业生态调查报告——广告公司专项调查综合报告》,《现代广告》2005年第3期,第18页。

81.8万元,中型公司为411.8万元,大型公司为2571.3万元①。高税后纯利润的大型公司主要是一些国际广告公司,我国广告公司平均利润率的低下由此可见一斑。

3. 广告公司规模经济性与生产的相对效率

生产的相对效率,主要是从产业内企业是否实现了规模经济性以及已有生产能力的利用程度这一侧面,分析资源在产业内的有效利用程度。产业内企业规模经济性的实现情况可以分为三种:①未达到实现规模经济性的企业是市场的主要供给者。这表明该产业未能充分利用规模经济效益,存在着低效率的小规模生产。②达到和接近经济规模的企业是市场的主要供给者。这是理想状态,它表明该产业充分利用了规模经济效益,使产业的长期平均成本达到最低,资源在产业内得到了有效的利用。③市场的主要供给者是超经济规模的大企业。由于这种超经济规模的过度集中,不能再使产业的长期平均成本降低,只是加强了企业的市场支配力,因此并不能提高生产的相对效率。

2011年,我国广告公司经营额为13576098万元,户均经营额仅为79.76万元②。如果以最高15%的利润来计算,广告公司的平均利润仅11.95万元。由此可见,我国广告公司还远未达到有效经济规模。"广告业不像汽车行业的典型社会化生产,规模效益不明显,不能拥有一个规模经济的数量,但通过中美之间的横向比较可以清楚地看到,我国广告公司的生产效率比较低。美国广告公司的平均规模是我国广告公司的10倍以上。所以我国广告公司距离规模经济相差很远。规模经济不明显是目前影响我国广告公司运行效率的重要原因,众多的中小公司不能形成规模,从而整个市场也不能形成有效的规模,直接制约整个市场的效率提升。"③此外,生产能力不足或生产能力过剩也是生产的相对效率不高的表现。我国广告公司由于数量庞大,大都规模较小,而且广告客户数量有限,2~3个广告主维持一家广告公司的局面普遍存在。广告公司往往是根据开发广告客户的情况决定公司的用人指标,广告公司失去广告客户就会面临生产能力过剩,而获得新客户则可能又面临生产能力不足。总体来看,我国广告行业存在高级专业人才严重匮乏的问题,生产能力相对不足严重影响我国广告市场的相对生产效率。

4. 广告公司知识技术创新、组织创新、市场创新和制度创新水平

产业创新水平,是衡量产业市场绩效的又一重要指标。美国经济学家约瑟夫·熊彼特(Joseph Alois Schumpeter)认为,创新是对循环流转的均衡的突破,是企业家实行对"生产要素的新的结合",建立一种"新的生产函数",也就是说,把一种从来没有过的关于生产要素和生产条件的"新组合"引入生产体系。自熊彼特之后,"创新"作为企业的内生变量日益受到理论界和业界的重视。衡量产业创新水平主要可以从企业的知识技术创新、组织创新、市场创新和制度创新等方面来加以考察。

在知识技术创新方面,广告公司长期学习西方理论,缺乏理论创新;在组织创新方面,面对企业整合营销传播代理需求,广告公司没有实现组织变革,比如,面对企业整合营销传播需求的增加,我国广告公司并没有实现战略转型,或是固守传统的广告业务领域,或是在广告公司

---

① 陈永、丁俊杰、黄升民等:《2005年中国广告业生态调查报告——广告公司专项调查综合报告》,《现代广告》2006年第3期,第17页。
② 宋阳:《2011年中国广告业统计数据报告》,《现代广告》2012年第5期,第19页。
③ 孙海刚:《我国广告业的产业组织分析》,《商业时代》2006年第25期,第102页。

自身机体的基础上增设相关营销传播部门,而由于缺乏专业人员和缺少相关领域的运作经验,实质上无法执行整合营销传播;在市场创新和制度创新方面,广告公司多为内向型企业,少有外向型企业和跨国公司,地方性广告企业往往固守区域市场,既无向外扩张动力,也无向外扩张的实力。另外,广告公司大都是通过自有资本积累的方式发展,缺乏资本运作的经验和能力,这些因素都严重影响广告公司规模化发展。2009年中国广告业生态调查报告显示,在认为谁是广告市场主导力量的选择中,受访广告公司选择企业的比例为64.5%,媒体为19.7%,广告公司仅为15.8%①。本土广告公司由于规模小,无力投入资金开展市场研究或购买专业数据,使得代理能力大打折扣,而国际广告集团则倚仗资金、媒体、客户和人才优势,进一步提升专业能力,加剧市场不平衡结构。

我国广告公司在知识技术创新、组织创新、市场创新和制度创新上的乏力,某种程度上与低集中度的市场结构直接相关。根据美国经济学家熊彼特和加尔布雷斯(J. K. Calbraith)的研究,他们认为,大规模的企业对技术进步和创新的推动作用最大,大企业在以下方面更符合现代产业技术进步的需要:①研究开发新技术需要巨额投资;②需要高度的科学知识和复合的技术积累;③研究开发存在很大的风险性;④研究开发设备的建设、利用方面也存在规模经济性。因此,一定程度的产业集中可以保护和促进技术进步②。我国广告产业的高度分散与高度弱小,也使得我国本土广告公司创新水平一直比较低下。

5. 广告主对广告公司品牌服务的满意度

广告公司塑造行业知名品牌的数量,塑造领导品牌的数量以及广告主对广告公司品牌服务的满足度等,也是考察广告市场绩效的重要指标。广告业作为智力服务型行业,它是通过广告公司专业的营销传播代理服务为广告主提升品牌价值、促进销售增长等,其服务是否获得广告主认可,反映广告公司服务能力和服务水平。2004年中国广告业生态调查之广告主专项调查综合报告显示,"销售数量的增加""品牌知名度的提高"以及"市场占有率的提高"是广告主判断广告活动有效性的三大重要标准,在被访企业中,分别有57.4%、54.1%和50.7%的广告主选择它们作为考核标准。此外,选择"品牌好感度提高"的广告主占总样本量的27%,以"销售利润率的提高"为判断标准的也占10.8%③。该项调查虽然没有做广告主对广告公司服务质量满意度的考评,但通过广告公司与广告主之间合作时间的长短,可以间接反映出广告主对广告公司服务的满意程度。

2009年中国广告业生态调查报告显示,受访广告主与广告公司合作平均时间为2.74年,通过7年数据对比发现,受访广告主与广告公司间合作多为短期,合作一年的占33%,合作2~3年以上的占30%,合作达5年以上的仅占5%。有63.7%的广告主选择同多家广告公司合作,选择与同一家广告公司合作的比例跌落至13.7%④。合作时间较短、合作关系不稳定是

---

① 陈永、丁俊杰、黄升民等:《2009—2010年度中国广告业生态调查报告——广告公司急寻自身价值》,《现代广告》2010年第3期,第19页。
② 参见杨公朴、夏大慰:《现代产业经济学》,上海:上海财经大学出版社,2005年版,第87页。
③ 陈永、丁俊杰、黄升民等:《2004年中国广告业生态调查报告——广告主专项调查综合报告》,《现代广告》2005年第1期,第29页。
④ 陈永、丁俊杰、黄升民等:《2009年度中国广告业生态调查报告——广告主市场营销及媒介投放态势发布》,《现代广告》2010年第1期,第28页。

目前广告公司与广告主合作的主要问题之一。尽管广告公司和广告主合作关系的终结有诸多因素，有广告主的原因，如广告主不能及时付款、广告主发生人事变动、广告主缺乏明确的投放目标和规划等，也有广告公司的原因，如广告公司的并购、广告公司人员跳槽带走客户等，但其根源在于广告公司不能满足新营销传播环境下广告主对专门化代理和整合营销传播代理的要求。这与欧美国家广告公司与广告主长期合作的状况形成对比。例如，麦肯与可口可乐、雀巢的合作时间超过40年，甚至是60年，与欧莱雅的合作也已经30多年，最长久的是与国外某些石油品牌的合作历史可以追溯到100多年前，旁氏、多芬与奥美的合作时间也长达50年，等等。

## （二）基于SCP框架的广告产业组织创新

### 1. 广告产业市场绩效与市场结构、行为的关系

1938年哈佛大学以梅森（Mason）教授为主成立了一个包括贝恩在内的研究小组，对不同行业的市场结构、企业行为进行实证分析。1959年贝恩的《产业组织》一书的出版标志着产业组织理论的诞生，该书首先提出了一个由市场结构（market structure）、市场行为（market conduct）和市场绩效（market performance）组成的研究框架，即SCP框架。该研究框架假定市场结构决定市场行为，市场行为再决定市场绩效。后来的经济学家对贝恩等人的SCP框架作了修改，认为市场绩效尤其是市场行为也会影响市场结构（见图4-1）。SCP研究框架一直是正统产业组织理论研究的核心。SCP范式有两个重要的假定①：

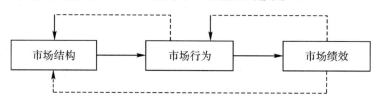

图4-1 市场结构、市场行为、市场绩效之间的关系

（1）SCP范式是一个双向、动态的分析框架。假定在市场结构、厂商行为和市场运行绩效之间存在确定的因果关系，市场结构决定厂商行为，从而市场结构通过厂商行为影响经济运行绩效，同时厂商行为和市场绩效也可以反过来影响市场结构。从短期（或静态）看，市场结构不会有很大变化，在特定的市场结构下就有特定的市场行为，这种市场行为会产生一定的市场绩效。但从长期（或动态）看，市场结构和市场行为都会发生变化，市场结构的变化可能主要是由市场行为和市场绩效引起的。尽管存在市场行为和市场绩效对市场结构的反作用，但在SCP框架中，市场结构仍处于主要地位②。

（2）市场结构影响产业利润率。决定市场结构的主要因素有集中度、产品差别化及进入退出壁垒等。集中度与利润率之间有着密切联系，斯蒂格勒曾考察了美国68个产业20年的利润率与集中度的关系，研究表明集中度与利润率之间的线性正相关关系并不明显，但是产业内部利润率分布与产业集中度关系明显。产品差别化与进入退出壁垒对产业利润率也有重要影响，通常产业的产品差别化程度越大，进入壁垒越高，表明资源流入时所遇到的阻力越大，也就

---

① 廖秉宜：《自主与创新：中国广告产业发展研究》，北京：人民出版社，2009年版，第21页。
② 参见王俊豪：《现代产业经济学》，杭州：浙江人民出版社，2005年版，第17页。

越容易形成比较高的利润率。

广告产业的市场结构决定市场行为并影响市场绩效,广告公司的市场行为反过来也会影响市场结构。长期以来,中国广告产业进入退出壁垒都很低,广告公司之间竞相压价等恶性竞争事件时有发生,使得广告公司利润大幅缩水,因而也很难投入更多的资金、人力和物力用于扩大公司规模,致使广告公司在与媒体和企业的博弈中长期处于弱势地位。此外,很多专业的代理公司,如营销和管理咨询公司、市场调查公司、公关公司、促销公司、媒介购买公司、网络营销公司等,瓜分和蚕食广告代理业的利润,广告代理业的核心业务策划创意代理和媒介代理的利润受到极大挤压。中国专业广告公司正受到专业代理公司和媒体、企业的双重挤压,面临巨大的生存困境。随着产业集中度的提高,中国专业广告公司的利润水平将有大幅提升。国内很多行业发展表现出这样的特点,在自由竞争背景下,市场上企业之间竞争异常激烈,行业的平均利润水平通常比较低;而当市场结构由完全竞争市场向垄断竞争市场直至向寡头垄断市场演变的过程中,产业集中度日益提高。广告公司规模的提升能够产生规模经济效应和范围经济效应,一方面可以节省广告公司的经营成本,另一方面也可以提高广告公司的利润率。

2. 基于SCP分析框架的广告产业组织创新

要改变中国广告产业过度竞争的市场行为和低利润率的市场绩效现状,必须解决低集中度的市场结构问题,具体可以通过以下途径[①]:

一是通过差异化竞争,提升广告公司核心竞争力。在前文中笔者分析了广告公司的四种差异竞争策略,即代理业务范围差异化、代理行业领域差异化、代理公司空间差异化、代理公司品牌差异化。

二是适度提高进入壁垒,促进媒介资源和客户资源向品牌广告公司集中。制定广告业行业标准,主要是两个方面:一是广告企业代理资质标准,二是广告从业人员从业资质标准。广告企业代理资质,重在对资本量与专业水平的考虑,建立一级、二级、三级代理资质制,赋予不同代理资质不同的代理权限。广告从业人员资质,应分为两个大的等级层次:一是从业资质,获得从业资质认定的,即具有基本从业资格;二是广告代理师资质,一家广告公司拥有多少广告代理师,应成为核准广告公司代理资质的硬性指标[②]。制定严格的、合理的行业标准,有助于产业资本整合和专业化发展,淘汰市场"过江龙",避免"劣币驱逐良币"的不良竞争,加快广告产业升级。

三是创新广告产业发展模式,鼓励国内大型媒介集团、企业集团进入广告产业,实现规模经济。2005年12月10日以后,中国广告市场完全对外资开放,伴随着外资的全面进入,广告产业正在发生以收购、兼并为主要特征的产业重组。为改变本土广告公司高度分散、高度弱小的状况,使本土广告业在新一轮产业重组中不再失去又一次发展机遇,有必要借鉴日韩广告产业依托大型媒体和大型企业的发展模式,鼓励中国大型媒介集团和企业集团以资本收购、兼并等方式进入广告业,组建媒介、企业和广告业资本联姻的广告集团,这不仅是广告产业发展的必需,对媒体和企业而言也是产业扩张的需要。已兴办广告公司的媒介与企业,要把广告公司作为独立产业来发展,走媒介广告公司、企业内部广告公司的产业发展之路。近年来中国成长

---

① 廖秉宜:《中国广告产业市场结构、行为及绩效分析》,《国际新闻界》2010年第9期,第86页。
② 陈永、张金海等:《中国广告产业将走向何方?——中国广告产业现状与发展模式研究报告》,《现代广告》2006年第7期,第38页。

快速、发展强劲的本土广告公司,或脱胎于媒体、企业,或与媒体、企业有密切的资本渊源,成为广告市场的一支主导力量,如分众传媒(中国)控股有限公司、北京未来广告公司、中航文化股份有限公司、中视金桥国际传媒有限公司等,海尔、娃哈哈、福田汽车等集团都有企业内部的广告公司。

四是建立健全广告公司的现代企业制度,以管理创新和制度创新提升市场竞争力。管理创新和制度创新也是一种生产力,它极大地释放了现代企业的经营活力。改革开放以来,中国经济的快速增长得益于现代企业制度的建立和完善。广告公司现代企业制度的建立也将极大提升其市场竞争力。以广东省广告集团股份有限公司为例,除 1996 年外,在 1992—2010 年中国广告公司营业额排名中,其一直排在前十位之列,成为本土广告公司的"扛大旗者",在 2010 年中国广告公司营业额排名中,广东省广告集团股份有限公司以 307863 万元的营业额排在第七位。它的成功核心就在于公司不断进行的管理创新和制度创新,正如广东省广告集团股份有限公司副董事长丁邦清所言:"省广股份的发展旅程中有三个关键点:第一个关键点是 20 世纪 90 年代中叶,在中国广告业从国有企业垄断走向市场竞争的初期,也是中国广告业高速发展的时期,省广股份进行了大胆改革,包括经营机制、人才机制等改革,获得了巨大的发展空间;第二个关键点是 2002 年公司体制的改革,转变为股份有限公司,大大调动了广大骨干员工的积极性,新体制释放出强大的发展动力;第三个关键点是 2010 年,省广股份成为中国广告业第一家在国内上市的综合型广告代理公司,使省广股份站在一个新的历史发展平台上。省广股份早期是按照国际广告公司的架构进行设置的,后来我们结合我国广告业实践特点与广告主的需要,把服务功能设置为公司层面、事业部层面、品牌小组层面,扁平化、定制化,密切结合市场,提高服务效率,强化服务效果。"①

五是大力发展广告产业集群,鼓励通过参股、控股、并购、联合等资本运作方式,组建大型广告集团和营销传播集团。广告产业集群是指大量高度专业化的广告公司和营销传播公司,以及健全的外围支持产业体系在一定空间范围内的柔性集聚,并结合成的一种既竞争又合作的创新型网络。中国广告产业高度分散与高度弱小的现状,造成广告市场过度竞争和低市场绩效,严重危及广告业可持续发展。要改变目前这种状况,推进广告产业整体改造与升级,必须对广告产业发展路径重新设计。必须以高度专门化和专业化强力重建广告产业核心竞争力,专门化与规模化又是一对矛盾的目标,建立广告产业集群可以解决专门化规模不足的缺陷。在广告产业集群的基础上,通过参股、控股、并购、联合等资本运作方式,产生一批具有规模实力的广告集团和营销传播集团,更好地满足企业的专门代理和整合营销传播代理需求。

---

① 姜红:《成就本土广告公司的传奇——访广东省广告股份有限公司副董事长、常务副总经理、执行创意总监丁邦清》,《中国广告》2010 年第 11 期,第 57 页。

# 第五章　智能广告产业

智能广告产业是以人工智能、大数据和云计算等技术在广告传播中的应用为主要特征，以智能广告公司及关联企业为产业主体，能够实现受众智能识别与广告精准传播的新型广告产业形态。本章重点探讨智能时代广告产业的变革与创新、智能广告产业的模式与战略，以及智能广告产业的趋势与挑战。

## 第一节　中国智能广告产业的发展与创新

### 一、中国智能广告产业的发展现状

1. 中国智能广告产业规模日益扩大

中国智能广告产业规模扩大基于以下五大因素：

一是媒体智能化促进智能广告产业发展，传统媒体和数字媒体智能化催生潜量巨大的智能广告产业。

二是人工智能技术在广告营销领域的应用，改变了传统广告运作模式，极大提升了广告传播实效性。智能广告可以具有虚拟现实、自动发布、智能匹配等特征，尤以受众识别、发布方式、内容生成和效果监测等方面的智能化特征最为显著。

三是智能广告产业受到资本市场青睐，大量社会资本进入为智能广告产业发展提供了重要资金来源，从而为其获取大数据资源、研发智能广告技术、完善产业链布局等提供重要支持。

四是受众对智能广告接受度提高，智能广告是在精准用户画像基础上，向用户推送其感兴趣和有价值的内容信息，从而激发消费者兴趣并促成购买行为，因而更易被受众所接受。

五是广告主对智能广告认可度不断提升。"大数据技术是精准投放的实现基础。其实现原理主要通过目标消费者的精准定位、消费需求的精准挖掘、广告投放的精准可控、广告效果的精准评估四个方面来实现。"[①]智能广告具有精准性、即时性、个性化和可视性等特点，广告用户体验相较于传统媒体环境更佳，广告主在智能广告预算上逐年增加。

2. 中国智能广告产业链的逐步完善

中国智能广告产业通过吸引风险投资、股权融资等方式获得快速成长，产业规模不断扩大，产业链不断完善，智能广告价值日益被广告主认可，对传统广告产业构成极大挑战。

智能广告产业链主体包括智能广告技术公司、智能广告媒体、智能广告监测公司、智能广告数据管理公司、智能广告交易平台等。智能广告技术公司负责智能广告技术研发、内容创意、广告投放、效果评估等经营业务；智能广告媒体负责智能广告媒体内容生产与流量资源销

---

[①] 倪宁、金韶：《大数据时代的精准广告及其传播策略——基于场域理论视角》，《现代传播》2014年第2期，第100页。

售等；智能广告监测公司负责监测智能媒体内容资源和流量资源的真实性，监测智能广告可见性与品牌安全性等；智能广告数据管理公司负责智能媒体大数据挖掘、分析与应用，为智能广告技术公司广告投放提供科学的数据支持；智能广告交易平台联结着智能广告技术公司和智能广告媒体，负责智能广告程序化交易与投放。

3. 中国智能广告公司数量快速增长

我国智能广告公司数量快速增加，专业代理能力显著提升。智能广告公司主要有三种类型：

一是依托大型互联网企业的智能广告公司，以阿里巴巴旗下的阿里妈妈、腾讯旗下的广点通、百度旗下的DSP投放服务等为代表。由于拥有智能媒体优质大数据资源、媒体资源和客户资源，这种类型的智能广告公司受到广告主青睐，一些大型智能媒体也纷纷自建或并购专业智能广告技术公司，实现产业链内部化。

二是依托大型广告集团和营销传播集团的智能广告公司，以广东省广告集团股份有限公司收购的传漾科技、蓝色光标集团收购的多盟等为代表。通过收购专业智能广告技术公司，国内大型广告集团和营销传播集团快速提升在智能广告服务方面的实力，增强集团竞争力。

三是独立型的智能广告公司，以品友互动、悠易互通、璧合科技等为代表。由于智能广告公司是一个市场进入壁垒相对较高的行业，因而独立型智能广告公司大多利用风险融资和股权融资等方式建立，通过资本运作提升专业技术能力、大数据挖掘与分析能力以及获取大数据流量资源，并与智能媒体和智能广告产业链其他公司建立战略联盟，从而提升核心竞争力。

4. 中国智能广告市场竞争渐趋激烈

为争夺客户资源和流量资源，智能广告公司之间竞争日益激烈。智能广告市场竞争集中在三个方面：

一是专业智能广告技术能力的竞争。智能广告技术是智能广告公司的核心竞争力，智能广告公司提升专业技术能力主要有两种途径：通过自我研发智能广告技术，拥有自主知识产权，通过机器学习和深度学习，不断完善智能广告技术，赢得在智能广告技术领域的竞争优势；通过与国外专业智能广告技术公司合作，提升行业声誉和专业能力。

二是在细分市场建立核心竞争优势。智能广告产业对智能技术要求非常高，智能广告公司可以选择在细分市场形成竞争优势，如在智能广告创意、智能广告投放、移动智能广告、企业智能广告系统定制服务等领域提供差异化服务。

三是优质智能媒体流量资源的竞争。依托大型智能媒体的智能广告公司在这方面具有竞争优势，其他类型智能广告公司不拥有智能媒体资源，与智能媒体建立战略联盟成为其发展的战略选择，如悠易互通与海信达成战略合作，开发互联网电视智能广告资源，进而确立在OTT智能广告代理领域的专业优势。

## 二、中国智能广告产业的问题审视

1. 中国智能广告产业组织问题

整体来看，中国智能广告产业处于成长阶段，智能广告产业组织问题不容忽视，主要表现为以下四个方面：

一是智能广告市场集中度低，品牌智能广告公司数量少。智能广告市场集中度是反映智能广告产业中少数几家智能广告公司经营额占整个产业的比重,我国智能广告产业市场集中度低,获得行业广泛认可的品牌智能广告公司数量较少,较为严重地影响智能广告产业健康发展。

二是智能广告公司同质化竞争,缺少差异化竞争优势。差异化是形成智能广告公司核心竞争力的关键因素,我国智能广告公司存在同质化竞争问题,不同智能广告公司之间提供的服务差异性较小,每家公司都有自己的智能广告技术,但是这些智能广告技术的分析能力和精准投放效果却无从考证,广告主对智能广告公司存在不信任心理,影响其持续投放智能广告的信心。

三是智能广告产业人才匮乏,产业发展面临人才瓶颈。技术驱动下的智能广告产业对专业人才要求更高,需要大数据挖掘和分析人才、智能广告技术研发人才、智能广告内容创意人才、智能广告交易人才、智能广告经营管理人才等。高校广告专业教育培养的人才不能完全适应智能广告产业发展的需要,而市场上的人才又很难兼具技术能力和营销能力。

四是智能广告公司重技术轻内容,内部价值链亟须完善。智能广告公司主要集中在技术领域,核心业务为智能广告技术服务、智能广告交易服务等,在智能广告策划与内容创意等方面亟须提升竞争力。

2. 中国智能广告产业结构问题

我国智能广告产业结构存在三大核心问题:

一是智能技术驱动下传统广告产业面临转型困境。以策划创意驱动和媒体资源驱动的传统广告公司无法适应当前媒介环境、营销环境和受众环境的变化,传统广告产业向智能广告产业转型成为产业发展的必然趋势。通过增设智能广告部门、自建和并购智能广告公司、与智能广告公司建立战略联盟等方式,传统广告公司将策划创意优势、媒体资源优势与智能技术结合起来,为广告主提供包括智能广告服务在内的营销传播代理服务。传统广告产业向智能广告产业转型面临观念瓶颈、人才瓶颈、组织瓶颈和技术瓶颈等。

二是智能技术带来广告市场主体结构变化及其挑战。传统广告市场主体结构包括广告主、广告代理公司、媒介购买公司、广告媒体、广告受众等,智能广告市场主体结构包括广告主、智能广告公司(智能广告技术公司、智能广告媒体公司、智能广告数据管理公司、智能广告监测公司等)、广告代理公司、智能广告交易平台、智能媒体、广告受众等。广告市场运作模式在智能技术驱动下面临重构,广告代理公司主导广告市场格局逐渐让位于智能广告公司主导。

三是智能广告产业价值链内部结构分化与重构问题。智能广告技术公司数量增长较快,相比较而言智能广告数据公司、智能广告监测公司、智能广告媒体公司发展相对滞后,不利于智能广告产业良性健康发展。

3. 中国智能广告产业生态问题

我国智能广告产业的生态问题主要表现为五个方面:

一是智能媒体数据孤岛问题。"在数字时代,广告业最大的变化是依托大数据而不是媒体进行信息的交流沟通。大数据是未来广告业的核心与基础。"[①]智能广告产业发展要求数据开放与共享,从而精准刻画用户画像。大型智能媒体如阿里巴巴、腾讯、百度、今日头条、凤凰网

---

① 陈刚:《智能化广告时代正在全面来临》,《中国工商报》2017年1月10日,第6版。

等还没有开放大数据流量资源,影响了智能广告的精准性。

二是智能媒体跨屏识别问题。受众媒介接触具有多屏化特点,包括PC电脑屏、平板电脑屏、手机屏、户外屏、互联网电视屏等。跨屏识别问题当前依然突出,主要原因在于:用户尚未形成账号使用习惯;通信运营商、手机运营商和网络服务商与智能广告公司之间战略合作亟待深入;PC互联网IP地址与手机ID账号身份识别需要更加专业的技术和数据等。

三是智能广告可见性问题。我国智能媒体产业和智能广告产业面临流量欺诈和广告可见性低带来的行业声誉危机。机器流量损害广告主利益,影响智能广告产业发展。

四是智能广告品牌安全问题。2017年3月,由于广告主内容出现在极端内容旁边,可口可乐、百事可乐和沃尔玛等停止购买除针对特定人群的搜索广告以外的所有谷歌广告服务,AT&T、Verizon和强生等也撤下YouTube上的广告。中国智能广告的品牌安全问题同样存在,品牌安全问题与流量资源的媒介内容环境和大数据分析能力有关,广告若呈现在与其品牌调性不一致的网页内容中必然影响品牌声誉。

#### 4. 中国智能广告产业规制问题

由于相关法律法规和行业规范相对滞后,我国智能广告产业规制问题表现为三个方面:

一是虚假违法广告与违反社会伦理道德广告的规范问题。智能媒体环境下广告具有海量性、即时性和个性化等特点,这给广告行政管理部门增加了监管难度。互联网中出现大量虚假违法广告和违反社会伦理道德广告,与智能广告市场监管缺失有着密切关联。以程序化购买广告为例,《互联网广告管理暂行办法》第十三条规定:"通过程序化购买广告方式发布的互联网广告,广告需求方平台经营者应当清晰标明广告来源。"① 这一规定对于工商行政管理部门查处广告来源具有重要意义,但是由于程序化购买广告监管需要专业网络监测手段与识别技术,使得程序化购买广告监管存在相当大的监管难度。

二是大数据流量资源的真实性与科学性问题。智能广告公司或通过专业技术获取互联网大数据资源,或通过与智能媒体、广告主合作获取大数据资源,用户大数据资源的多少与优劣是衡量智能广告公司核心竞争力的关键性因素,这里涉及大数据真实性、大数据规模和大数据分析科学性等问题。由于缺乏相关大数据监测机构参与,智能广告公司数据不规范问题突出。

三是智能广告技术的专业性评价问题。专业性评价不是智能广告公司自我标榜,而应是行业权威机构的专业鉴定和广告主对智能广告实效性的客观评价。

### 三、中国智能广告产业的优化路径

#### 1. 中国智能广告产业组织优化

(1)打造行业领先的品牌智能广告公司,提高智能广告市场集中度。

依托智能媒体的智能广告公司,拥有大数据资源、用户资源、资金资源和媒体资源等优势,可以快速实现规模化扩张和形成品牌影响力;依托大型广告主的智能广告公司,拥有企业大数据资源和客户资源,通过内部大数据挖掘与利用、外部大数据开发与合作,为广告主提供专业代理服务;依托大型营销传播集团的智能广告公司,拥有策划创意资源和客户资源,可以利用其整合品牌传播能力形成核心竞争优势;独立型的智能广告公司,具有智能广告技术方面的专

---

① 国家工商行政管理总局:《互联网广告管理暂行办法》,http://www.saic.gov.cn/ggs/zcfg/201611/t20161117_228181.html,2021年1月20日访问。

业优势,可以与智能媒体、广告主和广告公司建立战略合作,将内部技术优势与外部媒体资源、客户资源和大数据资源结合起来。

(2)构建差异化的智能广告公司竞争优势,以专业和差异赢得声誉。

①智能广告运作环节差异化:智能广告运作环节涉及大数据挖掘与分析、大数据管理、智能广告策划与创意、智能广告投放技术、智能广告媒体、智能广告效果评估等,智能广告公司可以集中于某个环节或某几个环节,形成在专门领域的竞争优势。

②智能广告代理行业差异化:智能广告代理行业涉及食品、房地产、汽车、化妆品及卫生用品、家用电器及电子产品、药品、信息传播/软件及信息技术服务、酒类、金融保险、服装服饰及珠宝首饰等,智能广告公司可以选择广告投放量大和高成长性的行业,提供专业代理,形成差异化竞争优势。

③智能广告流量资源差异化:获取优质流量资源的能力决定智能广告公司的竞争优势。

(3)完善人才培养体系,建立高校培养、社会培训与联合培养机制。

①高校培养:在课程设置方面,建立智能广告与营销方面课程模块,如智能广告大数据挖掘与分析、智能广告策划与创意、智能广告媒介策略与程序化投放技巧、计算广告学等。

②社会培训:可以针对智能广告从业人员,也可以针对希望进入智能广告行业的社会人员和高校广告专业学生。培训主办方或是广告协会组织,或是智能广告行业的领先企业。

③联合培养:高校和业界合作培养智能广告专业人才,发挥各自优势,为智能广告行业培养专业人才。

(4)完善产业链布局,强化智能广告公司策划创意与内容营销能力。

智能广告行业是一个技术壁垒相对较高的领域,是以智能广告公司整合传统广告公司、数字营销公司和其他关联公司,还是智能广告公司被传统广告公司、数字营销公司和其他关联公司所整合?这是智能广告产业目前面临的重大战略选择。中国智能广告产业正在经历一场以资本并购和联合为主要特征的新一轮产业整合与扩张。中国智能广告产业通过资本并购与联合战略,完善产业链布局,在强化智能广告公司技术优势的同时,提升其在策划创意与内容营销方面的代理能力,是智能广告产业竞争力提升的必然要求。

2. 中国智能广告产业结构优化

(1)传统广告产业亟须实现智能化转型,提升其智能广告代理能力。在传统广告公司内部增设智能广告部门,转型成本低,经营风险低,但专业代理能力较难快速提升。广告和营销传播集团自建智能广告公司,适用于大型广告与营销传播集团。并购市场上的专业智能广告公司,投资大,但专业代理能力提升快。与智能广告公司建立战略联盟,可以降低公司经营成本,服务模式灵活。

(2)大型广告主、智能媒体并购智能广告公司或与其建立战略联盟。大型广告主拥有消费者数据资源和自媒体大数据资源,并购专业智能广告公司或与其建立战略联盟,可以把大数据资源与智能广告技术结合起来。大型智能媒体拥有大数据资源和专业技术研发能力,或并购专业智能广告公司,可以快速提升其智能广告代理能力,或与智能广告公司建立战略联盟,实现智能媒体效益最大化。

(3)鼓励大数据管理公司、大数据监测公司的发展,优化产业结构。大数据管理公司主要经营大数据挖掘与分析业务,依托大型智能媒体的大数据管理公司可以由国内大型智能媒体合资组建,实现大数据资源内部开放与共享。独立型大数据管理公司可以与中小型智能媒体建立战略合作,获取大数据资源。大数据监测公司主要经营大数据真实性监测与智能广告可见性和效果监测业务。

3. 中国智能广告产业生态优化

(1)建立大数据流动与交易制度,打破数据孤岛的格局。建立大数据交易市场,可以让大数据在规范的市场中进行交易,通过制度化手段规范大数据交易中侵犯用户隐私权的行为,在保障用户隐私、数据安全的前提下推动数据聚合流动。国内大型智能媒体如阿里巴巴、腾讯、百度、今日头条、凤凰网等可构建大数据产业战略联盟,实现大数据资源共享,打破数据孤岛格局。

(2)提高账户使用率与构建战略联盟,增强跨屏识别能力。提高用户账户使用率,需要互联网企业打造完善的产业链,建立便捷的用户账户登录体验,同时提供激励性账户使用制度,提高用户账户使用率。跨屏识别涉及多个屏幕终端和设备,智能广告公司可以与手机运营商、电信运营商、网络运营商建立战略联盟,获取用户在不同设备上的大数据资源。

(3)引入第三方大数据监测,提高广告可见性与实效性。广告主或直接,或委托代理公司与第三方大数据监测公司开展战略合作,提高广告可见性。大型互联网企业应积极主动与大数据监测公司开展合作,开放"围墙花园",治理互联网流量欺诈乱象,从而营造良好的数据环境,以实效广告赢得广告主和代理公司信任。

(4)加强数字媒介广告刊播环境的监测,确保品牌安全。大型互联网企业要加强内容监测,营造良好的数字媒介环境。阿里巴巴、腾讯、百度、今日头条、凤凰网等国内大型互联网企业需要主动开展内容监测,净化内容环境,为广告主和代理公司提供优质流量资源。互联网企业要做出品牌安全承诺,并实行品牌安全第三方监测强制机制。

4. 中国智能广告产业规制优化

(1)完善智能广告监管的法律法规,优化智能广告监管技术手段。智能广告投放周期短、展示形式隐蔽、内容"千人千面"、广告数量庞大,现有法律法规无法对其进行有效规制,面临"制度失灵"困境,政府管理部门亟须深入研究智能广告新发展形势,及时出台相关法律法规。此外,工商行政管理部门需要加大对智能广告内容和形式监管的技术研发力度,通过数字化广告监管手段及时发现问题并进行查处。

(2)发挥行业协会的作用,规范流量欺诈与数据虚假等问题。流量欺诈问题已经严重影响互联网产业和智能广告产业健康发展,广告协会需要采取措施予以规制。广告协会可以制定禁止流量欺诈的行业规范,由协会成员签署自律联合声明,主动接受第三方流量监测平台评估。广告协会还可以利用行业权威性,打造专业数据监测平台,发布互联网行业数据监测报告。

(3)举办权威的智能算法大赛,开展智能广告公司声誉评价。广告协会制定科学的竞赛规则和公开、公平、公正的评选程序,鼓励行业内优秀智能广告公司积极参与。邀请大型广告主和互联网企业,搭建智能广告公司、互联网企业和广告主合作平台。广告协会或第三方评价机构还可以组织年度智能广告公司声誉排名,建立智能广告公司年经营额、新获得客户数量和代理费用、广告技术专利、广告客户评价、同行评价等综合指标,推介优秀智能广告公司。

## 第二节　智能广告产业发展的模式与战略

### 一、依托大型互联网企业的发展模式及战略

在智能时代,大数据、技术、创意水平和流量资源决定智能广告公司的核心竞争力。大型互联网企业既是经营性企业,也是发布广告的媒介平台。大型互联网企业具有资金资源、受众资源、技术资源、客户资源和大数据资源等核心优势,因而依托大型互联网企业的智能广告公司具有天然发展优势。

1. 大型互联网企业自建的智能广告公司

大型互联网企业拥有庞大的用户资源,实质上也是一个优质媒体平台。大型互联网企业组建智能广告公司,经营其媒体平台广告资源,可以提升互联网企业经营效益。同时,由于智能广告公司依托大型互联网企业,可以获取用户大数据资源,实现精准广告投放,提升广告传播效果,因而对广告主具有较强的吸引力。例如,谷歌不仅有自己独立的搜索引擎网站平台,而且也利用技术搭建联盟广告平台,成为大型的在线广告服务公司,谷歌将近一半的收入来自广告联盟。阿里妈妈隶属阿里巴巴集团,旨在打造具备电商特色的全网营销平台,阿里妈妈通过搜索营销、展示营销、佣金推广,以及实时竞价等模式,依托大数据实现精准投放和优化方案,帮助全网客户实现高效率的网络推广,同时阿里妈妈为合作伙伴提供多元化的盈利模式,最大化流量的商业价值。

2. 大型互联网企业并购的智能广告公司

大型互联网企业并购优秀的智能广告公司可以实现双赢,一方面大型互联网企业自身的数字广告营销能力得到迅速提升,另一方面借助大型互联网企业的大数据资源,可以迅速提升智能广告公司的专业实力。大型互联网企业并购智能广告公司的目的主要表现在两个方面:

一是迅速提升互联网企业的数字营销能力。例如,2015年3月,广东省广告集团股份有限公司宣布以自筹资金2.9835亿元人民币收购上海智义投资管理中心(有限合伙)所持有的上海传漾广告有限公司(以下简称传漾广告)51%的股权,以自筹资金1.6965亿元人民币收购上海峰移网络科技有限公司所持有的传漾广告29%的股权。上述股权转让完成后,公司将持有传漾广告80%的股权。传漾广告是中国互联网广告领域的领军企业,经过多年的研发形成了成熟的业界领先的广告发布管理系统、数据解析技术和富媒体广告协作平台,在程序化购买方面拥有DSP(Demand Side Platform)、SSP(Supply Side Platform)、DMP(Data Management Platform)三大平台为核心的互联网广告生态系统,并推出程序化交易框架产品,在此基础上驱动产业链延伸,深耕互联网广告,整合PC+Mobile精准营销业务。省广股份收购传漾广告,有助于利用传漾广告的专业优势,深挖公司客户的互联网业务精准营销需求,为公司的客户提供全方位的专业化整合营销传播服务,从而进一步优化公司业务结构,提高公司的持续盈利能力。

二是利用双方优势合作建立大数据营销平台。例如,2015年1月,阿里巴巴集团宣布将战略投资并控股易传媒。依托于易传媒的TradingOS平台以及阿里大数据和云计算能力,通过双方数据的打通,双方将合作建立端到端的数字广告技术和大数据营销基础设施平台,帮助网络媒体更好地提升流量变现能力,向广大商家及第三方专业机构提供领先的技术和数据产

品。阿里巴巴的大数据是对中国程序化购买发展的改进、加速与提升，并开创了中国程序化购买的三级跳模式，即从 Cookie 数据到账户系统，从单枪匹马到数据全打通，从隐私争议到友好体验。

3. 大型互联网企业之间构建的战略联盟

大型互联网企业之间的战略合作，可以实现双方大数据的资源共享，避免数据孤岛。通过大数据挖掘技术、跨屏分析技术等技术手段，智能广告公司可以对用户画像进行精确分析，为每个用户在人口属性、兴趣、产品行为等打上多维度的标签，再对不同维度的标签进行筛选、聚类，进行族群划分、标签描述、定性描述，从而大大提升数字广告传播的精准度。例如，2014年4月，优酷土豆集团宣布与阿里巴巴集团建立战略投资与合作伙伴关系，阿里巴巴收购优酷土豆16.5%的股份。同年10月，阿里巴巴集团和优酷土豆集团在京举办联合战略发布会，双方宣布展开全面合作，共同推进中国营销领域的 DT（data technology）化进程。优酷土豆和阿里妈妈还分别发布了基于大数据的精准营销方案"星战计划"和开放数据管理平台"达摩盘"（Alimama DMP）。

## 二、依托大型营销传播集团的发展模式及战略

大型营销传播集团拥有丰富的广告与营销传播运作经验，但在大数据时代，许多传统的广告运作方式正在被彻底颠覆，比如由传统的购买媒介广告位和流量向购买受众转变，由大众传播向精众传播转变，由广告效果评估的模糊化向可视化、精确化和实时化转变等。随着广告主将营销传播预算更多分配给数字广告领域，大型营销传播集团亟须实现业务转型，提升集团的数字营销代理能力。

1. 大型营销集团自建的智能广告公司

大型营销传播集团在智能时代面临巨大的挑战，广告主投放传统广告媒体的费用下降，必然影响营销传播集团的收益，传统营销传播集团面临转型的迫切要求。大型营销传播集团增强数字营销代理能力，是广告产业发展的必然趋势，具体途径有以下两种：

一是在原有营销传播集团内增设数字营销部门或新建智能广告公司，通过招聘数字营销人员，为广告主提供数字营销代理服务。例如，广东省广告集团股份有限公司自2008年开始成立网络互动局，以网络媒体采购为核心业务，不断加强在策划、创意、技术、SEM 等数字领域的服务。2012年6月，省广股份投资设立全资子公司广东赛铂互动传媒广告有限公司，在数字领域进行积极拓展。

二是将传统营销传播公司彻底转型为数字营销公司。数字营销对于传统的营销传播公司而言是一个全新的领域，需要全新的互联网思维和全新的运作模式，顺应数字化发展的新趋势，将公司彻底转型为数字营销公司，可以将原有的策划创意优势与新技术、新市场结合起来，提升其竞争优势。例如，2013年10月，蓝色光标传播集团旗下蓝色光标公共关系机构正式更名为蓝色光标数字营销机构（简称蓝标数字）。蓝标数字组建了业务发展系统（business development）、客户服务系统（account service）、数字解决方案系统（digital solution）、资源合作系统（resource cooperation）四大业务价值链模块，以期更好地实现一站式全价值链服务。这是蓝色光标在数字化战略之下的重大标志性举措，意味着蓝色光标向数字整合营销服务的转型已进入加速阶段。

## 2. 大型营销集团并购的智能广告公司

中国广告市场正在进入以资本并购和联合为主要特征的新一轮产业扩张,广告市场将会面临重新洗牌。大型营销传播集团为了提升在数字营销代理方面的能力,通过并购和联合等资本运作方式,积极向数字营销领域拓展。近年来,中国广告行业的并购案大多集中在数字营销领域。事实上,本土广告公司与国际广告公司的实力差距在大数据时代正在消解,未来谁在数字营销领域的实力越强,谁就将成为广告市场的主导者。大型营销传播集团并购智能广告公司主要表现为两种情况:

一是收购少数股权,将自身业务与智能广告公司业务对接,为广告主提供数字整合营销服务。例如,2014年12月,蓝色光标收购及增资北京璧合科技有限公司,取得璧合科技25%的股权;增资北京掌上云景科技有限公司,持有掌上云景24%的股权。璧合科技是国内领先的技术型互联网广告及营销公司,公司为广告主提供基于RTB模式的互联网广告发布及相关的服务。掌上云景是国内领先的移动互联网广告服务提供商。同时,蓝色光标香港全资子公司香港蓝标拟取得精硕科技C轮融资优先股426.4万股,公司将持有精硕科技11.69%的股权。香港蓝标拟取得晶赞科技C轮融资优先股31.25万股,公司将持有晶赞科技14.29%的股权。精硕科技是国内一家数据解决方案提供商,主要专注于数据挖掘、分析和管理;晶赞科技是专注于大数据的一家广告技术公司,主要为旅游、汽车、教育、电子商务等领域提供大数据解决方案。蓝色光标通过一系列收购活动,大大提升了其在广告程序化购买、移动广告营销、大数据分析与管理等方面的实力。

二是收购多数股份或全部股权,成为营销传播集团控股的子公司或全资子公司。例如,2014年10月,省广股份拟收购上海恺达85%的股权。上海恺达成立于2007年4月,前身是数字广告知名品牌安瑞索思(Energy Source),是目前中国规模最大的独立互动整合营销公司之一,其核心服务包括互动整合营销及移动互联网营销。上海恺达拥有行业领先的移动互联网广告平台AdTOUCH,在此基础上为客户提供创新的整合营销解决方案。

### 三、独立型智能广告公司的发展模式及战略

除了依托大型互联网企业和大型营销传播集团的智能广告公司,独立型智能广告公司近年来发展迅猛。由于其专业的数字营销代理能力和可观的市场利润回报,受到国内外风投资本的青睐。独立型智能广告公司拥有专业的数字营销人员,开发了专业的程序化广告软件和大数据管理与分析工具,具有服务多个行业和大量互联网媒体的专业优势。独立型智能广告公司的发展战略主要表现为以下两个方面:

## 1. 通过融资方式增强智能广告公司的规模实力

智能广告公司发展需要大量的资金支持,以此来吸引专业人才,研发专业工具,与互联网媒体开展合作等。智能广告公司融资的主要目的在于两个方面:

一是通过吸引风投资本,为公司进一步发展提供资金支持。例如,2014年7月,移动广告公司Vpon威朋宣布完成B轮千万美元融资,投资方包括曾投资Facebook的顶尖金融巨头,以及亚洲知名资本。Vpon将以此资金在亚太地区积极拓展业务,并扩大研发规模。公司进行重新定位,从移动广告业务领域更进一步迈向移动数据领域,主要商务模式为移动广告,并积极发展数据资料与广告的结合,同时更大幅度地在亚洲各地区进行业务拓展工作。可见,Vpon的B轮融资旨在拓展公司在移动数据管理方面的专业实力,更好地为广告主服务。

二是智能广告公司通过吸引大型互联网企业或大型营销传播集团的资本,利用大型互联网企业的大数据资源和平台资源,以及利用大型营销传播集团的客户资源和专业的策划创意资源等,从而实现自身的快速发展。具体包括两种情况,即收购控股或收购少数股份。无论何种情况,均保持智能广告公司的独立运作,这样既可以实现双方的资源整合,也可以保持智能广告公司的独立性和灵活性。

2. 与互联网媒体深度合作提升大数据营销能力

大数据时代对智能广告公司的精准营销能力提出了更高要求,而要实现精准广告营销,必须具备大数据获取、大数据挖掘、大数据管理与分析、大数据应用的能力。智能广告公司与互联网媒体之间的深度合作,可以提升在大数据获取方面的实力,为广告主提供精准的受众分析、精准的广告投放、精准的效果评估等专业代理服务。智能广告公司与互联网媒体的深度合作表现为两个方面:

一是智能广告公司与大型互联网媒体的深度合作。由于大型互联网媒体拥有庞大的用户群,而且大数据质量相对较高,因而这种合作对于提升智能广告公司服务能力具有重要意义。例如,百度、奇虎360的搜索大数据,腾讯、新浪微博的社交大数据,阿里巴巴、京东的电商大数据等,这些大数据不仅可以用来分析用户的性别、年龄、职业、家庭收入等自然属性,还可以分析用户的社会交往、兴趣爱好、购物意向等社会属性。智能广告公司与大型互联网媒体的深度合作,可以通过吸收大型互联网企业资本等融资方式,从而达成一种战略合作关系。如阿里巴巴控股易传媒,奇虎360控股聚效广告,这既是大型互联网企业拓展数字广告市场的战略选择,也是智能广告公司提升大数据营销代理能力的战略需要。

二是智能广告公司与中小型互联网媒体的深度合作。对于数字广告投放而言,程序化广告购买将会成为主流,这就需要智能广告公司加强程序化广告分析和购买的能力。与大量中小型互联网媒体之间的深度合作,可以将庞大数量的中小媒体和广告两个长尾市场进行关联,通过大数据挖掘与分析技术,合适的广告会在合适的时间、合适的场景推送给合适的人。例如,多盟智胜网络技术(北京)有限公司(简称多盟)整合智能手机领域最优质的应用以及广告资源,搭建广告主和应用开发者之间的广告技术服务平台,并借助大规模数据处理的平台优势以及贴近应用开发者的服务模式,为应用开发者和广告主创造价值最大化。目前与多盟合作的App媒体超过7.7万,日均PV1.8亿,与App媒体的深度合作,奠定了多盟在移动广告平台领域的领先地位。

智能时代,中国广告产业面临新的机遇,也面临巨大挑战,如何适应智能营销传播时代的新趋势,及时实现转型升级,提升数字营销和智能营销服务能力,将会决定未来广告公司在市场竞争中的地位。当前,我国智能广告公司发展迅猛,但是竞争力亟待提升,这就需要不同模式形态的智能广告公司利用自身优势,同时通过融资、并购和联合等资本运作方式,弥补自身资源的不足,快速提升其规模实力和专业实力。

## 第三节 智能广告产业发展的趋势与挑战

在智能广告产业中,独立型智能广告公司具有专业的技术研发能力和技术优势,是智能广告产业技术创新的主要力量,但也面临一些挑战,如:随着智能技术应用逐渐成熟,公司同质化竞争会加剧;由于数据和流量资源被垄断,导致数据获取难度加大以及优质流量获取困难等。

为提升中国智能广告产业竞争力,独立型智能广告公司可从服务领域、产业布局、关键资源、外部市场探寻新路径。

## 一、服务领域:专门化、专业化

智能广告产业中,原有一站式全案服务业务范围铺陈过大,人员及公司实力有限,难以与大型互联网企业竞争。部分企业可在业务内容上趋向专门化,在业务类型上趋向专业化,形成差异化竞争优势。

业务内容专门化是指公司分割智能广告产业链,在客户数据管理、智能广告投放、广告效果智能监测、广告软件开发等某一领域进行深耕,形成行业竞争优势。业务类型专业化是指公司告别大而全的业务服务范围,仅对汽车营销、OTT营销、户外广告营销、短视频营销、直播营销等某一垂直领域深耕,成长为该行业智能广告代理服务的领头企业。

## 二、产业布局:规模化、集约化

智能广告公司数量庞大、布局分散,可通过合作、投资、联盟等动作,实现规模化、集约化发展。

一方面,随着产业模式越来越成熟,经营状况好的智能广告公司会兼并其他营销传播公司,壮大自身实力,规模逐步扩大;另一方面,强势企业在竞争过程中会进一步加强合作、联盟,互相利用对方资源优势,补足产业链短板,逐步向集约化发展,挤占小公司市场份额,行业壁垒逐渐提高。最终,形成由几家超强智能广告公司引领,其余公司站队发展的产业格局。

## 三、参与主体:媒体化、数据化、技术化

技术、数据、媒体资源一直是独立型智能广告公司的薄弱环节,却是行业立足的关键资源。目前很多公司为获取资源,已与阿里巴巴、腾讯、百度、今日头条等互联网媒体达成战略合作,获取优质媒体资源与庞大用户数据。同时由智能广告公司牵头,整合垂直领域的优质流量资源或长尾流量资源,组建供应方平台(SSP)、广告交易平台(ADX)等,成为拥有流量资源和数据资源的媒体公司。同时,为打破技术壁垒,智能广告公司加强与技术公司的合作,呈现技术化趋势。

媒体化、数据化、技术化发展趋势丰富了行业服务内容,部分公司由提供智能广告代理服务,转向提供智能广告产品,如客户数据管理平台、媒体资源平台、小程序自主开发平台等,革新了原有商业变现模式。

## 四、外部市场:国际化、网络化

随着"一带一路"倡议的推进、中国企业跨国业务的发展、对东南亚及非洲市场的开拓,国际化营销传播服务成为新的发展机遇,但目前智能广告公司在此领域业务开展不多,一部分企业已开展出海营销,拓展国际营销传播业务。中国智能广告公司应充分利用政策红利,调整公司服务战略,积极为跨国经营的中国企业提供智能营销传播代理服务,走向国际化。

同时,出海智能营销传播服务不是单一服务,需要与不同领域的企业形成合力,如与出海互联网企业开展战略合作,在海外数据收集、海外广告投放、海外广告效果监测等领域全面为海外企业提供服务,形成网络化联合发展格局。

## 五、产业挑战:数据使用与行业规制

智能广告为广告产业带来新的发展契机,同时在发展过程中面临着挑战。

### 1. 数据使用

一是数据使用与隐私保护的矛盾。由于获取数据的便捷性,引发了公众对个人隐私保护意识的提升,各类数据隐私保护纠葛不断,导致公众不愿让渡数据、媒介不敢共享数据、公司不能使用数据等情况。许多数据都需要购买,经营成本不断增加,一定程度上限制了智能广告产业的发展,尤其限制了中小规模智能广告公司的发展。

二是效果监测与数据欺诈的矛盾。数据监测机制不健全,数据欺诈现象频现,影响智能广告效果监测,降低整个行业的信誉水平,不利于产业长远发展。如何避免数据欺诈,获取真实有效的监测数据,成为行业发展亟须解决的重大课题。

### 2. 行业规制

当前,智能广告产业快速发展,相关法律规制与行业规范尚不完善,现有的《中华人民共和国广告法》《互联网广告管理暂行办法》等广告法律法规还不能涵盖产业发展面临的新问题。数据隐私保护、数据孤岛破解、虚假流量欺诈、智能技术知识产权保护、行业准入规则等方面存在诸多问题。当前,亟须尽快研究制定中国智能广告产业的法律法规与行业自律规范,推动智能广告产业健康可持续发展。

# 第六章 广告产业制度

广告产业发展与国家广告产业的制度设计有着密切关联,合理的制度设计有利于促进广告产业发展,反之亦然。纵观改革开放以来的中国广告业,有四大制度对其影响尤为重大,即政府主导型广告管理制度、自由竞争的产业准入制度、广告代理制的引进与推广、外资广告公司的规制政策。这些制度在一定程度上促进产业发展的同时,也存在不利于产业发展的制度缺陷。本章重点探讨中国广告产业制度设计的历史与现状、存在的主要问题与优化路径,审视国家广告产业园区的建设战略。

## 第一节 广告产业制度的历史回顾

### 一、政府主导型广告管理制度

广告管理制度按照政府和市场发挥作用的不同,可以分为政府主导型和市场主导型。由于不同国家社会经济制度、经济发展阶段、历史文化传统的差异,对政府主导型和市场主导型广告管理制度的选择也不同。欧美国家大多采用市场主导型,依靠行业协会进行自律监督,政府起辅助作用。我国实行的是政府主导型广告管理制度,具有以下两方面特点:

一是以行政管理为主,行业自律和社会监督为辅。政府主导型广告管理制度可以充分发挥政府的行政力量,规避虚假违法广告的负外部性问题。例如,政府部门出台大量法律法规,并由各级工商行政管理部门牵头,分别在1982年、1984年、1986年和1988年四次对广告行业进行全面清理整顿。2005年,国家工商行政管理总局会同有关部门建立了整治虚假违法广告专项行动部际联席会议制度,之后每年开展虚假违法广告专项整治,发挥各职能部门作用,形成打击虚假违法广告综合治理机制。

二是政府肩负广告市场管理与产业发展双重职责。政府在加强广告市场监管的同时,出台了指导广告产业发展的政策文件,如《关于加快广告业发展的规划纲要》《关于促进广告业发展的指导意见》《关于推进广告战略实施的意见》《广告产业发展"十二五"规划》《广告产业发展"十三五"规划》等。

### 二、自由竞争的产业准入制度

我国实行的是自由竞争的产业准入制度,鼓励各种所有制类型广告公司的发展。政府部门虽然对广告公司成立设置一定条件,但是准入标准非常低,基本上不构成市场进入障碍。

国务院1982年出台的《广告管理暂行条例》规定,"专营广告的广告公司和兼营或者代理广告业务的企业、事业单位,必须按照《工商企业登记管理条例》的规定,申请登记,领取营业执照。承办外商广告的单位,必须经省、自治区、直辖市以上进出口管理委员会审查同意。私人不得经营广告业务"。这一时期对外商投资企业和私营广告企业有严格限制,鼓励国有和集体所有制广告企业发展。国务院1987年出台了《广告管理条例》,允许个体工商户经营广告业务。关于成立广告公司的注册资金,国家工商行政管理局1988年发布了《企业法人登记管理条例施行细则》,规定广告设计和制作企业注册资本不低于10万元,个体工商户注册资本不低于3万元。国家工商行政管理局1995年颁布了《广告经营者、广告发布者资质标准及广告经营范围核定用语规范》,规定成立综合型广告企业,注册资本不少于50万元。自由竞争的产业准入制度,客观上促进了广告公司数量的急剧增加,但也加剧了广告市场的竞争。

### 三、广告代理制的引进与推广

欧美广告代理制模式,可以概括为在广告活动中,广告主、广告公司、广告媒介之间分工明确,广告公司独立于媒体和企业,广告主委托广告公司制定和实施广告计划,广告媒介通过广告公司寻求广告客户的市场运行机制。

20世纪80年代,中国广告业界、学界和政界开始探讨广告公司、广告主与广告媒介合作模式问题,即广告代理模式,欧美广告代理制作为成功范式被国内引进和推广。1990年,国家工商行政管理局发布了《关于在温州市试行广告代理制的若干规定》,指出凡温州市企事业单位、私营企业、个体工商户在国内通过报纸、杂志、广播、电视、路牌等媒介发布广告,必须委托经温州市工商行政管理局核准的有"承揽"或"代理"广告业务经营范围的广告经营单位发布或代理。1993年,下发了《关于在部分城市进行广告代理制和广告发布前审查试点工作的意见》,要求广告客户必须委托有相应经营资格的广告公司代理广告业务,不得直接通过报社、广播电台、电视台发布广告。兼营广告业务的报社、广播电台、电视台,必须通过有相应经营资格的广告公司代理,方可发布广告(分类广告除外)。从1990年温州试点到1993年部分城市推广,在制度层面确立了我国广告代理制。

### 四、外资广告公司的规制政策

我国广告产业外资政策总体比较宽松,鼓励发展中外合资广告公司,但是对于外商投资广告企业也设置了一定进入条件。

1. 关于对外商投资广告企业注册资本、年经营额和客户数量的规定

1994年,政府出台了《关于设立外商投资广告企业的若干规定》,要求设立外商投资广告企业,注册资本不低于30万美元。申请设立分支机构的外商投资广告企业,注册资本全部缴清;年营业额不低于2000万元人民币;分支机构所在地须有3个以上相对固定的广告客户。2004年出台和2008年修订的《外商投资广告企业管理规定》,对广告客户数量不再作要求。

2. 关于对中外合资广告公司中股权的规定

1986年,第一家合资广告公司——电扬广告公司成立,然而国内相关法律法规并没有对合资广告公司股权问题做出规定。1995年发布的《关于执行〈关于设立外商投资广告企业的若干规定〉有关问题的通知》,提出外商投资广告企业必须由中方控股。2004年通过了《外商投资广告企业管理规定》,允许外资拥有中外合营广告企业多数股权,但股权比例最高不超过70%,2005年12月10日起,允许设立外资广告企业。

3. 关于媒介购买公司核销的规定

国际媒介购买公司庞大的媒介购买量对传媒和广告业构成了极大威胁,1998年,国家工商行政管理总局下发了《关于停止核准登记媒介购买企业的通知》,要求各地一律不得受理媒

介购买企业设立登记申请;已经办理了核准登记手续的,应将核准的媒介时间、版面批发和零售经营项目予以核销。

## 第二节　广告产业制度的问题审视

### 一、政府职能的强化与广告协会组织的缺位

政府主导型广告管理制度在规范广告市场行为、促进产业发展方面发挥了重要作用,但也导致了"强政府,弱社会"的广告治理结构,即行政力量过于强大而行业协会相对弱小。从政府行政管理层面来看,行政部门广告监管主观性和随意性强,导致高社会成本和低效率;多头管理引发政府管理缺位或越位现象;广告监管条块分割导致各监管部门在面对利益时互不相让,而承担责任时相互推诿。从行业协会职能发挥层面来看,行政管理了承担过多的广告监管责任,甚至替代广告行业自律,使得广告管理过度依赖行政监管,阻碍了行业自律组织和功能发育,导致广告行业自律"缺位"。

政府主导型广告管理制度的弊端还突出表现为政府重广告市场监管,轻广告产业发展。我国现行广告产业政策过于重视广告市场行政监管而忽视产业管理,仅把广告当作经营手段来看待,忽略了对广告产业的政策指导和制度支持。1979—2008年间,仅1993年出台了《关于加快广告业发展的规划纲要》,且缺少相关配套政策。近年来,在国家文化产业战略框架下,政府出台了一系列支持广告产业发展的政策,如2008年出台了《关于促进广告业发展的指导意见》,2012年出台了《关于推进广告战略实施的意见》《广告产业发展"十二五"规划》《关于开展2012年现代服务业试点支持广告业发展有关问题的通知》,2016年出台了《广告产业发展"十三五"规划》等。这些政策实施取得了一定成效,但当前广告产业问题依然突出。

### 二、过度竞争的市场与广告产业的低绩效

自由竞争的产业准入制度,一方面造就了数量庞大的广告公司群体,另一方面也造成了高度分散与高度弱小的市场格局。一些本土广告公司为争夺市场,不惜采取恶性价格竞争手段,扰乱正常竞争秩序,不利于广告产业竞争力提升。广告公司同质化竞争导致广告市场"逆向选择",出现"劣币驱逐良币"的现象。由于长期采取自有资本积累方式,本土广告公司缺少大资本进入,处于高度分散与弱小的状态,无法与国际广告集团相抗衡。同时,由于缺乏对本土广告业的保护和政策倾斜,我国本土广告公司经历了几十年的发展,仍然分散而且弱小。数据显示,2011年,中国专业广告公司数量为170215户,广告公司经营额为13576098万元,户均广告经营额仅为79.76万元[①]。如果按15%的利润来计算,每家公司平均利润仅为11.96万元,这一数据包括国际广告公司和本土广告公司,本土广告公司高度分散与高度弱小的现状可见一斑。

### 三、广告代理的欧美模式与经济后发劣势

欧美广告代理制的特点是广告公司独立于媒体和企业之外,接受媒体和企业委托从事代理业务,并从中获取广告代理费,这一制度促进了欧美广告公司向专业化和规模化发展。20

---

① 宋阳:《2011年中国广告业统计数据报告》,《现代广告》2012年第5期,第19页。

世纪 60 年代以来,伴随欧美跨国企业全球扩张,欧美广告集团开始拓展全球市场,进而发展为国际广告集团和营销传播集团。与欧美国家相比,中国属于经济后发国家,广告产业基础薄弱,广告公司规模较小,专业代理能力较弱,如果依靠自有资本积累方式,广告公司将缺乏资本资源、客户资源和媒介资源,无法在短期内实现规模化。国际广告集团则依靠其雄厚的资金优势、客户优势和全球资源优势,在中国市场强势并购扩张。中国沿袭欧美广告代理制,鼓励发展独立形态的广告公司,抑制媒介广告公司和企业广告公司发展,不利于提升广告公司规模实力和专业代理水平。中国广告产业的起步发生在全球广告产业已经进入集团化和国际化背景下,如果一味模仿欧美广告代理制模式,必然陷入经济后发劣势。

### 四、外资广告公司的监管缺失与产业危机

我国外商投资广告企业规制政策存在制度错位,并且缺乏严格的监督机制。与本土广告公司的设立标准不同,对外资广告公司的成立设立了相对较高的进入标准,包括注册资本、年经营额、客户数量,客观上有利于外资广告公司规模化经营。与之相比,本土广告公司过低的进入壁垒,则不利于本土广告公司的规模化。此外,1986—1994 年期间,中国政府允许成立依法经营广告业务的中外合资经营企业、中外合作经营企业,但是对中外双方的股权比例并没有做出具体规定。1995—2004 年期间,虽然我国广告法律法规明确规定中外合资广告企业、中外合作广告企业必须由中方控股,然而由于中方只是形式控股,并没有真正参与企业经营,因而出现了政策失灵。1998 年,政府虽然出台了《关于停止核准登记媒介购买企业的通知》,但是由于缺乏严格的监督机制,国际媒介购买公司改以挂靠母公司形式继续从事媒介采购活动,从而规避了这一政策限制。"媒介购买公司发展越来越快,如何管理已经成为一个迫切和值得深思的问题。"[1]中国广告市场完全对外资开放后,国际广告集团开始以并购和联合为主要特征的新一轮产业扩张,势必加剧外资主导倾向。我国目前尚缺乏对广告产业外资并购的风险评估机制和规制政策。

## 第三节 广告产业制度的优化路径

### 一、政府主导型向市场主导型广告管理制度转变

随着中国市场经济不断深化以及中国融入世界市场进程的加速,政府主导型广告管理制度已不适应现代广告业的发展要求。由政府主导型向市场主导型广告管理制度转变,是广告产业发展的必然要求,也是更好发挥行业协会职能,规范和引导广告产业发展的现实需要。实现我国广告管理制度的转变,一是要转变政府职能,强化服务意识。加入世贸组织后,行政力量对市场直接干预减少,行业协会将越来越重要,实现政府职能转化,是新形势下政府的必然选择。政府亟须完善广告协会自律审查与广告行政监管合作机制,重视广告产业政策动态供给。二是实现广告行业协会功能和组织重构。"加强行业组织建设,进一步促使从行业自律走向行业自治,充分发挥行业组织在市场运行和市场监管中的作用,这不失为推动广告市场健康发展,且有效提升监管效益的一种治理取向。"[2]当前,广告行业协会行政化,是制约其发展的

---

[1] 黄升民:《广告大发展必须解决的核心问题》,《新闻前哨》2008 年第 9 期,第 81 - 82 页。
[2] 张金海、林翔:《中国广告产业发展现实情境的制度检视》,《广告研究》2011 年第 4 期,第 45 - 51 页。

重要因素。以中国广告协会为例,它由工商行政管理机构直接领导,并在其授权或委托下,承担政府的部分职能。功能定位的模糊使得广告协会在广告自律审查与代表行业利益方面处于事实"缺位"状态。《中华人民共和国广告法》(2015年修订)第七条明确规定:"广告行业组织依照法律、法规和章程的规定,制定行业规范,加强行业自律,促进行业发展,引导会员依法从事广告活动,推动广告行业诚信建设。"《中华人民共和国广告法》(2015年修订)首次确立了广告行业组织的法律地位,为广告行业协会组织履行广告自律管理职能提供了法律依据。当前,迫切需要实行广告协会的民间化改革,尤其是实现组织机构民间化、运作机制民间化、监管独立运作,以及组建本行业自律审查机构。

## 二、建设国家广告产业园区与优化广告市场结构

中国广告产业的专业化、集群化、集约化和国际化,是广告产业发展的战略选择。国家广告产业园区建设为广告产业集约化和提升国际竞争力提供了重要契机,要改变广告产业高度分散与弱小的现状,就必须对自由竞争的产业准入制度进行重新设计,国家广告产业园区建设必须置于广告产业发展整体制度的设计框架内考量。"广告产业园区规划建设的成败关键,在于能否适应现阶段广告产业链发展趋势,能否促进广告产业链创新环节的良性聚集,完成产业规模化效应。"[1]国家广告产业园区规划部门需要根据不同广告企业特点设置不同的进入标准,对广告经营单位注册资本、年经营额、客户数量、行业声誉做出具体规定,从政策上引导和鼓励国家一级和二级资质广告公司、营销传播公司进驻园区;鼓励大型媒介集团、企业集团和互联网企业在园区成立广告公司;鼓励国际广告公司与本土广告公司成立中方控股合资公司;鼓励行业内优秀的数字营销传播公司进驻园区;鼓励园区内广告企业以资本并购和战略联盟方式组建大型广告与营销传播集团,推动"资本要素运作下本土广告公司集团化发展"[2],从而加快实现广告产业集约化,提升广告产业竞争力。

## 三、构建广告业、媒介和企业共生型的发展模式

欧美广告代理制的引进与推广,限制了媒介广告公司和企业广告公司的发展,使国内大型媒介资本和企业资本长期游离于广告产业之外,不利于广告公司规模的提升。日韩广告代理制模式具有重要的借鉴价值。"日韩在引进广告代理制时,结合具体国情,根据当时传播环境和市场环境特点,并从未来发展战略层面考量,对广告代理制进行了创新和发展。"[3]日本广告公司主要依托媒体和企业,与媒体和企业有着深厚渊源,广告公司能够获取优质媒体资源和稳定客户资源;韩国广告公司则主要依托企业集团。由于依托大型媒体或企业集团,日韩广告公司能够快速进入更高的发展平台。日韩媒介广告公司和企业内部广告公司并不是将广告公司作为一个部门,而是作为独立产业来运作,大大提高了广告公司的竞争活力,它们在为本媒介和企业集团提供代理服务的同时,还积极拓展其他媒体和客户资源。我国目前有大量实力雄厚的媒介集团、企业集团和互联网企业,这些媒介和企业集团所属或持有股份的广告公司由

---

[1] 丁俊杰、王昕:《产业聚集理论视阈下的广告产业园区发展思考》,《山西大学学报》(哲学社会科学版)2012年第3期,第302-305页。

[2] 陈刚、孙美玲:《结构、制度、要素——对中国广告产业的发展的解析》,《广告研究》2011年第4期,第15-25页。

[3] 陈刚等:《对中国广告代理制目前存在问题及其原因的思考》,《广告研究》2006年第1期,第5-12页。

于有大资本依托,能够迅速实现规模扩张,做大做强,必将成为广告市场未来主导力量之一。政府和行业协会需要制定政策,引导和扶持媒介和企业内部广告公司发展,鼓励通过成立股份制公司、上市融资等资本运作方式实现规模扩张和提升竞争力。

### 四、建立外资广告公司并购风险评估机制和法规

"长期以来,相关行政立法缺失、外资监管力度薄弱、政策执行疏漏、以吸引外资多寡作为政绩考核指标的陈旧观念,都使本土广告公司在面对跨国广告集团大举入侵时显得形单影只。"[1]我国政府和行业协会要做好以下四方面工作:一是出台相关法律法规,对外资广告公司在中国市场的并购行为进行有效监管,防止外资并购加剧外资主导倾向;二是建立外资并购登记审批制度,组建广告业外资并购风险评估委员会,对外资并购活动进行动态评估与监管,防止国际广告公司利用我国法律法规漏洞进行"暗箱操作";三是政府和行业协会要完善广告产业数据统计指标体系,切实提高统计数据准确性和权威性,这有利于科学评价和有效规范外资并购活动;四是严格执行把关,外资并购法律法规出台之后,还需要专门政府机构进行严格监管,把工作落到实处。此外,政府和行业协会还需要加强对国际媒介购买公司的监管,防止国际媒介购买公司垄断中国媒介广告市场,这就需要政府完善对媒介购买行为的立法,发挥媒介协会的作用,制定针对媒介采购活动的自律规则。通过发展媒介广告公司,鼓励本土媒介购买公司发展,构建本土广告公司与媒介集团战略联盟,进而提高本土媒介购买公司的竞争力,降低媒介对国际媒介购买公司的依赖,维护媒体安全和产业安全。

## 第四节 国家广告产业园建设战略

### 一、中国广告产业发展的现实困境

近年来,国家高度重视广告产业。2009年,国务院常务会议审议通过《文化产业振兴规划》,将包括广告业在内的九大行业列为重点文化产业。2011年,《产业结构调整指导目录(2011年本)》明确地把"广告创意、广告策划、广告设计、广告制作"列为鼓励类,为广告业发展提供了强有力的政策支持。2012年,国家工商行政管理总局出台《关于推进广告战略实施的意见》《国家广告产业园区认定和管理暂行办法》《广告产业发展"十二五"规划》。2016年,国家工商行政管理总局出台《广告产业发展"十三五"规划》。国家广告产业园区建设是助推中国广告产业升级,提升广告产业国际竞争力的重大战略举措。国家市场监督管理总局目前已认定39家国家广告产业园区和试点园区,并给予每个园区连续3年享受中央财政每年不低于3000万元配套资金的扶持。国家广告产业园区建设的成效,直接关系到中国广告产业未来在全球广告产业中的竞争格局。

目前,中国广告市场规模目前已居全球第二位,并呈现快速增长的态势。国家市场监督管理总局发布的数据显示,2019年,我国大陆地区广告市场总体规模达到8674.28亿元,较上年增长了8.54%,广告产业成为新增劳动力就业的重要市场。改革开放四十多年来,我国广告产业取得了骄人的成绩,但也暴露出许多深层的结构性问题,影响中国广告产业的可持续发展,突出表现为以下四个方面:

---

[1] 卢德华、林升梁、关岑:《中国广告业的并购时代》,《广告研究》2009年第5期,第84-92页。

1. 产业过度分散与弱小

根据美国学者贝恩对产业垄断和竞争类型的划分,$CR_4$ 在 30% 以下、$CR_8$ 在 40% 以下为原子型市场结构,$CR_4$ 在 30%~35% 之间、$CR_8$ 在 40%~45% 之间为低集中度寡占型市场结构。统计数据显示,1994—2011 年间,1994 年和 1996 年集中度最低,1994 年 $CR_8$ 值最低,为 15.08%,1996 年 $CR_4$ 值最低,为 12.67%;2008 年集中度最高,$CR_4$ 和 $CR_8$ 值分别为 25.43% 和 42.95%(见表 4-2)。由此可见,截至 2011 年,我国仍处于介于原子型和低集中度寡占型之间的广告市场结构,广告公司的户均营业额和平均利润非常低。这类市场结构特点是广告公司数目极多,表现为无集中或低集中现象。

2. 缺乏一站式代理能力

我国专业广告公司数量非常庞大,然而目前能够为企业提供一站式整合营销传播代理的公司却十分有限。随着营销传播环境的改变,一些大型中国企业越来越需要广告公司能够提供一站式的专业代理服务,在此背景下,一些本土广告公司纷纷转型为整合营销传播公司,然而由于缺乏营销传播专门领域的代理经验,以及缺少专业人员的支撑,这些公司往往无法真正为企业提供专业的整合营销传播代理服务。这种建立在非专业化基础上的"泛专业化"转型,容易引发企业对于广告公司代理能力的质疑。

3. 数字营销代理能力弱

互联网媒体的迅猛发展正在深刻改变中国营销传播格局,传统媒体广告增长乏力与互联网新媒体广告快速增长形成鲜明的对比,互联网和手机媒体正在构建新的商业经营模式和广告传播模式。目前,我国能够提供专业数字广告和智能广告代理的本土广告公司并不多见。广告公司进入数字营销传播领域主要有以下途径:在公司内部增设数字营销部门;新成立一家数字营销传播公司;并购优秀的数字营销传播公司。由于缺乏资金资源和大资本运作的能力,国内广告公司大都选择前两种发展路径,在新媒体广告营销代理方面成长缓慢,而与之相比,跨国广告公司更倾向于并购国内优秀的数字营销传播机构,以此迅速提升在中国市场的服务能力。

4. 外资强势并购与扩张

中国广告市场自 2005 年底对外资完全开放以来,跨国广告公司开始了在中国市场以并购和联合为主要特征的新一轮产业扩张,影响中国广告产业的未来发展。以 WPP 集团为例,近年来,WPP 先后收购中国最大网络广告代理公司之一的北京华扬联众广告公司,以此进军增长迅速的中国网络广告市场;收购中国咨询公司华通现代(ACSR)95% 的股权;收购国内领先的房地产代理机构黑狐广告公司,快速进入蓬勃发展的中国房地产市场。2013 年,WPP 旗下公司 TNS 收购新华信国际信息咨询(北京)有限公司。目前,WPP 集团在中国已经拥有 150 多个公司和分支机构,分布在企业管理、营销咨询、品牌策划、市场调查、创意制作、媒介购买、促销管理、公共关系、活动赞助、网络营销、互动传播、娱乐营销、公益营销等企业经营和营销传播等价值链条的各个环节上。

## 二、国家广告产业园区的功能定位

国家广告产业园区建设凸显广告产业对于国民经济和社会发展的战略意义,然而,相比较工业园区而言,广告产业由于其文化创意的特殊性,因此具有其不同的功能定位。我国广告产业园区应发挥以下四大功能:

### 1. 促进产业的集约化发展

长期以来,我国广告产业高度分散与弱小,使得知识密集、技术密集和人才密集的高新技术产业沦为劳动密集型产业,广告市场的恶性价格竞争和同质化的经营运作,也使得广告市场面临"逆向选择"的风险。"集约化是中国广告业发展的一个核心目标。"①国家广告产业园区的核心功能就是要提升广告产业集约化水平,通过国家政策支持与本土广告企业市场化运作,旨在培育一批具有很强市场竞争力的超大型广告集团和营销传播集团。

### 2. 构建产业的整合价值链

目前我国广告产业价值链相对单一和分散,大部分本土广告企业还是集中于对传统广告的代理,对于其他营销传播专业领域和数字营销代理缺乏专业运作能力,无法满足新营销传播环境下企业的整合营销传播代理需求。国家广告产业园区建设需要整合广告产业价值链,将广告产业的上下游产业以及各种产业要素集中培育,并通过园区内企业的竞争与合作,产生一批能够提供综合代理能力的整合营销传播集团。

### 3. 助推产业的数字化转型

数字媒体的快速发展正在改变媒介生态与广告经营格局,"数字时代的新型广告产业链已初具端倪,现有的广告市场战略格局已被颠覆和重组"②。传媒的数字化转型与广告公司的数字经营战略成为中国传媒业和广告业面临的重大课题。艾瑞咨询发布的数据显示,2019年,中国网络广告市场规模达到6464.3亿元,同比增长达到30.2%。国家广告产业园区需要顺应全球广告产业变化的新趋势,积极支持和引导国内优秀的数字营销传播公司进驻园区,鼓励优秀的网络公司在园区内设立数字营销传播机构,进而迅速占领产业发展的高地。

### 4. 提升产业的国际竞争力

如果过去四十多年中国广告产业重在"量"的增长,未来十年内中国广告产业更应重视"质"的提升。随着中国市场对外资完全开放,跨国广告集团在中国市场加速并购扩张,将影响中国广告产业的竞争格局。目前外资已占据中国广告市场近半壁江山,广告产业面临由外资主导的威胁。由于广告产业与国民经济和社会发展的高度关联性,广告产业由外资主导将威胁中国传媒安全和文化安全,削弱中国民族企业的国际竞争力。国家广告产业园区建设需要为本土广告与营销传播企业的国际国内市场竞争力提升创造条件,同时广告与营销传播企业也要增强自主经营意识与提升核心竞争力,防范外资并购风险。

## 三、国家广告产业园区的战略规划

国家广告产业园区建设旨在提升中国广告产业规模与竞争力,必须立足于解决广告产业面临的核心问题以及明确国家广告产业园区的功能定位,重点实施以下战略规划:

### 1. 鼓励国内有实力的广告公司拓展全国性的服务网络

中国广告公司目前多表现为区域性广告公司,像广东省广告集团股份有限公司、北京广告有限公司、上海广告有限公司等国内实力较强的本土公司,也大都以区域经营为主。国家广告

---

① 张金海:《集约化是中国广告业发展的一个核心目标》,《广告人》2012年第9期,第42页。
② 程士安:《数字媒体崛起,颠覆并重组传统广告产业链》,《广告大观》(综合版)2012年第3期,第25页。

产业园区为入驻企业提供房租、税收、融资、信贷、管理等方面优惠与便利,为国内领先的广告公司与营销传播公司拓展全国性服务网络,成长为全国性广告与营销传播集团提供了条件。一方面,广告及关联企业需要认识到国家广告产业园区对于自身发展的战略机遇积极进行战略布局;另一方面,国家广告产业园区管理部门也需要由"招商"转为"拉商""请商"[1],积极宣传园区政策,为优秀的广告及关联企业入驻园区提供服务。

2. 通过资本并购、联合等方式构建整合营销传播集团

我国广告企业缺乏规模经济效应和范围经济效应,当前迫切需要通过资本运作发展壮大。要提升广告企业规模与市场集中度,从广告企业组织内部来说有三种途径,即通过企业资本的自我积累逐步发展,通过负债的方式发展,通过上市融资迅速实现广告企业的规模化发展。从企业外部来说有两种方式,即提高广告公司的进入壁垒和通过并购行为提高市场集中度[2]。本土广告与营销传播公司通过自我资本积累的方式成长速度缓慢,在国际广告集团强势并购扩张的背景下,面临巨大的生存压力。"随着广告业资本化时代的到来,运用资本的力量所进行的并购和整合将成为广告业的主题。"[3]本土广告企业可以选择通过上市融资、股份合作、并购联合扩张等方式,以国家广告产业园区为据点,迅速成长为综合性广告集团和整合营销传播集团。

3. 政策扶持园区内数字广告与营销传播公司快速发展

我国目前真正能够为广告主提供数字广告与营销传播代理的广告公司数量十分有限,影响本土广告公司竞争力提升。当前,国家广告产业园区需要把发展数字广告与营销传播公司作为工作的重心之一,广泛宣传,科学规划,积极引导国内领先的数字广告与营销传播公司入驻园区,积极鼓励网络等新媒体公司在园区内开设营销传播机构。发展数字广告产业,不仅可以满足企业对数字广告与营销传播代理的迫切需求,同时也是推动中国广告产业升级、占领未来市场制高点、提升中国广告产业国际竞争力的战略需要。

4. 支持媒介集团、企业集团和互联网企业投资广告产业

日韩广告产业发展的经验为中国广告产业国际竞争力提升提供了重要借鉴,在经济全球化背景下,日韩发展企业、媒介和广告业共生型的产业发展模式,鼓励媒介集团广告公司和企业集团广告公司发展,在提升广告企业竞争力的同时有力地保护了本国广告产业。国家广告产业园区需要积极引导国内大型媒介集团、企业集团和互联网企业在园区内设立办事处,开办广告公司,或投资广告产业,参股和并购园区内优秀的广告与营销传播企业,进而构建广告主、媒体和广告公司的战略联盟,提升本土广告与营销传播公司的市场竞争力。由于拥有优质丰富的媒体资源和客户资源,这也为本土广告公司争取国际客户提供了资源优势与专业优势。

5. 构建公共服务平台,服务园区内广告及关联企业发展

国家广告产业园区需要积极搭建公共服务平台,为园区内广告及关联企业发展创造有利的条件,让其获得实在的利益,这也是吸引广告及关联企业入驻园区的重要因素。在园区招商

---

[1] 卢山冰:《广告产业园招商思考》,《广告人》2012年第9期,第46页。
[2] 张金海、廖秉宜:《中国广告产业发展的危机及产业创新的对策》,《新闻与传播评论》2008年卷,第229页。
[3] 陈刚:《迎接中国广告业资本化的新时代》,《广告人》2012年第5期,第43页。

中要科学谋划,将广告上下游产业和各种产业要素入驻园区,不能把广告产业园简单理解为广告公司的集群,还应包括:专业营销传播公司,如咨询管理公司、市场调查公司、数据服务公司、公关公司、终端促销公司、网络营销公司、娱乐营销公司、事件营销公司等;专业媒介公司,如传统媒体办事机构、网络媒体公司、移动媒体公司、媒介购买公司等;专业制作公司,如动漫设计公司、影视制作公司、网页设计公司、美术公司等。园区的区位选择应尽量靠近企业集中的工业园区、媒介集中区域或是城市商业中心①。同时要重视"入驻企业的利益设计"②,为园区内广告与营销传播企业与广告主、媒体的要素交易创造便利条件,如积极组织广告主、媒体与园区广告企业参与的广告交易会、广告论坛、广告展览等活动,增强园区对广告及关联企业的吸引力。

6.搭建广告产学研基地,为广告产业发展提供智力支持

广告产业发展离不开专业人才的支撑,高等院校广告教育为广告产业输送了大量专门人才。然而,一方面拥有广告专业的院校迫切需要改变广告实践教学模式,与广告业界更多交流与对接,另一方面广告及关联企业发展也亟须广告科研人员提供智力支持,对广告专业人才的需求量也很大。国家广告产业园区需要积极搭建广告产学研基地和广告教育教学实践基地,组建广告产业发展智库,如成立广告产业研究院等研究机构,举办广告产业智库论坛,联合园区内广告及关联企业、政府和园区管理机构、高校科研人员力量,为国家广告产业园区建设提供智力支持与人才支持。

当前,我国政府主管部门和广告产业界人士需要充分认识到国家广告产业园区建设对于中国广告产业转型升级的战略意义,同时必须明确国家广告产业园区的功能定位及战略规划,避免国家广告产业园区建设的盲目化、地产化和短期化倾向,并完善国家广告产业园区建设绩效的评价体系与动态评估机制,让国家广告产业园成为推动中国广告产业升级、提升广告产业国际竞争力的战略支点。

---

① 黄升民:《创意园区的服务要结合创意产业自身特点》,《中国广告》2013年第3期,第52-53页。
② 金定海:《链接、激活、创新——广告产业园区的价值思考》,《广告大观》(综合版)2013年第8期,第33页。

# 第七章  国际广告产业

在经济全球化时代,国际广告集团的市场行为正在日益改变全球广告产业的市场结构,对发展中国家广告产业的发展产生重大而深远的影响。中国广告产业完全对外资开放以后,国际广告集团开始了在中国广告市场新一轮的强势扩张,广告产业面临重新洗牌,高度分散、高度弱小的本土广告公司面临巨大的生存危机与挑战。本章重点探讨国际广告产业的现状与趋势、国际广告集团全球扩张模式的选择、国际广告集团在中国的发展历程与发展战略。

## 第一节  国际广告产业发展现状及其特点

### 一、国际广告集团业务的多元化

20世纪60年代以来,欧美广告产业经历了几次重大的产业升级,大量欧美广告公司开始建立全国性的广告网络,通过联合、并购等方式组建广告集团,牢牢取得在广告市场中举足轻重的地位。欧美广告公司的集团化有两个重要背景:①企业在国内市场业务的拓展需要全国性广告公司为其提供服务,通过直接开设分公司、联合或并购等方式,很多区域性广告公司发展成为全国性广告集团;②企业对于营销传播服务需求的增加,要求广告公司能够提供包括广告代理服务在内的整合营销传播服务,最快的方式就是通过并购专业的营销传播公司,将其纳入广告集团旗下,由此催生了欧美一批大型广告与营销传播集团,这些大型广告与营销传播集团的业务均表现为多元化趋势。

以全球最大的广告和营销传播集团英国WPP集团为例,该集团目前服务全球500强中的348家企业,在112个国家和地区设立分公司,拥有员工超过106000人。《WPP集团2019年年度报告》数据显示,2019年,WPP集团全球营业收入(worldwide revenue)132.341亿英镑,其中:全球整合代理收入(global integrated agencies)为102.052亿英镑,占77.11%;公共关系代理收入(public relations)为9.565亿英镑,占7.23%;专业机构代理收入(specialist agencies)为20.724亿英镑,占15.66%。2017—2019年WPP集团全球营业收入中各项业务代理收入情况如表7-1所示。

表 7-1　2017—2019 年 WPP 集团全球营业收入中各项业务所占份额①

| | 2017 年 | | 2018 年 | | 2019 年 | |
|---|---|---|---|---|---|---|
| | 营业收入/亿英镑 | 占比/% | 营业收入/亿英镑 | 占比/% | 营业收入/亿英镑 | 占比/% |
| 全球整合代理（global integrated agencies） | 100.286 | 76.28 | 99.307 | 76.12 | 102.052 | 77.11 |
| 公共关系代理（public relations） | 9.150 | 6.96 | 9.317 | 7.14 | 9.565 | 7.23 |
| 专业机构代理（specialist agencies） | 22.028 | 16.76 | 21.843 | 16.74 | 20.724 | 15.66 |
| 总计（total） | 131.464 | 100.00 | 130.467 | 100.00 | 132.341 | 100.00 |

以全球第二大广告和营销传播集团美国宏盟集团（Omnicom Group）为例，《宏盟集团 2019 年年度报告》数据显示，2019 年，宏盟集团全球营业收入（worldwide revenue）为 149.537 亿美元，其中广告代理收入（advertising）为 84.517 亿美元，占 56.52%；CRM 消费者体验代理收入（CRM consumer experience）为 26.1 亿美元，占 17.45%；CRM 执行与支持代理收入（CRM execution & support）为 13.612 亿美元，占 9.10%；公共关系代理收入（public relations）为 13.789 亿美元，占 9.22%；卫生保健代理收入（healthcare）为 11.519 亿美元，占 7.11%。2017—2019 年宏盟集团全球营业收入中各项业务所占份额如表 7-2 所示。

表 7-2　2017—2019 年宏盟集团全球营业收入中各项业务所占份额②

| | 2017 年 | | 2018 年 | | 2019 年 | |
|---|---|---|---|---|---|---|
| | 营业收入/亿美元 | 占比/% | 营业收入/亿美元 | 占比/% | 营业收入/亿美元 | 占比/% |
| 广告代理（advertising） | 81.759 | 53.53 | 82.810 | 54.16 | 84.517 | 56.52 |
| CRM 消费者体验代理（CRM consumer experience） | 26.159 | 17.13 | 26.296 | 17.20 | 26.100 | 17.45 |
| CRM 执行与支持代理（CRM execution & support） | 21.358 | 13.98 | 18.916 | 12.37 | 13.612 | 9.10 |
| 公共关系代理（public relations） | 14.114 | 9.24 | 14.351 | 9.38 | 13.789 | 9.22 |
| 卫生保健代理（healthcare） | 9.346 | 6.12 | 10.529 | 6.89 | 11.519 | 7.71 |
| 总计（total） | 152.736 | 100.00 | 152.902 | 100.00 | 149.537 | 100.00 |

---

① 《WPP 集团 2019 年年度报告》，https://www.wpp.com/-/media/project/wpp/files/investors/2020/wpp_annual_report_2019.pdf，2021 年 1 月 20 日访问。

② 《宏盟集团 2019 年年度报告》，https://s2.q4cdn.com/400719266/files/doc_financials/2019/ar/Annual-Report-(Webhosting-Final).pdf，2021 年 1 月 20 日访问。

## 二、国际广告集团扩张的全球化

20世纪60年代,欧美广告公司就开始了全球扩张的历程,主要有以下两个方面原因:①跨国企业在全球拓展市场的过程中,需要广告公司能够提供统一标准的服务,因而伴随欧美跨国企业的全球化,欧美广告公司也逐步发展为全球性广告集团;②在国内广告市场竞争日趋激烈的背景下,开拓国际市场无疑是增加广告集团营业收入的重要途径。

以英国WPP集团为例,《WPP集团2019年年度报告》数据显示,2019年,WPP集团全球营业收入为132.341亿英镑,其中:北美市场(North America)营业收入48.547亿英镑,占36.69%;英国市场(United Kingdom)营业收入17.971亿英镑,占13.58%;西欧市场(Western Continental Europe)营业收入26.288亿英镑,占19.86%;亚太、拉丁美洲、非洲、中东、中欧、东欧市场(Asia Pacific,Latin America,Africa & Middle East and Central & Eastern Europe)营业收入29.87亿英镑,占29.87%。2017—2019年WPP集团全球营业收入地区分布情况见表7-3。

表7-3  2017—2019年WPP集团全球营业收入地区分布情况①

|  | 2017年 | | 2018年 | | 2019年 | |
|---|---|---|---|---|---|---|
|  | 营业收入/亿英镑 | 占比/% | 营业收入/亿英镑 | 占比/% | 营业收入/亿英镑 | 占比/% |
| 北美(North America) | 50.835 | 38.66 | 48.517 | 37.19 | 48.547 | 36.69 |
| 英国(United Kingdom) | 17.374 | 13.22 | 17.856 | 13.68 | 17.971 | 13.58 |
| 西欧(Western Continental Europe) | 24.557 | 18.68 | 25.896 | 19.85 | 26.288 | 19.86 |
| 亚太、拉丁美洲、非洲、中东、中欧、东欧(Asia Pacific,Latin America,Africa & Middle East and Central & Eastern Europe) | 38.698 | 29.44 | 38.198 | 29.28 | 39.535 | 29.87 |
| 总计(total) | 131.464 | 100.00 | 130.467 | 100.00 | 132.341 | 100.00 |

以美国宏盟集团为例,《宏盟集团2019年年度报告》数据显示,2019年,宏盟集团全球营业收入149.537亿美元,其中:北美市场(North America)营业收入84.788亿美元,占56.70%;拉美市场(Latin America)营业收入4.034亿美元,占2.70%;欧洲市场(Europe)营业收入41.074亿美元,占27.47%;中东和非洲市场(Middle East and Africa)营业收入3.146亿美元,占2.10%;亚太市场(Asia Pacific)营业收入16.495亿美元,占11.03%。可见,国际市场已经成为这些大型国际广告集团营业收入的重要构成。2017—2019年宏盟集团全球营业收入地区分布情况如表7-4所示。

---

① 《WPP集团2019年年度报告》,https://www.wpp.com/-/media/project/wpp/files/investors/2020/wpp_annual_report_2019.pdf,2021年1月20日访问。

表 7-4  2017—2019 年宏盟集团全球营业收入地区分布情况①

|  | 2017 年 | | 2018 年 | | 2019 年 | |
| --- | --- | --- | --- | --- | --- | --- |
|  | 营业收入/亿美元 | 占比/% | 营业收入/亿美元 | 占比/% | 营业收入/亿美元 | 占比/% |
| 北美(North America) | 84.788 | 55.51 | 84.425 | 55.22 | 84.788 | 56.70 |
| 拉丁美洲(Latin America) | 4.034 | 2.64 | 4.575 | 3.00 | 4.034 | 2.70 |
| 欧洲(Europe) | 41.074 | 26.89 | 43.754 | 28.61 | 41.074 | 27.47 |
| 中东和非洲(Middle East and Africa) | 3.146 | 2.06 | 3.044 | 1.99 | 3.146 | 2.10 |
| 亚太(Asia Pacific) | 16.495 | 10.80 | 17.104 | 11.18 | 16.495 | 11.03 |
| 总计(total) | 152.736 | 100.00 | 152.902 | 100.00 | 149.537 | 100.00 |

## 三、国际广告产业的集中化态势

《电通集团 2015 年年度报告》中关于全球广告花费的数据显示，2014 年，世界主要国家广告产业市场份额占全球的比重排名分别为美国(36.2%)、中国(14.8%)、日本(10.0%)、英国(4.7%)、德国(3.2%)、巴西(2.3%)、法国(2.2%)、澳大利亚(2.1%)、加拿大(1.6%)、意大利(1.6%)、韩国(1.6%)、印度尼西亚(1.6%)等(见图 7-1)②。可见，仅美国、中国、日本、英国、德国五个国家就占到全球广告市场份额的 68.9%。中国已经成为全球第二大广告市场，随着中国经济的持续增长，广告市场规模有望进一步扩大。

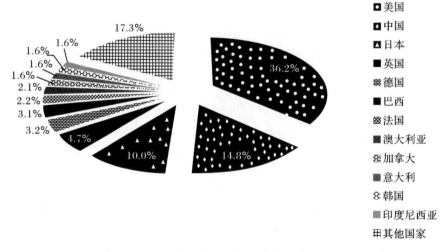

图 7-1  2014 年全球广告市场主要国家所占份额

---

① 《宏盟集团 2019 年年度报告》，https://s2.q4cdn.com/400719266/files/doc_financials/2019/ar/Annual-Report-(Webhosting-Final).pdf，2021 年 1 月 20 日访问。

② 《电通集团 2015 年年度报告》，https://www.group.dentsu.com/en/ir/，2021 年 1 月 20 日访问。

市场集中度是指某一特定产业中市场份额控制在少数大企业手中的程度,它是反映特定产业市场竞争和垄断程度的一个基本概念。我们这里运用绝对集中度对全球广告产业的垄断和竞争程度进行研究。所谓绝对集中度,它一般是以产业中最大的 $n$ 个企业所占市场份额的累计数占整个产业市场的比例来表示($CRn$)。《电通集团 2015 年年度报告》数据显示,2014 年,全球广告花费为 5165.523 亿美元,其中 WPP 集团的媒介承揽额为 1060 亿美元,占全球广告花费的比重为 20.5%,阳狮集团为 794 亿美元,占 15.4%,电通集团为 555 亿美元,占 10.7%,宏盟集团为 553 亿美元,占 10.7%,IPG 集团为 371 亿美元,占 7.2%,哈瓦斯集团为 196 亿美元,占 3.8%[①]。以产业经济学计算绝对集中度通常采用的指标 $CR_4$ 来看,2014 年前四位广告集团媒介承揽额占全球广告花费的比重($CR_4$)高达 57.3%,前六位广告集团媒介承揽额占全球广告花费的比重则为 68.3%,国际广告产业的集中化态势可见一斑。2014 年国际广告集团媒介承揽额占全球广告花费的比重如图 7-2 所示。近年来,国际广告集团在国外市场的增长速度明显高于国内市场,反映出国际广告集团向外扩张有增强的趋势。

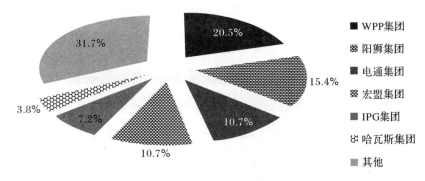

图 7-2 2014 年国际广告集团媒介承揽额占全球广告花费的比重

20 世纪 80 年代以来,欧美经济发达国家的国际广告集团加速在全球进行市场扩张,大大提升了全球广告产业的集中度,使得全球广告市场被欧美几家大型的国际广告集团所垄断。国际广告集团的并购主要表现为欧美广告业发达国家国际广告集团对广告业后发展国家广告公司和营销传播公司的并购以及这些大型的国际广告集团之间的并购。发达国家的国际广告集团与发展中国家广告公司的并购完全处于一种非对称状态,即大都是国际广告集团对东道国广告公司和营销传播公司的并购,很少发生反向的并购。此外,国际广告集团在发展中国家成立合资公司通常是要求控股,拥有合资广告公司的经营控制权。

这些大型的国际广告集团利用自身拥有的全球网络优势、资金优势、资源优势以及成熟的经营运作模式,大肆进军全球市场,并通过直接投资、合资或并购东道国领先的广告公司和营销传播公司等方式,实现对全球广告市场的垄断。国际广告集团的强势扩张,对于成长中的广告业后发展国家构成极大冲击,使得这些国家的广告业面临外资主导的危险,在全球许多国家或地区已经成为现实,例如中国的港台地区,广告产业已经完全由外资主导,这不得不引起中国政府、学界和业界的高度重视。

---

① 《电通集团 2015 年年度报告》,https://www.group.dentsu.com/en/ir/,2021 年 1 月 20 日访问。

## 第二节　美国网络广告产业的现状与趋势

### 一、美国网络广告产业的现状

美国是全球广告产业最发达的国家,美国网络广告产业发展的现状与趋势,对于中国广告产业的发展具有重要借鉴意义和启示价值。

#### 1. 网络广告产业的规模

根据美国互动广告局(IAB)2015 年 4 月发布的《2014 年美国网络广告营业收入报告》数据显示,2014 年,美国不同媒介广告营业收入情况分别为:网络广告(internet)495 亿美元、广播电视广告(broadcast television)405 亿美元、有线电视广告(cable television)252 亿美元、广播广告(radio)172 亿美元、报纸广告(newspaper)167 亿美元、杂志广告(magazine)128 亿美元、户外广告(out of home)84 亿美元、视频游戏广告(video game)10 亿美元、电影院广告(cinema)8 亿美元(见图 7-3)。

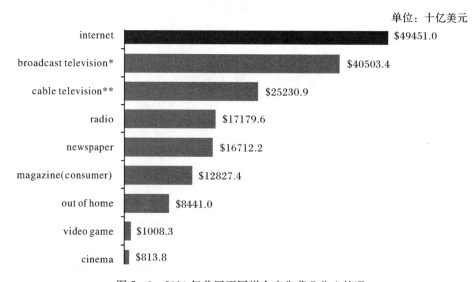

图 7-3　2014 年美国不同媒介广告营业收入情况

2003—2014 年间,除 1999 年受到全球经济危机的影响美国网络广告产业出现负增长外,其他年份均保持了两位数的高速增长,年均增长率为 20%,高于同期美国传统媒体的增长速度(见表 7-5)。

表 7-5　2003—2014 年美国网络广告营业收入年度和季度增长情况

| | Revenue (in mil) | Q/Q Growth | Y/Y Growth | | Revenue (in mil) | Q/Q Growth | Y/Y Growth |
|---|---|---|---|---|---|---|---|
| Q₁ 2003 | $1632 | 3% | 7% | Q₁ 2009 | $5468 | −10% | −5% |
| Q₂ 2003 | $1660 | 2% | 14% | Q₂ 2009 | $5432 | −1% | −5% |
| Q₃ 2003 | $1793 | 8% | 24% | Q₃ 2009 | $5500 | 1% | −6% |

续表

|  | Revenue (in mil) | Q/Q Growth | Y/Y Growth |  | Revenue (in mil) | Q/Q Growth | Y/Y Growth |
|---|---|---|---|---|---|---|---|
| $Q_4$ 2003 | $2182 | 22% | 38% | $Q_4$ 2009 | $6261 | 14% | 3% |
| **Total 2003** | **$7267** |  | **21%** | **Total 2009** | **$22661** |  | **−3%** |
| $Q_1$ 2004 | $2230 | 2% | 37% | $Q_1$ 2010 | $5942 | −5% | 9% |
| $Q_2$ 2004 | $2369 | 6% | 43% | $Q_2$ 2010 | $6185 | 4% | 14% |
| $Q_3$ 2004 | $2333 | −2% | 30% | $Q_3$ 2010 | $6465 | 5% | 18% |
| $Q_4$ 2004 | $2694 | 15% | 24% | $Q_4$ 2010 | $7449 | 15% | 19% |
| **Total 2004** | **$9626** |  | **33%** | **Total 2010** | **$26041** |  | **15%** |
| $Q_1$ 2005 | $2802 | 4% | 25% | $Q_1$ 2011 | $7264 | −2% | 22% |
| $Q_2$ 2005 | $2985 | 7% | 26% | $Q_2$ 2011 | $7678 | 6% | 24% |
| $Q_3$ 2005 | $3147 | 5% | 35% | $Q_3$ 2011 | $7824 | 2% | 21% |
| $Q_4$ 2005 | $3608 | 15% | 34% | $Q_4$ 2011 | $8970 | 15% | 20% |
| **Total 2005** | **$12542** |  | **30%** | **Total 2011** | **$31735** |  | **22%** |
| $Q_1$ 2006 | $3848 | 7% | 37% | $Q_1$ 2012 | $8307 | −7% | 14% |
| $Q_2$ 2006 | $4061 | 6% | 36% | $Q_2$ 2012 | $8722 | 5% | 14% |
| $Q_3$ 2006 | $4186 | 3% | 33% | $Q_3$ 2012 | $9236 | 6% | 18% |
| $Q_4$ 2006 | $4784 | 14% | 33% | $Q_4$ 2012 | $10307 | 12% | 15% |
| **Total 2006** | **$16879** |  | **35%** | **Total 2012** | **$36570** |  | **15%** |
| $Q_1$ 2007 | $4899 | 2% | 27% | $Q_1$ 2013 | $9806 | −5% | 18% |
| $Q_2$ 2007 | $5094 | 4% | 25% | $Q_2$ 2013 | $10260 | 5% | 18% |
| $Q_3$ 2007 | $5267 | 3% | 26% | $Q_3$ 2013 | $10609 | 3% | 15% |
| $Q_4$ 2007 | $5946 | 13% | 24% | $Q_4$ 2013 | $12106 | 14% | 17% |
| **Total 2007** | **$21206** |  | **26%** | **Total 2013** | **$42781** |  | **17%** |
| $Q_1$ 2008 | $5765 | −3% | 18% | $Q_1$ 2014 | $11414 | −6% | 16% |
| $Q_2$ 2008 | $5745 | 0% | 13% | $Q_2$ 2014 | $11678 | 2% | 14% |
| $Q_3$ 2008 | $5838 | 2% | 11% | $Q_3$ 2014 | $12207 | 5% | 15% |
| $Q_4$ 2008 | $6100 | 4% | 2% | $Q_4$ 2014 | $14152 | 16% | 17% |
| **Total 2008** | **$23448** |  | **11%** | **Total 2014** | **$49451** |  | **16%** |

### 2. 网络广告市场集中度

《2014年美国网络广告营业收入报告》数据显示，2014年第四季度，美国排名前10位的网络广告销售公司营业收入总和占全美网络广告营业收入比重为71%，排名11～25位的网络广告销售公司占比为11%，美国排名前25位的网络广告销售公司占了全美网络广告营业收入的82%（见图7-4）。可见，美国网络广告市场的集中度非常高。

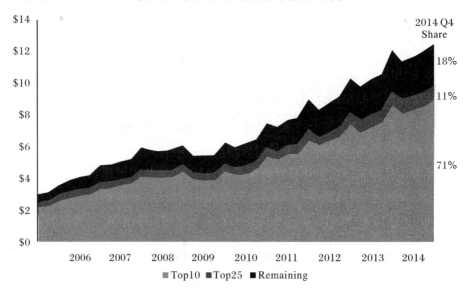

图7-4　2014年第四季度美国网络广告市场的集中度

### 3. 网络广告形式的市场份额

2014年，美国网络广告营业收入为495亿美元，其中不同形式的网络广告营业收入和所占的市场份额分别为：非移动搜索广告(search)占38%，移动广告(mobile)占25%，旗帜广告(banner)占16%，数字视频广告(digital video)占7%，分类广告(classifieds)占5%，导引性销售广告(lead generation)占4%，富媒体广告(rich media)占3%，赞助广告(sponsorship)占2%。其中非移动搜索广告、旗帜广告和分类广告的市场份额分别由2013年的43%、19%、6%缩小至2014年的38%、16%、5%，移动广告出现了较大幅度的增长，市场份额由2013年的17%增长为2014年的25%（见图7-5）。

### 4. 网络广告的行业投放情况

《2014年美国网络广告营业收入报告》数据显示，2014年，美国不同行业的网络广告的投放份额分别为：零售广告(retail)占21%，金融服务广告(financial services)占13%，汽车广告(auto)占12%，通信广告(telecom)占9%，休闲旅游广告(leisure travel)占9%，消费者包装食品(consumer package goods)占6%，消费者电子产品与计算机(consumer electronic & computers)占7%，医药和保健广告(pharmacy & healthcare)占5%，媒介广告(media)占5%，娱乐广告(entertainment)占4%（见图7-6）。

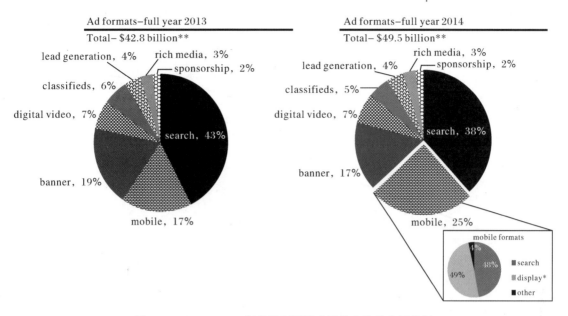

图7-5 2013—2014年美国不同形式网络广告的市场份额

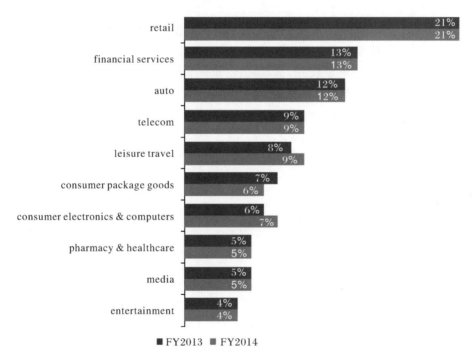

图7-6 2014年美国不同行业的网络广告投放份额

## 二、美国网络广告产业的趋势

### 1. 网络广告产业持续快速增长

近年来,美国网络广告产业快速发展。2005—2014年十年间,美国网络广告年均增长率(compound annual growth rate,CAGR)为17%,而同期美国GDP的年均增长率为3%。

2010—2014年,移动网络广告的年均增长速度为110%,非移动网络广告的年均增长速度为10%(见图7-7)。

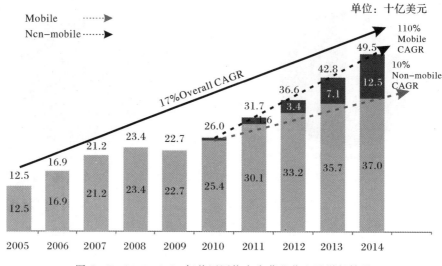

图7-7 2005—2014年美国网络广告营业收入及增长情况

2010年以来,网络广告每年的营业收入均超过其他媒介,并且网络广告保持了两位数的高速增长,没有其他传统媒介广告营业收入增长超过两位数。从图7-8可见,除有线电视广告(cable television)保持一定增长外,报纸广告(newspaper)、杂志广告(magazine)均出现下滑,尤其是报纸广告收入出现较大幅度的下降,广播电视广告(broadcast television)和广播广告(radio)的收入增长幅度相对比较平稳。

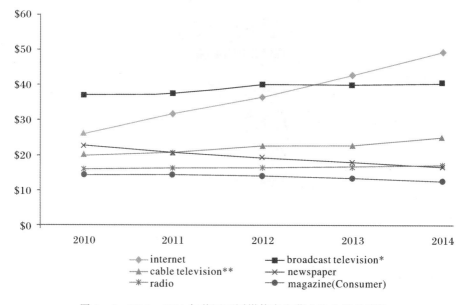

图7-8 2010—2014年美国不同媒体广告营业收入增长情况

## 2. 社会化媒体广告蕴含巨大潜量

《2014年美国网络广告营业收入报告》数据显示,2014年,美国社会化媒体营业收入为70亿美元,2012—2014年间,社会化媒体年均增长率为55%。可见,美国社会化媒体广告市场蕴含巨大的发展潜量(见图7-9)。

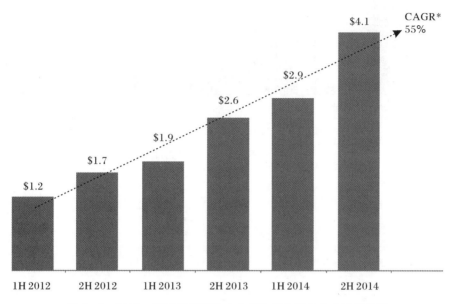

图7-9 2012—2014年美国社会化媒体广告营业收入增长情况

## 3. 移动广告与视频广告成长迅猛

目前,搜索广告(search)仍然占美国网络广告营业收入的最大市场份额,移动广告(mobile)快速增长,超过旗帜广告(banner)成为市场份额第二的网络广告形式。2014年,移动广告占全美网络广告营业收入的25%。非移动搜索广告、旗帜广告和分类广告(classifieds)营业收入市场份额的降低,主要原因在于移动广告市场的快速成长。2014年,富媒体广告(rich media)、导引性销售广告(lead generation)、数字视频广告(digital video)的市场份额与2013年保持相当。但是,随着网络视频的快速发展,数字视频广告的市场份额将会持续扩大(见图7-10)。

## 4. 按绩效付费成主导收费模式

《2014年美国网络广告营业收入报告》数据显示,2014年美国网络广告市场按绩效(performance)收费的比例为66%,按千人成本(CPM)收费的比例为33%,按混合方式(hybrid)收费的比例为1%,而2005年按绩效、千人成本和混合方式收费的比例分别为41%、46%、13%。可见,从2006年以来,按绩效付费逐渐成为美国网络广告市场占主导的价格模式(见图7-11)。

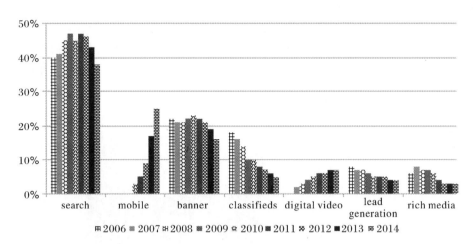

图 7-10 2006—2014 年不同网络广告形式市场份额变化情况

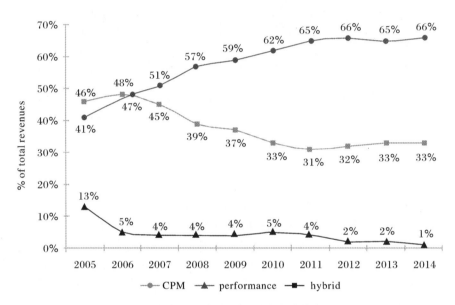

图 7-11 2005—2014 年美国网络广告不同收费模式所占比重及变化情况

## 第三节 国际广告集团全球扩张模式选择

### 一、国际广告集团全球扩张的动因

#### 1. 服务于跨国企业的全球战略

二战以后,欧美发达国家的跨国企业加速在全球扩张市场,对外贸易、并购和成立合资公司等成为主要的进入模式。由于这些跨国企业缺乏对东道国市场环境和消费者需求的了解,往往需要借助国际广告公司的力量实现市场拓展,并提供统一标准的营销传播服务,这也就形成了跨国企业与国际广告公司之间天然的联姻。欧美广告公司适应跨国企业的市场需要及时拓展全球业务,逐渐发展为国际广告集团,并利用其雄厚的资金实力,开展全球广告市场的联合与并购,从而快速拓展自己的市场领域(国内市场、欧洲市场、亚太市场等)、行业领域(房地产、医疗、食品等)、营销传播代理领域(广告、公共关系、促销、数字营销等),提升国际广告集团营销传播整合代理能力,更好地服务跨国企业的全球化市场战略。

2. 国际广告集团自身发展的需要

许多欧美大型国际广告集团是上市公司,公司经营业绩直接影响股东投资。通过在全球拓展市场,并购品牌广告公司和营销传播公司,能够快速获取新的客户,实现经营收入显著增长,增强股东投资信心。国际广告集团由于服务一些大型跨国企业,而这些大型跨国企业在全球都有业务,因此使得国际广告集团的业务迅速扩张到全球。由于对政策法规和消费文化等方面的壁垒,一些国际广告集团刚进入东道国时显得有点水土不服,然而随着国际广告集团日趋本土化,它们在东道国的竞争力正不断提升。同时,由于拥有丰富的全球资源(包括客户资源、人才资源、资金资源等)和先进成熟的管理运作经验,这些国际广告集团在维持和争取国际客户的同时,积极争夺优秀的当地广告客户,提高公司的盈利能力,国际市场成为这些大型国际广告集团营业收入的重要构成。

## 二、国际广告集团全球扩张的模式

从20世纪60年代开始,欧美发达国家的广告集团开始全球扩张的历程,伴随跨国企业的全球化而发展成为国际性的广告集团。在开拓全球市场进程中,国际广告集团选择何种模式进入新市场,直接影响广告集团在东道国的市场绩效。欧美国际广告集团进入全球广告市场的模式主要有以下两种:一是收购与兼并;二是成立合资公司。

1. 通过跨国并购,拓展集团全球服务网络

美国学者Jaemin Jung曾做过相关统计,在20世纪的最后二十年间,全球广告市场共发生603次大型的跨国并购活动,其中主要是美国247次(41.0%)、英国154次(25.5%)、法国108次(17.9%)、日本23次(3.8%)、瑞典13次(2.2%)、德国9次(1.5%)、澳大利亚8次(1.3%)、西班牙6次(1.0%)、加拿大5次(0.9%)、其他30次(4.9%)[1]。这些大型的跨国并购活动主要是由一些世界著名的广告集团主导。从世界著名广告集团的分布来看,主要集中在美国、英国、法国和日本等国家。

通过兼并和收购活动,美、英、法、日等国家一些大型广告公司逐渐成长为全球顶级广告集团。以世界第一大广告集团WPP集团为例,并购战略成就了WPP的传奇。1985年,曾任职萨奇广告公司(Saatchi & Saatchi)首席财务官的马丁·索瑞尔(Martin Sorrell)收购了购物车制造公司(Wire & Plastic Products),随即展开大规模的并购活动。1986年,该公司更名为WPP,索瑞尔担任总经理。1987年,为了进一步拓展美国及全球市场,WPP集团以5.66亿美元现金收购JWT集团公司(智威汤逊),其中包括JWT代理公司、伟达公关公司和市场调研网络公司MRB集团,进而提高了集团的市场服务能力。1988年,WPP集团在美国纳斯达克上市,为集团进行大宗并购交易提供了资金保证。1989年,WPP集团以8.64亿美元收购奥美集团,同年,两家调查公司明略行(Millward Brown)和国际市场研究公司(Research International)也加入WPP集团。1995年,为了集团调研需要,成立了Kantar市场调研公司。

---

[1] Jaemin Jung(2004), Acquisitions or Joint Ventures: Foreign Market Entry Strategy of U. S. Advertising Agencies, Journal of Media Economics, 17(1), pp. 43.

1997年，WPP集团对新加坡广告公司Chime Communications和拉丁美洲的调研公司IBOPE进行投资。1998年，WPP集团与日本旭通公司(Asatsu-DK)结成战略联盟，获得Asatsu-DK公司20%的股份，从而巩固在日本市场中的地位，同年，WPP集团在伦敦证券交易所上市。1999年，WPP集团并购扬特品牌同盟(The Brand Union)，包括全球领先的品牌和设计顾问公司Lambie-Nairn和体育营销公司PRISM Group。2000年，WPP集团以47亿美元并购扬·罗必凯集团(Young & Rubicam Group)，包括扬·罗必凯广告公司(Y&R Advertising)、博雅公关(Burson-Marsteller)、朗涛(Landor)、伟门广告(Wunderman)、凯维公关(Cohn & Wolfe)和Sudler & Hennessey，此外，WPP集团还并购了空中媒体(Spafax)和体育营销/赞助公司(Premiere)，WPP集团以79.7亿美元的营业收入成为全球最大广告集团。2001年，WPP集团并购Tempus有限公司，成立尚扬媒体(Mediaedge:cia)。2002年，WPP集团通过控制上海广告公司、H-Line全球公司和时代公关公司加强集团在中国的影响力，此外，奥美广告(Ogilvy & Mather)和扬·罗必凯广告(Young & Rubicam)控股韩国领先的广告公司LG AD。2003年，WPP集团并购科迪恩特传播集团(Cordiant)，把达彼思(Bates)、Fitch、141 Worldwide和Health World四家公司并入集团，成立一个单独的亚洲广告公司品牌，同时，WPP集团成立群邑媒体(GroupM)以监视整个集团的媒体投资管理。2004年，WPP集团的AGB公司和Nielsen媒体调研公司共同创立了国际电视等级公司AGB Nielsen媒体调研公司。2005年，WPP集团并购精信集团(Grey Global Group)，WPP集团的Poster Publicity和宝林媒介(Portland)合并成立全球户外媒体公司凯帝珂(Kinetic)。2008年9月，WPP获得欧盟同意，以11亿英镑收购全球第三大市场研究公司法国索福瑞集团(TNS)。TNS与AGB尼尔森的视听率调查业务形成直接竞争关系，由于欧盟的反垄断条款，WPP决定退出AGB尼尔森，并于11月将其所持的AGB尼尔森公司50%的股份与尼尔森集团其他业务进行交换。收购后的TNS整合于其集团下的Kantar市场调查公司，使得Kantar的集团规模和实力又上了一个台阶——仅次于AC尼尔森，位居世界第二，WPP的全球营业额再次超过其竞争对手宏盟集团，成为全球最大的营销传播集团。

并购扩张同样也是宏盟集团、IPG集团、阳狮集团和电通集团等世界著名广告集团的重要发展战略。1986年美国DDB Needham与BBDO广告公司联合组成宏盟集团(Omnicom Group)以来，宏盟集团就一直处于广告业的领头位置，它的扩张也是显而易见的。1993年，宏盟集团收购TBWA；1995年，收购Chiat/Day，并与TBWA合并，形成现在的李岱艾(TBWA/Chiat/Day)；1996年，收购凯旋公关公司(Ketchum)；1998年，收购Abbott Mead Vickers的同时，收购日本第八大广告公司I&S；2007年，收购荷兰阿姆斯特丹的互动创意公司Redurban。2001—2007年间，宏盟集团一直扮演全球传播集团第一的角色。1990年，IPG集团收购Lowe集团，从而成功地收购灵狮；2001年，经过与哈瓦斯集团(Havas)一番角逐后，IPG以21亿美元收购True North传播集团，成功收购FCB，从而壮大自己实力。1926年创建的法国阳狮集团(Publicis Group)，在20世纪90年代中后期，通过一系列并购迅速跻身全球性广告与传播集团之列。2001年，阳狮集团收购萨奇广告(Saatchi&Saatchi)，或译为盛世长城广告公司，加强集团的美国业务；2002年，对广告集团Bcom3(由李奥贝纳、达美高和电通成立的传播集团)30亿美元的收购及入股电通17%，使法国阳狮集团进一步巩固在美国和日本的市场份额；2003年，阳狮集团完全收购实力传播集团(Zenith Optimedia)。2000年以来，电通加快在海外市场的扩张步伐，通过与阳狮集团换股(作为投资Bcom3的延续，持有阳狮集团15%的股份)

拓展欧美广告市场,同时还加大在亚太市场,尤其是中国市场的扩张。2013年,日本广告巨头电通集团花费约32亿英镑完成了对英国营销集团安吉斯全部股权的收购。此次收购将帮助电通拓展数字领域与海外市场。2014年,运营电通集团除日本以外的海外业务的电通网络与安吉斯正式合并为电通安吉斯集团。

国际广告集团的并购模式,依据资本运营和自身机体增长两种取向,主要有以下四种类型①:

(1)自身机体成长与并购结合型。以法国阳狮集团为代表。该集团不断进行经营创新,在成为法国最大的广告公司之后,通过并购方式在欧洲建立领先地位,之后又通过一边进行自身业务扩张,一边积极进行收购的方式迅速占据多个市场。

(2)联合/合并型。以美国宏盟集团、IPG集团为代表。此类集团以业务合作为基准,以资本为纽带,积极开展核心业务和多元业务扩张。IPG旗下的主要广告公司麦肯·光明曾收购一家名叫马肖尔-普拉特(Marschalk & Pratt)的广告公司,仍然保留其原有的名称,让该公司独立运作,但在财务等方面归属麦肯。通过"公司中的公司""相互竞争又统一管理的分公司体系",保持集团机体增长。

(3)收购/兼并主导型。以英国WPP集团为代表。WPP起初并不经营广告业务,而是不断通过贷款收购著名广告公司起家。WPP曾在2002—2003年两年间进行近40次收购,包括购买独立公司,如针对非裔美国人的Unicourld公司和Goldfarb调研公司等。WPP不只买下竞争对手,更进一步形成整合营销传播集团,涉及广告、媒体投资管理、信息、咨询顾问、公共关系、品牌管理、健康传播、数字营销等,在进军新市场的同时获得业务组合。

(4)核心业务多元型。以电通集团为代表。电通集团对国际范围内的资本运营一向持谨慎态度,2000年以来电通集团才开始对外资本扩张,持有电扬35%的股份与阳狮集团15%的股份。2013年,电通集团斥资32亿英镑收购英国营销集团安吉斯,负责除日本以外的海外业务。电通与安吉斯正式合并为电通安吉斯集团(Dentsu Aegis Network)。电通集团核心业务越来越呈现出多元化态势,除了传统的广告服务,数字营销传播服务和内容产业等已经成为集团重要的战略业务单元。

*2.组建合资公司,规避进入壁垒和市场风险*

并购与合资各有利弊。并购的优势是:能够迅速进入东道国市场,而且以最快速度获取新客户;取得对被并购公司的完全控制权,避免与东道国被并购公司管理协调的问题;能够取得公司完全收益;获取股票投资者的信心,提升股票价值。然而,并购也存在一定风险,从广告集团的并购历史来看,并购过程中主要发生的风险有:遭遇反收购;遇到并购竞争;高额交易费用带来巨额债务;目标公司客户的流失;收购后组织重组导致管理费用上升等。合资的好处在于可以与东道国合资公司共担风险,共享资源。由于不同国家和地区的文化差异,国际广告集团往往缺乏对东道国市场环境、文化传统和消费心理的准确把握,容易出现"水土不服"现象,而东道国广告公司对本国经济、政治、文化传统、法律法规等有着深刻体认,国际广告集团与其合资能够利用各自所具有的优势产生合力,成功拓展市场。合资的不利因素主要是:需要分享利益;与东道国合资方可能存在控制权与组织协调方面的问题;合资双方可能都希望寻求自身利

---

① 张金海、高运锋等:《全球五大广告集团解析》,《现代广告》2005年第6期。

益最大化,而不是合资公司利益的最大化等。

1981—2001年二十年间,广告公司跨国建立153家合资公司。从绝对数量来看,跨国并购活动是合资公司的四倍。但是,在全球不同区域市场,并购和合资的数量存在较大差异。以美国广告公司全球并购及合资情况为例,1981—2001年,美国在全球广告市场的并购活动有247起,其中西欧121起(占49.0%)、北美26起(占10.5%)、拉丁美洲28起(占11.3%)、亚洲40起(占16.2%)、大洋洲15起(占6.1%)、非洲3起(占1.2%)、中东7起(占2.8%)、东欧7起(占2.8%);而同期合资活动有85起,其中西欧20起(占23.5%)、北美7起(占8.2%)、拉丁美洲3起(占3.5%)、亚洲43起(占50.6%)、大洋洲1起(占1.2%)、中东1起(占1.2%)、东欧9起(占10.6%)。数据显示,美国在全球广告市场并购是合资的三倍。但是在全球不同区域市场,并购与合资的比例也存在较大差异,如并购活动主要发生在西欧(占49.0%),而合资活动则主要集中在亚洲(占50.6%)。与东道国之间文化差异及环境风险(包括政策风险、金融风险、经济风险、市场风险等)的大小决定国际广告集团采取何种进入模式[①]。比如,欧美国际广告集团进入欧美市场主要选择并购模式,这主要是基于这些国家文化的同质性与市场体制的一致性,因而能够迅速实现市场扩张。而在亚太地区,由于东方文明与西方文明存在较大差异,欧美国际广告集团在进入这些国家的市场时就特别谨慎,一是并购可能受到来自东道国的政策限制,比如在中国,长期以来就不允许设立外商独资广告公司和外资控股的广告公司,一直到2004年3月2日,《外商投资广告公司管理规定》才允许外资控制但最高股权比例不能超过70%,2005年12月10日起才完全放开。二是由于体制方面的差异,欧美国际广告集团在进入亚太市场还面临东道国政策、金融、法律法规等方面的风险,因而,成立独资公司或采取并购方式进入东道国就不是国际广告集团的首选模式,而是通过成立合资公司拓展东道国市场。但是,合资存在要与东道国合资方分享收益以及没有对公司的绝对控制权等方面问题。

随着东道国市场的日益国际化,当国际广告集团对东道国市场有了深入了解之后,国际广告集团便积极开展新一轮的产业扩张,或提升在原有合资公司中所占的股份,或成立独资广告公司,从而加大对东道国广告市场的控制力度,这一特点在发展中国家表现尤为突出。以中国为例,广告市场完全开放之前,国际广告集团就已经完成在中国市场的战略布局。2005年底广告市场完全开放之后,国际广告集团加速在中国市场的扩张步伐,其核心就是掌握广告市场的主导权,并大肆争夺本土优质客户资源、媒体资源和人才资源,构建整合营销传播服务网络和提升专门领域的代理能力,进而大大提升国际广告公司的核心竞争力。

## 第四节 国际广告集团在中国的发展战略

### 一、广告集团向整合营销传播集团发展

全球广告产业发展大致经历了三次重大产业转型,即由单纯的媒介代理向综合性广告代理转变,由综合性广告代理向整合营销传播代理转变,由传统媒体广告代理向数字媒体营销传播代理转变。事实上,国际广告集团已经发展为整合营销传播集团。在中国市场,国际广告集

---

① Jaemin Jung(2004),Acquisitions or Joint Ventures:Foreign Market Entry Strategy of U. S. Advertising Agencies,Journal of Media Economics,17(1),pp. 35–45.

团主要通过并购与联合等资本运作方式,组建大型整合营销传播集团,提升其在整合营销传播代理方面的能力。以 WPP 集团为例,在公关代理领域,2002 年,WPP 集团旗下的奥美公关并购并中国本土公关公司西岸咨询,组成西岸奥美信息咨询服务公司,使得奥美成为在中国最大的公关公司;2008 年,伟达公共关系顾问有限公司收购专业公关公司——纬思企业传讯有限公司的大部分股权。在数字营销代理领域,2006 年,WPP 集团收购中国最大网络广告代理公司之一的北京华扬联众广告公司,以此进军增长迅速的中国网络广告市场;2008 年,WPP 集团收购游戏内置广告公司上海英格美爱数字互动(InGameAd Interactive)母公司 IGA 12.82%的股份,从而使其所持上海英格美爱数字互动的股份增至 55%。在管理咨询领域,2006 年,WPP 集团收购中国咨询公司华通现代(ACSR)95%的股权。通过并购本土优秀的营销传播公司,WPP 集团迅速提升了在整合营销传播领域的代理能力,而且很快地进入了一些中国快速成长的市场。2006 年,奥美收购国内领先的房地产代理机构黑狐广告公司,并更名为黑狐奥美,得以快速进入蓬勃发展的中国房地产市场。2013 年,WPP 旗下北京特恩斯市场研究咨询有限公司(TNS)同意收购新华信国际信息咨询(北京)有限公司。新华信是中国汽车研究领域的行业领先者,对新华信的收购让 TNS 中国成为绝对的市场领袖以服务寻求在中国市场发展的国际和本土的汽车生产商以及经销商。目前,WPP 集团在中国已经拥有 150 多个公司和分支机构,分布在企业管理、营销咨询、品牌策划、市场调查、创意制作、媒介购买、促销管理、公共关系、活动赞助、网络营销、互动传播、娱乐营销、公益营销等企业经营和营销传播价值链条的各个环节上。

**二、提升集团的数字营销传播代理实力**

随着数字媒介的迅速发展,数字媒介受众规模急剧增加,这对从事营销传播代理业务的广告和营销传播集团提出了新的挑战。对于大型的广告和营销传播集团而言,如何快速提升集团的数字营销传播代理实力,直接影响到集团的生存与发展。国际广告集团提升数字营销传播代理实力,主要通过两种路径:

一是通过并购行业内优秀的数字营销和移动营销代理公司,迅速提升数字营销能力。以 WPP 集团为例,2006 年,WPP 集团收购中国最大的网络广告代理公司之一的北京华扬联众广告公司,以此进军增长迅速的中国网络广告市场;2008 年,WPP 集团收购游戏内置广告公司上海英格美爱数字互动(InGameAd Interactive)母公司 IGA 12.82%的股份,从而使其所持上海英格美爱数字互动的股份增至 55%。2012 年,WPP 集团旗下群邑中国和 Tenthavenue 收购唯思智达无线传媒广告公司,并携手成立专业移动营销代理公司 MJoule,为客户提供专业的移动营销解决方案。2013 年,WPP 集团旗下 VML 收购中国数字广告代理公司 IM2.0。IM2.0 是国内领先的专业数字广告代理机构,在全球移动营销协会广告奖项中是年度最佳移动营销代理商,通过此次收购,可以提升 WPP 集团在移动营销方面的服务能力。2014 年,WPP 集团收购社会化营销公司贴易,该公司主要提供品牌监测、社会化营销和用户数据运营等服务,同时提供网络媒体评估和购买、网络舆论监测以及社交媒体应用程序开发等服务。同年,WPP 集团旗下的数字业务投资部门 WPP Digital 在中国成立全新的合资公司——创品极地,WPP Digital 持有创品极地的少数股份。在中国电子商务行业快速成长之际,该公司将提供完整的电子商务解决方案。可见,WPP 集团通过一系列的并购和合资等资本手段,迅速提升了在数字营销方面的服务能力。

二是自建 agency trading desk（ATD，即代理商交易平台），或与优秀的 DSP 技术服务商达成战略型合作，为广告主提供程序化购买代理服务，或直接与广告交易平台对接，购买所需的广告资源。目前，国际广告集团大都建立了 ATD，如 WPP 集团的邑策（Xaxis）、宏盟集团的 Accuen、阳狮集团的 AOD、电通安吉斯集团的安纳特（Amnet）、IPG 集团的 Cadreon 等。以电通安吉斯集团为例，2015 年 12 月，腾讯与电通安吉斯集团"智慧数据战略合作"签约仪式在上海举行。根据双方协议，腾讯未来将与电通安吉斯集团旗下凯络、安索帕、安纳特和电众数码等品牌公司分别围绕大数据管理平台、消费者研究系统以及消费者旅程追踪平台等进行广泛的合作，以达到优化客户媒体投放结构，增强数据的丰富性、深度和广度，提升双方对消费者网络行为和品牌态度的深度认知，系统性指导全媒体投放策略等目的。作为全球领先的数字营销传播集团，电通安吉斯集团正在帮助全球知名的品牌广告主向移动营销转型。而腾讯海量的数据源，以及强大的数据处理能力，为精准洞察目标人群、标签化智能投放奠定基础，加之此次与智慧数据合作，双方将共同建立开放、可靠的数据管理系统，相信电通安吉斯集团的专业品牌能力与服务经验，加上智慧数据解决方案，能够为品牌广告主带来更高效的广告决策，打造更精准的智慧营销。

### 三、由一线城市向二、三线城市市场拓展

对于中国市场而言，二、三线城市蕴含着巨大的商机，跨国企业已经意识到这一趋势，纷纷开拓中国二、三线市场，这给国际广告集团带来了新的发展机遇，国际广告集团能否为跨国企业提供专业的营销传播代理，将会考验双方合作的前景。正因为如此，近年来国际广告集团在稳步拓展一线城市广告市场的同时，积极开发二、三线城市广告市场。然而，由于对中国二、三线市场不太熟悉，国际广告集团大都采取并购或建立战略联盟等形式稳步推进。例如，宏盟集团通过战略联盟的形式，快速扩大市场和服务范围。2004 年，福莱公关与本土行业新锐帕格索斯传播机构建立战略联盟，实现客户服务的市场从京沪穗一线城市向各省会城市延伸，服务范围从传统公关宣传领域向新兴增长领域拓展；2006 年，WPP 集团收购黑狐广告公司，正是看重其在二、三线城市建立的地产资源和渠道；2007 年，WPP 集团并购成都阿佩克思广告有限公司 51% 的股份，成立阿佩克斯达彼思整合营销传播公司，借助成都、西安的阿佩克思达彼思整合营销传播有限公司成功打入西部市场；2011 年，WPP 集团旗下的奥美中国并购江苏最大广告公司南京银都，旨在以银都以及收购的其他一些公司为起点，逐步拓展二、三线城市的业务。以上列举的仅仅是中国广告市场完全开放后，国际广告集团在中国市场开展新一轮产业扩张的缩影。目前，一些国际顶级的广告集团纷纷向中国二、三线城市拓展业务，帮助跨国企业在中国开拓市场。这些大型国际广告集团通过并购和联合当地优秀的广告公司和营销传播公司，不断提升其专业代理能力，给二、三线城市的本土广告公司和营销传播公司带来极大的冲击，也会很大程度阻碍中国本土广告公司和营销传播公司拓展区域市场的步伐。

### 四、重视本土优质广告客户资源的开发

广告公司的客户资产是指由广告公司的市场开拓与营销能力所构建的客户关系网络、客户忠诚，它建立在良好的客户关系管理能力基础上，并以实现广告公司、客户的双赢为目的。作为支持企业长期竞争优势的核心客户资产，是在与客户结成长期战略伙伴关系的意义上而言的。广告公司要维持稳健经营，拥有一批形成伙伴关系或更亲密的结构化关系的广告客户

是必要条件之一。国际广告公司与跨国企业具有天然的联姻关系,很多跨国企业都将自己的全球广告代理业务委托给某家或某几家广告集团,跨国企业变更广告代理商,相应的全球性代理业务也会发生转移,使得各地分公司面临经营风险。在全球性金融危机的背景下,跨国企业纷纷缩减广告与营销费用,使得国际广告公司必须寻求新的客户资源,以保持公司利润持续增长,赢得母公司信任和股东信任。因此,国际广告公司将目光纷纷瞄准了对象国的优秀本土企业,这些企业有着强烈的品牌意识,广告与营销费用巨大。国际广告公司在选择本土客户时也有一定标准,例如,奥美选择客户的标准是:一看产业和竞争,是否是朝阳性的、向上的产业以及是否有许多国际玩家驱动的比较规范的市场游戏规则;二看企业,是否处于优势地位或者具有发展前景;三看领导人的眼光和理念;四看现阶段企业是否存在传播问题。此外,国际广告公司在选择客户时还非常注重与客户观念的一致,以谋求与本土客户的长期合作。国际广告公司获取本土优质客户资源,通常有两种途径:一是通过比稿直接获得本土客户;二是通过并购本土优秀的广告与营销传播公司获得本土客户。通过上述方式,国际广告集团已经将一大批中国本土优秀企业收入囊中(见表7-6)。

表7-6 部分国际广告公司代理的中国本土大客户情况

| | 国际广告公司 | 代理本土大客户 |
|---|---|---|
| WPP集团 | 奥美广告有限公司(Ogilvy & Mather) | 腾讯、国美、酷6网、海南航空公司、霸王、森达、乐蜂网、乐购、中国电信、北京吉普、大金龙、九牧王、露露食品、时代地产、雅戈尔、波司登等 |
| | 智威汤逊-中乔广告有限公司(JWT) | 思念食品、中粮"五谷道场"、长安福特、中国灵通、伊利、海尔等 |
| | 扬·罗必凯广告有限公司(Y&R) | 美的集团、中美集团、安华卫浴、珍爱网、平安银行、立白、利海集团等 |
| | 精信广告有限公司(Grey) | 交通银行、万科地产、统一企业、海尔等 |
| 宏盟集团 | 天联广告有限公司(BBDO) | 上海移动、上海家化、东阿阿胶、丝宝集团、巨晴企业、长江商学院、文君酒等 |
| | 恒美广告有限公司(DDB) | 招商银行、华夏银行、华为、银联、周大福等 |
| | 李岱艾广告有限公司(TBWA) | 中国联通GSM网络、恰恰食品、腾讯网等 |
| 阳狮集团 | 阳狮广告有限公司(Publicis) | 招商地产、上海家化-六神、鼎湖山泉、新世界地产、永和、长安汽车等 |
| | 盛世长城国际广告有限公司(Saatchi & Saatchi) | 康佳、中国移动(广西、深圳、佛山)、步步高、中英人寿、易方达基金、雪花啤酒、蒙牛等 |
| | 李奥贝纳广告有限公司(Leo Burnett) | 宇通客车、南京菲亚特、李宁、中国移动(北京)、雅鹿、OPPO手机、燕京啤酒等 |

续表

| | 国际广告公司 | 代理本土大客户 |
|---|---|---|
| IPG集团 | 麦肯·光明广告有限公司（McCann） | 联想集团、中国移动、统一食品、健力宝、美的电器、广东双喜香烟、平安保险、招商银行、中国银行、广东发展银行、柒牌服装、港铁（深圳）、海尔卡萨帝和费雪派克等 |
| | 博达大桥国际广告传媒有限公司（FCB） | 蒙牛特仑苏、森马、丰谷酒业、香港旅游发展局、海尔、汇源果汁、空中网、自然美、光明牛奶、南孚电池、瑞安地产、万向控股等 |
| | 上海灵狮广告有限公司（Lowe & Partners） | 建设银行、波导手机、欧诗漫、诺贝尔等 |
| 电通集团 | 北京电通广告有限公司（Dentsu） | 联想电脑、天津一汽、柳州汽车、东风雪铁龙、富康、第五季、康师傅、中国联通等 |
| | 北京东方日海广告有限公司（Oriental Rihai） | 康师傅、科健手机、李宁运动系列、小护士化妆品、乐凯等 |
| | 电通东派广告有限公司（Dentsu_Top） | 龙大花生油、统一企业、腾讯、雨润食品、恒安纸业、淘宝网、兴业银行、金蝶软件、怡宝纯净水等 |

## 》 下篇
### 广告公司的经营与管理

# 第八章 广告公司的类型与组织结构

专业广告公司,作为广告主与媒介的中介,作为联系广告主与目标消费者的桥梁和纽带,在广告市场活动中始终处于中心地位。专业广告公司要有效地实现其功能,达到既定的经营目标,必须有健全和完善的组织机构,必须有系统科学的管理。本章重点探讨广告公司的类型和组织结构。

## 第一节 广告公司的类型

### 一、按业务范围分类

广告公司按其经营范围与服务功能划分,一般可分为综合服务型广告公司、专门服务型广告公司。

1. 综合服务型广告公司

综合服务型广告公司,是指给广告主提供广告活动的全方位、全过程的服务,其中包括市场调研、广告策划、广告创意、广告制作、媒介计划和购买、广告效果测评以及其他相关服务。综合服务型广告公司一般规模较大,对于大的广告活动具有较强的把握能力。综合服务型广告公司往往拥有一批专业人员,能够为客户提供较全面的广告服务,具有一套完善的服务机制。综合服务型广告公司一般成本较高,收取的代理费用也相对较高,广告主在选择综合服务型广告公司时比较谨慎,需要考虑到广告公司的规模、信誉、专业代理能力、专业人员的从业素质以及在相关领域的服务经验等。综合服务型广告公司的业务主要包括以下内容:

(1)产品研究。通过研究分析广告产品形象、性能特点、市场状况以确定目标市场,为广告主提供制定广告计划所需要的产品研究资料。

(2)市场调研与预测。在市场调研的基础上,广告公司为客户找出潜在顾客、现实顾客、影响市场销售的外在因素以及市场环境对市场的影响。

(3)产品销售分析。广告公司通过调查了解产品的销售渠道和销售网络,广告能在分销网络的建立健全和良性运转的基础上发挥作用。

(4)媒体分析。广告公司应为广告主选择最有效且性价比高的媒体,使广告信息及时有效地传递给消费者。

(5)制定广告计划。为广告主提供意见和建议:确定产品市场、改进销售网点、改变价格策略、创作广告作品以及应使用的广告媒介、广告诉求主题、广告信息内容、广告预算和广告活动内容等。

(6)执行广告计划。广告计划制定后,广告公司必须把广告计划中的建议付诸实施,负责到底。

(7)配合广告主的其他市场活动,使广告活动发挥最大效果。

随着综合服务型广告公司业务的扩大,除去以上服务内容外,广告公司还承揽公共关系、CI战略策划、体育营销、娱乐营销、终端促销、销售培训、销售展台设计、数字营销等营销传播服务业务,进而发展为综合性的营销传播集团。

2.专门服务型广告公司

专门服务型广告公司与综合服务型广告公司相比,服务项目则要单一得多,这类广告公司专注于某一特定的领域,只为广告主提供某一特定领域的广告服务,所以它们的服务更专业化、更细致。专门服务型广告公司可以细分为三种类型:

(1)为特定行业提供专门代理服务的广告公司。由于客户所从事行业的特殊性,并不是所有的广告代理公司均能满足其广告业务要求,因此一批为特定行业企业提供广告代理服务的广告公司应运而生。例如,房地产广告主要求广告代理公司具有丰富的房地产知识和经验,而且由于房地产广告业务量相对较大,因此出现了一批专门从事房地产广告业务的广告代理公司,将广告代理服务范围限定在房地产的行业领域。

(2)为特定环节提供专门代理服务的广告公司。有的广告公司往往只提供广告宣传活动中的某一方面的服务,或广告创意,或广告调查,或媒介购买,或其他,广告创意公司、广告调查公司、媒介购买公司、广告设计制作公司等多属此类。此类广告代理公司,广告经营的业务范围有限制,服务内容比较单纯,或不能满足各类广告客户的各类需求,或不能满足广告客户的全面服务的需要,但是却能够提供特定广告客户的特殊需要,并且在某些项目上具有综合服务型广告公司不可替代的专业优势。

(3)提供专门化营销传播代理服务的广告公司。传统的广告产业是围绕广告策划与广告创意为核心的产业,又可以称为"小广告产业"。如今,一方面一些广告公司不再局限于广告策划与广告创意方面的服务,开始应客户要求将服务范围拓展到营销策划、战略管理等宏观层面;另一方面,一些营销策划和管理咨询公司也将触角深入到广告传播领域,开始与传统广告公司的服务范围形成了交叉关系。这些营销策划和管理咨询业务可以纳入"大广告产业"的范畴。从大广告产业的角度来看,一些广告公司提供专门化的营销传播代理服务,如提供公共关系、CI战略策划、体育营销、娱乐营销、网络营销、终端促销、销售培训、销售展台设计等某类营销传播代理专项服务。

## 二、按服务区域分类

按服务区域来划分,广告公司可以分为地方(地区)性广告公司、全国性广告公司和国际性广告公司三种类型。

1.地方性广告公司

地方(地区)性广告公司的业务主要集中于某些地方或地区,因此比较了解地方或地区的市场特点,具有全国性广告公司无可替代的优势,常常成为全国性乃至国际性广告公司的地方(地区)合作伙伴。

2.全国性广告公司

全国性广告公司的业务来源于全国各地,但其总部往往集中于某些大城市。为了更好地服务广告客户,全国性广告公司开始在重要的城市开设分公司或分部,形成了与地方(地区)性广告公司的业务竞争关系。

### 3. 国际性广告公司

国际性广告公司则是广告主国际化的产物。随着广告主开展跨国经营，与其合作的广告公司也随之进行跨国性延伸与拓展，在世界各地的重要营销传播中心开设办事处或下属公司，为客户提供国际化或全球化代理服务。

## 三、按资本国别划分

按资本国别来划分，广告公司可以分为本土广告公司、国际广告公司两种类型。

### 1. 本土广告公司

本土广告公司是指由国内资本全资拥有或控股的广告公司，如广东省广告集团股份有限公司、北京蓝色光标品牌管理顾问有限公司等属于此类。

### 2. 国际广告公司

国际广告公司则是指由国外资本全资拥有或控股的广告公司，如奥美广告有限公司、李奥贝纳广告有限公司等属于此类。

## 四、按隶属关系划分

按广告公司与媒体、企业的隶属关系来划分，广告公司可以分为独立型广告公司、媒介广告公司、企业内部广告公司三种类型。

### 1. 独立型广告公司

独立型广告公司是指在广告公司的资本构成中媒介资本、企业资本没有或仅占少数股份，广告公司产权界定清晰，可以独立自主地从事广告经营业务。大部分广告公司属于这种类型。

### 2. 媒介广告公司

媒介广告公司是由媒介全资创办的广告公司，或资本构成中由媒介资本控股的广告公司。例如，日本广告营业额排名前十位的广告公司中，大广（Daiko Advertising）属于朝日新闻集团，读卖广告（Yomiko Advertising）属于读卖新闻集团，朝日广告社（Asahi Advertising）属于朝日新闻集团。

### 3. 企业内部广告公司

企业内部广告公司又称 In-house 广告公司，是指由企业全资创办的广告公司，或资本构成中由企业资本控股的广告公司。例如，第一企划就是韩国三星集团下属的广告公司。

# 第二节 广告公司的组织结构

## 一、广告公司的组织原则

任何一个正式组织的组织结构，都是从对职务结构的构想中形成的，广告公司也不例外。如果对组织和组织机构加以剖析，可以看出以下特点：

①把为达到目的所需的各种业务加以分类组合；
②把监督每类工作及业务活动所必需的职权授予管理此类工作的主管人员；
③对公司工作中所形成的上下左右各种协调性关系加以规定；

④由此而形成的组织结构,在设计上应当职责分明,使每个人都知道该做什么,该对什么负责;
⑤应该尽量排除由于工作分配混乱和多变所造成的故障;
⑥能提供能够反映和支持公司目标的决策和沟通网络①。

虽然组织结构会因具体的业务、背景、规模、人员和历史等方面的不同有可能不同,但是在进行广告公司的组织设计时,却有一些基本的共同原则。

1. 目标原则

一种组织结构如果能使个人在实现公司目标的过程中做出贡献,那么它就是有效的。所谓目标原则,是指公司有明确的目标,设计的公司组织模式应有利于达到这个目标。如果公司的目标是在一个时期内取得利润,那么有助于实现利润目标的组织模式就符合目标原则;如果公司的目标是提高自己的创作水平,则公司的组织结构要围绕这个目标做相应调整。

目标原则实际上包含了三层内容:其一,适用的才是最好的。不同的公司以及同一公司的不同发展阶段,目标设定都是不同的。因此,广告公司的组织设计没有唯一的优劣标准,而只有适用性标准,即组织设计是否适用于广告公司的特殊阶段或类型等。其二,目标是影响组织结构的关键因素。在考虑广告公司的组织结构时,必须考虑多重因素的影响,其中广告公司的目标是最关键的,它决定了广告公司的组织模式及部门职能。其三,组织结构必须有利于形成合力。广告公司的组织结构,基本上遵循业务条块切分基本模式,但条块切分并不是组织设计的目标,而恰恰是实现公司目标的手段。因此,在进行广告公司组织结构的设计时,必须考虑各切分的部门之间如何协调以及如何形成合力,这样才能实现广告公司的整体目标。

2. 效率原则

效率是对组织机构实现目标能力的一种测量。效率原则上可以用投入产出比来衡量,一种组织结构的效率是指组织运行所花费的成本与目标实现程度之间的比值。对于员工来说,一个有效率的组织结构是:在其运营过程中没有浪费、疏忽,并且有利于创造工作的满意感;职权范围明确,职责合理严格;允许适当地参与处理问题;能提供安全感和地位需要;为个人的发展和竞争性报酬提供机会等。效率原则笼统而言是个比较含糊的概念,其核心要求就是在实现目标过程中,能够简捷高效,并且尽可能地减少工作失误。

高效的广告公司组织结构,意味着以较低的组织运行成本较好地实现组织目标。广告公司的业务小组模式充分体现了效率原则。业务小组模式由客户服务人员、市场调查人员、创作人员、媒介人员等组成,为客户提供服务。小组成员之间的沟通可以克服部门之间的隔阂,以最低的运作成本,有效地完成服务目标。

3. 扁平原则

任何一个组织都要解决组织分层问题,即在组织结构中设计几个层面。组织层次的设计应适应企业规模等特点。如果一家规模较大的公司组织层次太少,每个人都向总经理直接汇报工作,那么高层管理人员可能陷入繁杂的事务之中,无法做出有利于公司发展的计划,使管理效率大大降低。然而,如果是一个规模较小的公司,组织层次过多,必然带来诸如管理上耗费的人力和财力增多、层级之间的沟通联系过于复杂等问题。

虽然广告公司在层次上很不一致,但是广告公司越来越倾向于采用扁平结构,即相对较少

---

① 卫军英、王佳:《广告经营管理》,北京:北京大学出版社,2013年版,第126页。

的组织层次(见图8-1)。一方面,广告公司一般规模较小(广告集团除外),组织层次没有必要设置过多;另一方面,客户要求的广告运作周期越来越短,而组织层次设计较少,可以明显缩短广告运作周期,以便广告公司对客户的要求做出快速反应①。

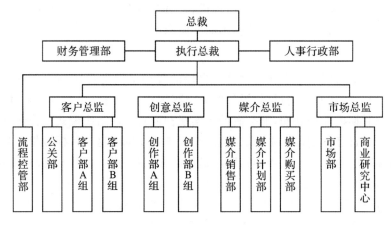

图8-1 某广告公司组织架构图

## 二、广告公司的结构模式

### 1. 部门制组织结构

部门制的组织结构,是指在广告公司内部,按照职能的不同来设置部门,如客户部、创作部、媒介部、调研部、行政部等。一般来说,部门制组织结构的广告公司通常包括至少四个层次:最上层的董事会领导下的总经理,下设几个主管副总经理,分管客户部、创作部、媒介部、调研部等专业部门,以及办公室、财务、人事等后勤部门。有些广告公司还采用总监制,不设副总,而是分设策划总监、客户总监、创意总监、媒介总监等。按职能设置部门的广告公司组织结构如图8-2所示。

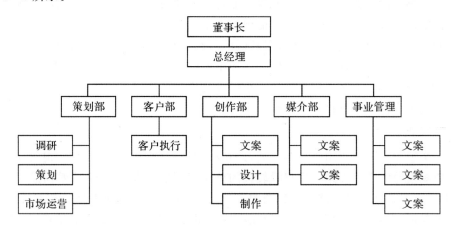

图8-2 按职能设置部门的广告公司组织结构

---

① 徐卫华:《新广告学》,长沙:湖南师范大学出版社,2007年版,第122-123页。

按职能设置部门的组织结构,其优点体现在三个方面:其一,维护了职能部门主管的权威,便于下属形成合力共同完成工作任务;其二,遵循了职能专业化原则,因而有利于在人力资源利用上提高效率;其三,简化了训练工作,并利于上层的控制。但部门制组织结构也存在诸多缺点:其一,无法满足特殊客户的需求,不能为客户量身定制服务;其二,分散在各部门中的员工,容易忽视客户的整体目标,而看重部门所涉的专业工作;其三,部门与部门之间存在着一定的摩擦和矛盾,这些可能影响广告服务的质量与进度[①]。

2. 小组制组织结构

小组制组织结构,是以个别客户为基础形成的小组制组织类型,这种组织结构形式是将广告公司的个别广告客户或一组广告客户作为特定服务对象,组成若干个专户小组。每一个专户小组,都是一个功能齐全的独立服务单位。每一个专户小组内,齐集客户服务、策划、创意、媒介等各类人员,还可根据需要配备其他专门人员,如 PR 人员、SP 人员等。专户小组为特定的客户提供系统的广告代理服务和营销代理服务。这些专户小组规模不等,依客户业务量的大小而定。如 BBDO 有上百人为克莱斯勒汽车公司服务,电通广告公司也有上百人为丰田汽车公司服务。另一些如调研、制作、媒介购买等专业服务,则以公司公共部门的形式存在于小组之外,每一个专户小组都可将这些公共部门提供的资源,运用在自己小组的项目中[②]。小组织广告公司的组织结构如图 8-3 所示。

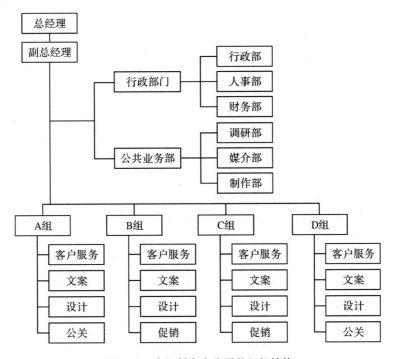

图 8-3 小组制广告公司的组织结构

---

① 何海明:《广告公司的经营与管理——对广告经营者的全面指导》,北京:中国物价出版社,1997年版,第112—114页。

② 郜明:《广告经营与管理》,上海:复旦大学出版社,2008年版,第68页。

小组制组织结构，可以适应不同广告主的不同业务特征的需要，集中广告公司资源，为特定的客户提供专门的服务，人事的沟通也更有效率，而且广告公司公共业务部门相对独立，在总体上也可以综合利用广告公司的资源，节约成本。同时，小组制组织结构也存在一些缺点：其一，由于客户对各小组有不同的特殊需要，使小组与广告公司的其他部门之间协调困难；其二，小组模式使专业化的人员和设备可能得不到充分的利用；其三，如果客户与广告公司解约，小组随即撤销，造成广告公司人员流失或安排困难；其四，作为小组制组织结构中的核心人物，客户执行(account executive，AE)往往对客户产生较大的影响。一些 AE 在赢得了客户的信任之后，就存在脱离广告公司、另立门户的可能。

3. 整合组织结构模式

整合营销的发展对广告公司组织结构变革提出了迫切要求。为了更好地整合各种营销传播工具，西方许多传统广告公司开始对其组织结构进行不同层次的改革，开拓出不同形式的整合组织结构模式。1996 年，Anders Gronstedt 和 Esther Thorso 归纳出五种基本的广告整合组织机构模式，这五种模式具有一定的连续性，即表现为各科专家从独立的专业机构之间的宽松合作，到完全整合在一个机构中工作的过程。被访的每个广告公司组织模式从整体上看可能会接近某一类型，但并不一定就是某个模式，它们可能同时又融合了其他的模式，也可能会针对不同的客户使用不同的模式。

(1)联合模式(consortium)。联合模式通常适合员工不足 40 人，没有能力聘请各种营销专家的小公司。在采用联合模式的公司中，主公司一般执行媒体广告的工作，帮助客户制定总体战略，并决定采用哪些营销手段，而公共关系、直销和促销等活动则外包给其他公司。整合工作由主公司的客户团队承担，即协调各个专业代理机构，以确认信息、形象和时间安排等是否得到有效的整合。

(2)一机构为中心的联合模式(consortium with one dominant agency)。一机构为中心的联合模式和上述联合模式实际上大致相同，主公司依靠许多外部供应商提供营销服务，如数据库管理、促销等；主公司的客户团队要承担整合任务。这种模式与联合模式的主要区别在于主公司除了有能力开展传统的广告活动外，同时能兼顾使用其他的传统营销工具，如公共关系，也就是说公司本身也可以提供多种营销服务。

(3)拥有自主单位的公司模式(corporation with autonomous units)。拥有自主单位的公司模式被许多大中型公司所采用。构建这种模式最典型的方式是通过收购一些独立的、在某个营销传播领域具有专业水平的公司来实现。但事实上，许多采用这种模式的公司，其自主单位是由公司内部单位直接成长起来的。在这种模式中，客户经理全权处理整合工作，并承担整合责任。

(4)矩阵模式。矩阵模式有时也称为"项目组织"，它融合了职能部门和跨职能部门团队的特点。在此种模式中，整合营销传播的计划和执行工作是由不同跨职能部门的客户团队承担的，整合工作的领导者是协同作业的组织者，采用矩阵结构，引导不同领域的专家协同开展工作。

(5)整合模式。整合模式通常由小公司采用，尤其是员工为 15～20 人的小公司，员工们必须懂得运用所有的营销工具。后来，大公司为了迎合整合营销传播的发展，也开始模仿小公司组建整合模式。与小公司相比，大公司的优势在于能聘请到世界级的专家。

值得指出的是，以上五种组织模式是一个不断发展的过程。在前三种组织模式中，各专业职能部门之间还存在竞争,虽然客户总监在决策时会与所有的专家协商,但最终还是由职能部门自己做出决定。到了矩阵模式,对于如何选择合适的媒体组合,以及如何整合媒体工具,则是由客户团队商讨达成一致意见,这个过程消除了各职能部门之间原有的激烈竞争。第五种模式是广告公司向整合发展的一种理想模式,但并不是完善的模式,也不是发展的终极目标。许多大型整合机构为了应对在营销策划领域中需要提供专业服务的挑战,在组织内建立一个由各路专家组成的咨询和培训团队[①]。

## 三、广告公司的部门职能

### 1. 客户部

客户部也称业务部,其主要工作职能是开发业务及客户资源,负责与客户的联系沟通,并对客户的广告活动进行策划管理,代表客户支配广告公司的内部资源。在广告公司中,客户部堪称是广告公司的龙头,其他部门的工作人员是在客户部的带动下围绕客户服务展开的。在规范的广告公司中,客户服务人员可分为三个层级:客户总监(account director)、客户经理(account manager)、客户执行(account executive)。在广告公司的具体业务运作中,客户部人员代表客户利益,尽其所能参与全部广告活动。他们积极开发和寻找合作伙伴,使业务工作能够持续开展,而且把来自客户方面的信息准确及时地传达给创作部和媒介部人员。客户部在长期的工作中与广告客户建立了稳定密切的工作关系,他们了解广告主的长期目标和营销策略,熟知其企业状况和广告理念,往往能够从客户的产品和市场状况出发,形成某种具有策略性的思维,并对公司的广告业务给予引导。

(1)客户总监。

客户总监的工作职责范围是:

①新客户开发与谈判;

②保持和发展现有客户业务;

③把握和掌控重要客户的品牌推广策略;

④管理一个或多个客户的业务需求;

⑤与客户中高层的日常关系维护;

⑥培训提升团队专业能力;

⑦完善客户部门规章制度。

(2)客户经理。

客户经理的工作职责范围是:

①协助客户总监开展其日常工作;

②负责跟进合同条款,保证及时回款;

③引导客户的业务需求;

④负责月费客户与项目客户的时间管理;

⑤开展品牌规划和策略推广;

⑥审定创意类、活动类简报;

---

① 何佳讯、丁玎:《整合营销传播范式下的西方广告公司组织变革》,《外国经济管理》2004年第1期,第44—47页。

⑦与客户执行的日常关系维护;
⑧指导客户执行的日常工作。
(3)客户执行。
客户执行的工作职责范围是:
①协助客户经理开展其日常工作;
②负责月费客户与项目客户的时间规划;
③撰写创意类、活动类简报;
④填写各种内部工作单;
⑤与创作部等其他协作部门进行时间沟通;
⑥开展品牌规划和策略推广方案的资料准备,并作初步分析;
⑦负责客户接待,撰写会议纪要。

2.创作部

创作部是将客户部前期制定的策略进行落地(即将"策略"付诸"文案写作和视觉表现")的部门。对于广告公司而言,创作部是整个公司的基础。创作部从客户及客户部门了解广告活动目的,然后创作人员进行构思策划,并发展为广告创意。在大多数情况下,这些创意都会经过专门的设计制作而成为专门的广告作品。创作部门在人员构成上大致有创意总监(creative director)、文案人员(copy writer)、美术指导(art designer)以及制作人员(producer)。广告公司规模较大的,在创意总监以下还有更详细的划分。创意总监通常总体协调广告作品的策划和创意,并最终审定广告作品制作。

(1)创意总监。
创意总监的工作职责范围是:
①监督部门出品质量;
②带领并指导创意的构思及执行;
③负责对部门成员的培训和指导;
④协调创意部门与其他部门之间的工作关系;
⑤开展时间规划,合理安排员工的工作量;
⑥定期进行部门评估并提出发展建议。

(2)文案人员。
文案人员的工作职责范围是:
①与团队成员讨论并构思所负责品牌的文案;
②保证所负责品牌的文案与创意的匹配度;
③以文字进行创意的表述,并完成所有最终的广告文案内容;
④与美术指导共同确定创意的文字及设计编排,并获得创意总监认可;
⑤与美术指导共同承担对最终作品的确认,签认所有交付完成的作品。

(3)美术指导。
美术指导的工作职责范围是:
①与团队成员讨论并构思所负责品牌的创意表现;
②保证所负责品牌的创意表现的出品质量,并负责监督具体执行;
③负责指导影视类、平面类、设计类、印刷类等美术元素的形成质量;

④对设计人员及正稿人员进行美术指导及品质控制；
⑤与文案人员共同承担对最终作品的确认，签认所有交付完成的作品。

### 3. 媒介部

媒介部是代表广告公司负责与媒体进行接洽，专司媒介计划、媒介购买、媒介调查、媒介监测的部门。媒介是信息传播的载体和平台，是广告信息得以传递给消费者的重要工具。如何低价地购买媒体资源，如何进行媒体排期从而最大化利用客户的预算，提高广告传播的效果，是当前广告公司的必修课[①]。媒介部门的工作层级有媒介总监(media director)、媒介经理(media manager)以及媒介执行(media executive)等。

(1)媒介总监。

媒介总监的工作职责范围是：
①开展媒介研究、媒介策划的指导；
②控制媒介出品质量，监控媒介购买；
③安排、分配媒介部工作，督促及监控工作完成情况；
④计划并控制所有品牌媒介工作的实施与完成；
⑤与媒介建立关系，争取最优惠政策，控制媒介成本，提高效益；
⑥培训提升团队专业能力及业务水平。

(2)媒介经理。

媒介经理的工作职责范围是：
①负责媒介数据研究与基础策划工作；
②提供竞争品牌投资、媒体环境、消费者研究等基础数据研究报告；
③为策划方案提供策略建议和媒体创意建议；
④独立完成小型媒体策划；
⑤统筹并完成服务客户的日常媒介购买工作；
⑥控制媒介购买工作质量及成本；
⑦协助媒介总监开展其工作。

(3)媒介执行。

媒介执行的工作职责范围是：
①负责日常媒介信息整理；
②对所有投放媒体的投放预算情况及时进行统计、归档；
③完善媒介资料，及时更新常用媒介发布要求和价格；
④与媒介建立良好关系；
⑤运用媒介购买经验和技巧，妥善并有效处理购买过程中的任何突发事件；
⑥优化所负责客户的媒介购买流程；
⑦协助媒介经理争取最优惠政策的谈判工作；
⑧熟悉媒体价格、程序，掌握、拓展并整理对公司有利的媒介资源；
⑨与各大媒体建立良好的关系；

---

① 张信和、张鸿梅、龚江南：《广告经营实务》，北京：北京师范大学出版社，2012年版，第76页。

⑩制定新媒体形势下的合作方案,力求做出性价比高的方案;
⑪协助媒介经理开展其工作。

4. 调研部

随着广告公司工作的规范化,市场调研在广告运作中的地位越来越重要。在日趋激烈的竞争中,市场调研也受到了广告主前所未有的重视。市场调研工作已不仅仅是广告公司开始广告策划创意的工作前提,而且还贯穿于整个广告活动的始终,即从广告活动展开之前的产品、消费者、竞争分析的调研,直到广告运动过程调查、广告运动效果调查。一些大型广告公司设有专门的调查部门和专业市场调查人员;小型广告公司即使没有这个部门,也有专门人员从事这项工作。在人员的层级上,通常有调研经理(research manager)、调研主管(research supervision)等。除此之外,还有一些专门从事市场调研的专业公司,它们在业务分工和操作上更为细致。

(1) 调研经理。

调研经理的工作职责范围是:
①负责调研部的行政和业务管理;
②负责市场调查计划的制定;
③负责向总经理或客户企业高级人员汇报调查结果;
④提出市场策略建议和广告策略建议。

(2) 调研主管。

调研主管的工作职责范围是:
①负责某一客户的广告调查工作的计划;
②监督调查计划的实施;
③负责向调研经理提交调查报告;
④向客户汇报调查结果和提出有关建议。

(3) 调研人员。

调研人员的工作职责范围是:
①负责具体调查方案的拟定;
②开展调查活动,并根据调查结果进行分析研究;
③提出调查报告、市场策略和广告策略建议;
④协助调研主管向客户汇报调研经过和调查结果;
⑤收集、整理、编辑、汇总有关市场调研资料和档案资料,建立市场调研档案。

5. 行政部

行政部属于广告公司中非业务性的职能部门,它主要担负公司的全面行政管理。负责对公司的日常事务进行全面的管理,并对业务部门进行行政监督,提供后勤保障。行政部一般下设计划、人事、财务、总务等分支部门,行使公司的全面行政管理。由于人事、财务在广告公司的经营管理中具有极为重要的地位,因此,在许多稍有规模的广告公司中,都设置独立的人事部、财务部,与行政部并立,共同执掌广告公司的行政事务①。

---

① 郜明:《广告经营与管理》,上海:复旦大学出版社,2008年版,第67页。

(1)计划部门。
计划部门的工作职责范围是：
①负责公司的年度工作计划和经营计划的制定以及监督执行；
②负责制定公司的长远发展规划。
(2)人事部门。
人事部门的工作职责范围是：
①负责公司人员的录用与解聘；
②对录用人员进行业务考核和综合级别评定；
③对具体业务部门的人员使用和定级实施监督。
(3)财务部门。
财务部门的工作职责范围是：
①对公司的财务金融实施全面的管理；
②监督广告预算的执行；
③收取广告费用；
④缴纳各种税收，核发人员工资；
⑤核算企业盈亏，并对广告活动费用和公司行政性开支实施控制。
(4)总务部门。
总务部门的工作职责范围是：
①协助公司业务部门的工作；
②为各业务部门开展广告活动提供物质支持和后勤保障。

# 第九章　广告公司的业务运作流程管理

广告公司的经营是由一个个单项广告经营业务集合而成的,就单项广告业务的经营来说,是以客户的开发与争取为起始,经由客户接洽与委托、代理议案与广告计划制定、提案的审核与确认、广告执行、广告效果的评估与总结,由此构成广告公司业务运作的一般程序。在这一过程中,作为广告公司的经营管理者,需要思考如何有效地实施广告经营中的业务管理,有效地开发和争取广告客户,有效地管理客户关系。本章重点探讨广告公司业务运作的基本流程、广告公司的客户关系管理。

## 第一节　广告公司业务运作的基本流程

### 一、客户接洽与委托

客户接洽与委托是广告公司具体业务活动的起点。这一阶段的工作,具体分为三个步骤展开:一是广告公司通过客户服务人员与广告主接触和沟通,了解广告客户委托代理的意图和愿望、委托代理的业务内容及其希望达成的目标,并向广告客户全面推介本公司;二是就广告主拟委托代理的业务内容,收集相关的客户信息和市场信息,为具体代理业务活动的开展做好初步准备;三是召开广告主和广告公司双方高层管理人员及相关业务人员共同出席的客户说明会,由广告主方面的代表正式说明委托代理的业务内容,并详细通报有关广告客户的基本情况,以及与代理业务相关的产品信息、渠道信息、市场状况、营销状况与营销目的等,完成广告客户与广告公司高层之间深层的沟通和交流。这一阶段,以广告客户下达正式的代理委托书为工作目标。

### 二、代理议案与广告计划制定

广告公司在接受客户的正式代理委托后,召开业务工作会议,对客户委托代理的业务项目进行具体的讨论和分析,确认该项业务推广的重点和难点,检查相关资讯的收集是否齐全。确定广告公司开展此项业务的具体工作计划,包括指定该业务的客户联系人与业务负责人,以及具体工作内容与工作进度安排,同时需要确定具体的广告目标以及为达成这一目标将采取的策略手段,包括目标市场与目标视听众、目标消费者的确定,市场机会的选择,广告信息与广告表现策略、广告制作计划、广告媒体策略和媒体计划的制定,还应包括配合广告活动的营销及其他推广建议,以及广告活动的具体日程安排。总之,就是具体策划如何以最恰当的广告信息,在最适当的市场时机,通过最适当的传播途径,传达给最恰当的视听众,从而实现预定的广告目标。完整的广告策划方案或广告计划书是这一阶段应达成的工作目标。

### 三、提案的审核与确认

提案即指前一阶段所形成的广告策划方案或广告计划书。其审核与确认包括两个方面的工作内容:一是广告公司的自我审核与确认;二是客户对该提案的审核与确认。工作方式为召开公司的提案审核会议,以及对客户的提案报告会。公司的业务审核由公司的业务审核机构执行,或由公司资深的业务人员组成临时会议,具体负责在正式向客户提交前对该提案的科学性与可执行性进行审核。提案报告会由公司向客户具体报告已形成的广告方案,并接受客户对该方案的审核和质询,最终获得客户对方案的认可。召开提案报告会,与客户充分沟通,并最终获得客户对提案的认可,是这一阶段需要达成的工作目标。

## 四、广告执行

这一阶段的工作内容为具体执行客户签字认可的广告策划方案或广告计划。一是进行广告创意表现与制作,即创意人员根据广告客户的营销目标和策略,对抽象的产品诉求概念予以具体形象表现的创造性思维活动,从而形成广告作品;二是依据广告创意表现策略和计划所确定的市场时机、媒体策略和媒体计划,从事媒体购买、媒体投放与发布监测,还可根据广告客户的要求,对已制作完成的广告作品进行发布前的效果测试和刊播试验。

## 五、广告效果的评估与总结

广告送交媒体发布后,还需要通过市场调查和监测把广告效果反馈给广告客户和广告公司有关部门。广告公司应根据广告公司与广告客户双方的评估方案,对此次广告活动的效果进行综合评估。再进行必要的总结以调整和改善广告活动的开展,以期取得更好的广告效果。广告公司还应以报告会的形式,完成对广告客户的评估报告与业务总结。

广告公司的标准化作业流程如图9-1所示,达彼思广告公司的业务运作流程如图9-2所示。

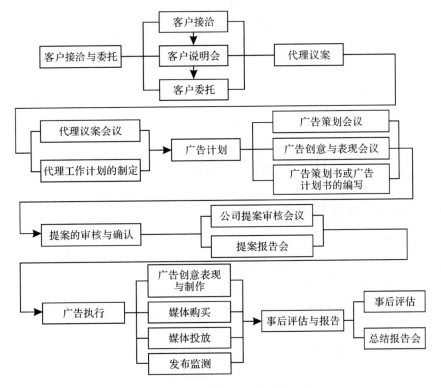

图9-1 广告公司的标准作业流程[①]

---

① 张金海、程明等:《广告经营与管理》,北京:高等教育出版社,2013年版,第83页。

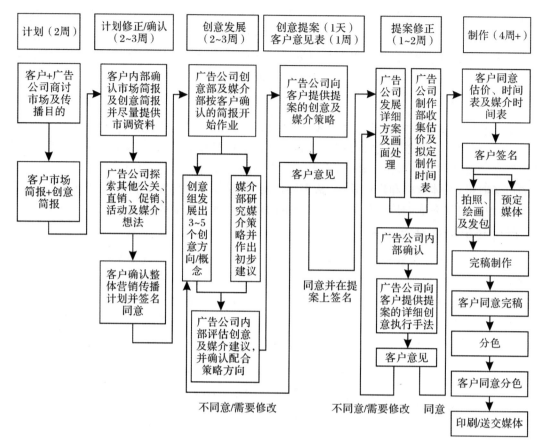

图9-2 达彼思广告公司的业务运作流程

## 第二节 广告公司的客户关系管理

### 一、广告公司客户的开发与选择

#### 1. 广告公司客户的开发

新客户是广告公司发展与经营的源泉。对于有一定知名度的综合性广告公司而言,新客户开发是交由新客户开发部等专业部门负责的。开发的方式主要有两种:一种是公司主动出击,如主动参加某些客户组织的公开比稿,或者直接派出相关员工去"拉客户";另一种是公司坐待客源,比如一些比较大型的广告公司由于其在行业内的声望较高,每天都会接到来自不同行业、不同性质客户的电话,询问合作事宜,公司只需就目标客户进行重点开发即可。对于新客户开发而言,最基本、最核心的工作是报价与合同谈判。

报价是公司经营策略的重要组成部分,它直接关系着公司的业绩与收益。不论是以年度为时限的月费合同,还是以项目为规范的项目合同,报价工作都需以公司财务总监对内部成本进行核算后报出的基本价格为基准,由客户部总经理或客户总监加以相应幅度的利润,之后再与客户进行洽谈。由于部分广告公司除了为客户进行创意出品之外,也会与海报、户外广告的制作公司发生工作与财务关联,这部分的价格也需要客户部总经理或客户总监在与客户报价前进行先行了解。

合同谈判是准备订立合同的广告公司、客户之间为相互了解、确定合同权利与义务而进行的商议活动。谈判是双方彼此说服对方的过程,期间不可避免会发生争议。如何在谈判期间为公司赢得利益,是广告公司方应该努力为之的目标。首先,发生争议时,切忌使用强迫、要挟、欺骗等手段。这非但无法解决问题,反而会将双方原本大有前景的合作推向反面。应该将谈判推向"冲突中寻找双方的价值认同"这个层面。在谈判中,广告公司一定要注意避免过度承诺,做到工作量化,规划合同签署。在每个环节都需要有专业的财务及客服人员来跟进,以保证合同的顺利签署,避免法律纠纷的发生。

2. 广告公司客户的选择

广告公司经营的成败,在很大程度上取决于客户的选择。对广告客户开发与争取的过程,实际上也是客户的选择过程。这就存在一个客户选择的标准问题。广告公司应尽量选择长远发展、信誉较好、整合意识强、诚实守信的广告客户。

大卫·奥格威在《一个广告人的自白》中谈到广告经营怎样争取客户的问题时,曾列举了他挑选客户的十条标准,不妨摘录如下:

①产品必须是令我们引以为傲的;
②确信我们会比客户的前一家广告公司干得更出色,否则不接受聘用;
③谢绝产品销售长期下降的客户;
④希望我的广告公司有利可图的客户;
⑤无利可图,却能促使我做出出色广告的客户;
⑥确实希望与我的广告公司愉快相处的客户;
⑦谢绝把广告看成全部营销活动中的边际因素的客户;
⑧不接受实验室测试还未完结的新产品的客户;
⑨谢绝"协会"客户;
⑩谨慎对待那些以雇佣他指定的人来管理其广告为条件的客户[①]。

以上十条标准,并不能涵盖挑选客户时所面对的种种复杂情形,却是非常重要的。对客户产品或服务的要求以及广告客户自身的要求,是在选择客户时需要重点考虑的两个方面。

## 二、广告客户的日常工作管理

1. 善于发掘广告客户的新需求

对于项目客户而言,由于向客户收款是以"项目"为单位,所以发现、挖掘客户的新需求,进而将其发展成为一个新的项目,就意味着公司多了一项资金来源。发掘客户的需求,意味着广告公司比客户更了解自己,包括了解客户的产品(产品线、市场定位、价格定位、产品优势、产品功能组合等),掌握客户所处的竞争环境(客户的主要竞争者、主要竞争者的策略及活动、竞争优势与劣势等),探寻客户所处行业的发展前景(行业发展的历史、行业的市场现状与趋势、市场机会与威胁等),了解客户的受众或消费者(人群的限定、生活形态、购买心理等),熟悉客

---

① [英]大卫·奥格威:《一个广告人的自白》,林桦译,北京:中国物价出版社,2003年版,第44-48页。

户的品牌传播习惯(过往传播媒介的选择、广告调性、品牌形象塑造手法等)。只有足够了解客户的广告公司才能够发现、把握客户的需求,最终同客户达成双赢的局面。

2. 撰写简报,与创作人员沟通

简报是传递策略信息给相应部门的简短内部小报。对于广告公司而言,客户部人员撰写简报,是为了将策略向创作人员进行更好、更精准的传递。其中,根据传达对象的不同,简报可分为创意简报、设计简报、媒介简报、公关简报等。一则优秀的简报需要深度洞察消费者,并且深入浅出,只有这样,才能激发团队的思维,所碰撞出的创意也才可以直指事物本质。简报撰写完成之后,需要与创作人员进行良好的沟通,将工作任务一次性清晰地传递给他们,避免创作部重复劳动,降低公司整体工作效率。

3. 对创意作品进行全程的跟踪

客户部工作人员需对创意出品的策略传递、创意草图、稿件修改、正稿等整个过程进行全程跟踪,要抓项目中的关键环节,保障每一步都能够与客户达成共识,并按照时间规划在公司内部推进,即对内、对外消息沟通都要及时到位,保障项目管理中的每一个环节顺畅进行。一旦客户要求对创意出品的简报方向、创意表现、作品细节等方面进行修改,应该以客户中最高职务的意见为重要考虑因素,在不影响出品品质的前提下尽可能修改。修改多次后还未能通过,客户部应该请求上一级主管指导,而非一味盲目地满足客户的要求,继而开展提案,并进行成果交付。在向客户提供正式提案之前,可以组织召集内部管理层商讨提案,即"内提",完善创意方案和广告作品。向客户提供正式提案时,要将准备工作做充分,并且保证准时。一旦客户认可广告公司的策略、创意出品时,就到了成果交付环节。交付的出品一定要反复检查,确保无差错,并要求客户在稿件签收单上签字。稿件签收单是广告公司回款的重要凭证与依据,需要妥善保管。

4. 有效管理时间规划与工作进度

合理的时间规划,有利于在公司内部合理调配资源,也可为优质出品预留工作时间。客户部在规划时间时,要具备全局观念。一方面,要主动地与客户进行阶段工作量及时间的讨论,按照重要性、紧急性对工作进行安排;另一方面,有效管理客户的业务需求,出品并非做得越多越好,而是要抓住重点,做对做精。优秀的广告公司客户部人员,要积极主动地为客户制定年度传播推广规划、月度工作规划、每周工作规划。甚至有些客户部人员可以做到制定每日时间规划,并通报工作进度,从而与客户进行工作进度的实时共享①。

## 三、广告公司客户关系的维护

客户关系维护,是一个加强与客户交流、了解客户需求、对自身出品及服务进行有效改进和提高的过程。广告公司的客户关系维护包括通过客户培训进行关系维护、日常情感关系维护两个层级。对客户进行专业培训可以使客户清晰地了解广告公司的作业流程与规范,有助于建立客户方高层关键人物对广告公司的专业认可,有助于客户方中层专业能力的提升,有助于客户方操作层规范动作的指导与培养,从而形成良性健康的合作关系。若专业的培训能从理性的角度牢牢把握客户的话,那日常情感关系维护,则是从感性的角度润物无声地影响客

---

① 张信和、张鸿梅、龚江南:《广告经营实务》,北京:北京师范大学出版社,2012年版,第70-72页。

户,例如节假日或客户生日期间,对于客户的情感性问候与联系等。理性与感性二者缺一不可。

大卫·奥格威在《一个广告人的自白》中谈到怎样维系客户时,曾总结出许多相当有益的经验,不妨摘录如下:

①把最好的人才用来为现有的客户服务,而不要把他们分散用于追逐新客户;

②不要任用处事草率、很不随和的人做客户主管;

③要避免揽进那些一再辞掉自己的广告公司的客户;

④和你的客户的每个层次的人保持联系;

⑤采用储备政策,即在实施一套广告计划的同时,预先开发出另一套广告计划,以防不测,以备不时之需;

⑥通过各种不同途径,采取各种不同的方法,例如购买客户的股票,使用客户的产品,让客户相信,双方的利益是一致的,彼此是充满信心和相互信任而真诚的;

⑦要敢于承认自己的过错,而且要在受到指责之前就这样做;

⑧不能一味地迁就容忍,要敢于坚持自己的正确意见,总体来说,客户方面是欢迎开诚布公的意见的;

⑨要善于与客户交朋友,只有当客户成为朋友时,这些客户才有机会成为常客[①]。

## 四、广告公司的客户服务制度

### 1. AE 制度

AE 为英文 account executive 的缩写,中文意思为业务经理或客户执行。AE 制度即广告公司指派特定的客户负责人为客户(广告主)提供服务的一种制度,这是广告公司在长期的业务运作中逐渐形成的一种代理服务制度。广告公司的客户代理服务,涉及公司各业务职能部门,工作环节众多,即使采取专门小组服务制度,也涉及小组内各类专业人员的协调。AE 制度确定了客户负责人,客户负责人作为广告公司对客户提供不同服务功能的总负责和总协调者,能确保公司业务的协调运作和公司服务效能的有效发挥。

### 2. 工作单制度

工作单制度是对广告业务运作进行管理和控制的制度,由于代理服务的工作环节众多,涉及的工作部门和业务人员也较多,许多广告公司除了召开协调会议以外,还采取工作单制度协调工作。工作单又叫任务单,其主要内容是:必须有具体完成的工作任务,包括规定完成的时间和有关质量要求,还有工作任务接受者的签收和任务完成结果的信息反馈等。工作单制度要求接受工作任务单的有关业务部门和业务人员,在完成工作任务后,要填写好任务完成结果信息反馈单或有关栏目,将工作任务单连同完成的工作成果,一并返回工作单的下达者,由工作单下达者一并签收。工作单制度是广告公司实施业务管理和控制的有效方法,是确保公司业务高效而有序运作的重要手段,也是执行部门和员工业务考核的重要依据。

### 3. 业务审核制度

按照业务审核制度的规定,广告公司在业务进行过程中所完成的每一项业务工作及其完

---

① [英]大卫·奥格威:《一个广告人的自白》,林桦译,北京:中国物价出版社,2003年版,第54-60页。

成形式,如调查报告、策划书、计划书、广告创意、文案、制作的广告作品等,在提交给客户之前,必须经公司主管(也可以是业务主管)或公司的业务审核机构的审核和认可,质量达不到要求的,一律不予通过。这一制度是对一系列广告业务工作及完成质量情况的检测制度,目的在于实施严格的业务把关,以确保创作出优秀的广告作品。

4. 业务档案制度

业务档案制度是广告公司把开展广告业务活动的相关资料按一定的要求整理并保存起来。业务档案制度是广告公司业务管理的重要手段,是公司进行业务总结的重要依据。在广告公司开展广告业务活动的过程中,为便于公司管理人员和具体业务人员的业务自查,并按计划控制业务活动的开展,随时检查业务中的疏漏,发现和修正业务中出现的偏差等,也要求广告公司对所代理的广告业务逐项建立业务档案。同时广告业务档案的建立也是处理各类业务纠纷的重要法律凭证。2015年9月1日起施行的新修订的《中华人民共和国广告法》第三十四条明确规定:"广告经营者、广告发布者应当按照国家有关规定,建立、健全广告业务的承接登记、审核、档案管理制度。"

5. 业务保密制度

业务保密制度是一切商务活动的通则,广告代理公司开展业务时也必须无条件遵守。业务保密制度要求广告公司在为客户提供广告代理服务的过程中,对于所接触和掌握到的所有商业信息,不得向任何一方泄露,除非报经客户同意。广告公司在为其他客户提供广告代理服务时,也应以不损害该客户的利益为原则,即使该客户转寻其他广告公司作代理,也应如此。广告公司在为客户所做的一切广告代理策划,在没有公开实施之前,公司都应当为客户严守秘密[1]。

---

[1] 康善招、姚小远、余敏:《广告经营管理学》,上海:华东理工大学出版社,2008年版,第136页。

# 第十章　广告公司核心竞争力的建构

　　核心竞争力是企业保持竞争优势的关键因素,具有核心竞争力的企业可以获得高市场份额和高利润回报。核心竞争力是一个动态的概念,世界范围内广告公司核心竞争力经历三次重大的战略转型,全球化背景下的中国广告公司也正在经历这一变革。本章重点探讨核心竞争力理论的发展及主要观点、广告公司核心竞争力的内涵及特点、世界范围内广告公司重大战略转型的表现,以及如何建构中国本土广告公司核心竞争力。

## 第一节　核心竞争力与广告公司核心竞争力

### 一、核心竞争力理论的发展及主要观点

　　企业核心竞争力的思想可以追溯到亚当·斯密(Adam Smith)、阿尔弗雷德·马歇尔(Alfred Marshall)等的微观经济理论。1776年,亚当·斯密在《国富论》中提出企业内部劳动分工决定企业的劳动生产率,进而影响到企业的成长[1]。而企业核心竞争力理论强调企业之间的能力分工,企业内部的能力分工决定企业的成长。1925年,马歇尔提出了企业内部各职能部门之间、企业之间、产业之间的"差异分工",并指出这种分工直接和各自的技能与知识相关。1959年,伊迪丝·彭罗斯(Edith Penrose)发表了《企业成长论》一文,她从分析单个企业的成长过程入手,对企业拥有的能够拓展其生产机会的知识积累倾向给予高度重视,特别强调了企业成长过程依赖于企业内部的能力资源。此外,乔治·理查德森(George Richardson)在1960年发表的《信息与投资》和1972年发表的《产业组织》、理查德·尼尔森(Richard Nelson)等在1982年出版的《经济变革成长论》、普拉哈拉德(C. K. Prahalad)和加里·哈默尔(Gary Hamel)1990年在《哈佛商业评论》发表的《公司的核心竞争力》等,都极大地推动了企业核心竞争力理论的发展[2]。

　　事实上,在经历了20世纪60、70年代多元化经营的高潮阶段后,西方企业界出现了反对多元化的呼声,各大公司在进入80年代以后纷纷调整经营战略,表现出业务的"归核化"趋势,着手清理企业的非核心业务,强化核心业务,注重培养企业的核心竞争优势。1990年,普拉哈拉德和哈默尔在美国《哈佛商业评论》杂志发表的《公司的核心竞争力》(*The Core Competence of Corporation*)一文,第一次正式提出了核心竞争力的概念,他们认为核心竞争力(core competence)就是"企业内部的积累性学习(collective learning),尤其涉及如何协调(coordinate)多种生产技能(production skills)和整合(integrate)多种技术流(streams of technologies)"的问

---

[1] [英]亚当·斯密:《国民财富的性质和原因的研究》,北京:商务印书馆,1979年版。
[2] 徐向艺、谢子远:《核心竞争力理论及其对当代企业管理理念的影响》,《文史哲》2005年第1期,第155页。

题。他们的理论和方法在东西方学界和业界迅速传播,被称为"西方管理学最前沿理论、最尖端武器之一"[①]。在核心竞争力概念提出后,科斯勒(Kesler)、克雷因(Klein)、斯多克(George Stalk)、伊万斯(Philip Evans)、舒尔曼(Lawrence E. Shulman)、提斯(David J. Teece)等学者为此做出了较大的贡献,形成了现在影响较大的核心竞争力学派。国内学者王毅等对国外企业核心竞争能力主要代表人物及其理论观点做了系统梳理,主要包括整合观(不同技能与技术流的整合)、网络观(各种技能及根据其相互关系所构成的网络)、协调观(卓越资产、认识能力、程序与常规、组织结构、行为与文化的协调配置)、组合观(企业战略管理能力、企业核心制造能力、企业核心技术能力、企业核心营销能力、企业组织/界面管理能力的组合)、知识载体观(用各种知识载体来指示:员工、技术系统、管理系统、价值与规范)、元件-构架观(元件能力与构架能力)、平台观(用户洞察力、产品技术能力、制造工艺能力、组织能力)、技术能力观(专利份额与显性技术优势)等(见表10-1)。

表10-1 企业核心竞争力主要代表人物及其理论观点[②]

| | 关注点 | 能力表示或维度 | 优点 | 缺点 |
|---|---|---|---|---|
| 整合观<br>Prahalad & Hamel(1990);<br>Kesler(1993) | 不同技能与技术流的整合 | 文字描述,是组织的标志,例如Sony的缩微化能力 | 强调能力整合,便于组织内外良好交流与沟通 | 分解性差,层次性不强 |
| 网络观<br>Klein等(1998) | 技能网络 | 各种技能及根据其相互关系所构成的网络 | 可分解性强,直接深入技能层,直观 | 重点不突出,对组织文化因素考虑不够 |
| 协调观<br>Sanchez(1996)<br>Durand(1997) | 各种资产与技能的协调配置 | 卓越资产、认知能力、程序与常规、组织结构、行为与文化 | 强调协调配置,因此能力五要素中有三个要素与协调配置有关 | 层次性不强,过多强调组织、文化方面的因素 |
| 组合观<br>Prahalad(1993)<br>Coombs(1996)<br>科因等(1997) | 各种能力的组合 | 企业战略管理能力、企业核心制造能力、企业核心技术能力、企业核心营销能力、企业组织/界面管理能力 | 强调能力的组合,以组合创新过程为基础,可分解性强,具有一定的可操作性 | 层次性不强 |
| 知识载体观<br>Dorothy Leonard-Barton<br>(1992) | 知识载体 | 用各种知识载体来指示;员工、技术系统、管理系统、价值与规范 | 强调能力的知识特性;可以明确能力载体,具有一定的可操作性,可以深入项目与企业进行研究 | 更多地强调能力的知识存量特性,对能力的动态性重视不够 |

---

[①] 邬义钧、胡立君:《产业经济学》,北京:中国财政经济出版社,2002年版,第272页。
[②] 参见王毅、陈劲、许庆瑞:《企业核心能力:理论溯源与逻辑结构剖析》,《管理科学学报》2000年第3期,第27-28页。

续表

| | 关注点 | 能力表示或维度 | 优点 | 缺点 |
|---|---|---|---|---|
| 元件-构架观<br>Henderson & Cockburn (1994) | 能力构成 | 元件能力与构架能力 | 可分解性和可操作性强,具有系统观 | 层次性与动态性不够 |
| 平台观<br>Meyer & Utterback(1993)<br>Meyer & Lehnerd(1997) | 对产品平台的作用 | 用户洞察力、产品技术能力、制造工艺能力、组织能力 | 通过产品平台连接市场,强调市场,四个模块中两个与市场有关 | 不全面,对组织文化因素考虑较少 |
| 技术能力观<br>Patel & Pavitt(1997) | 用专利指示的相对技术能力 | 专利份额与显在技术优势 | 以专利定量描述 | 用专利做指标有局限,没有考虑组织文化因素 |

尽管企业核心竞争力理论目前尚无统一而严密的理论体系,但在一些主要问题上达成了一定共识:①企业本质上是一个能力集合体;②能力是对企业进行分析的基本单元;③企业拥有的核心竞争力是企业长期竞争优势的源泉;④积累、保持、运用核心竞争力是企业的长期根本性战略。

理解核心竞争力的内涵,有四个重要的关键词,即资源、能力、整合与协调、价值。核心竞争力是指企业整合和协调各种资源(包括物质资源、技术资源、人力资源、知识资源、财务资源与组织资源等)与多种能力(包括生产能力、管理能力、营销能力、技术能力、员工能力等),能够创造并提升买方价值,所形成的一种确保本企业在市场竞争中获得竞争优势与可持续发展的独特能力。它并不是指某项单独的能力(如生产能力或营销能力),而是企业多种具有竞争优势的能力集合体。

核心竞争力具有多方面的属性,如价值性(能满足市场需求)、复杂性(拥有一群应用不同技术的个体和具有竞争优势的知识体系)、不可见性(不易识别)、难于模仿性(不易被复制)、持久性(比单独的产品寿命更长)、独占性(其优势仅能被拥有者利用)、不可替代性(不能被可选择的竞争力替代)、优越性(明显要优越于其他企业拥有的相似的竞争力)、延展性(将竞争优势扩散到本企业其他产品或服务)、异质性(是一个企业独一无二的,其他企业不具备的或至少是暂时不具备的)、动态性(从长期来看,它是发展变化的)[①]。

## 二、广告公司核心竞争力的内涵与要素

所谓广告公司核心竞争力,就是指广告公司整合与协调各种资源(包括媒体资源、客户资源、消费者资源、知识资源、人力资源、技术资源、资金资源与组织资源等)与多种能力(包括营销传播咨询能力、市场调研与分析能力、广告策划创意能力、设计制作能力、媒体计划与购买能力、公关服务能力、促销服务能力、数字营销能力、体育营销能力、娱乐营销能力以及组织管理

---

① 盛小平、孙琳:《企业核心竞争力理论透视》,《经济问题探索》2006年第11期,第81-82页。

能力等),从而为广告主提供高度专业化的营销传播服务,由此形成的一种能够确保广告公司在广告市场竞争中获得竞争优势与可持续发展的独特能力。

广告公司核心竞争力可以是单方面能力,如在广告运作的某个领域(广告策划创意、广告设计制作、广告媒体计划与购买、广告程序化购买、广告效果监测与评估等),或在营销传播的某个方面(广告、公关、促销、事件行销、互动行销等),或在某个行业形成核心竞争优势(房地产行业、化妆品行业、汽车行业等);也可以是整合多种能力,在整合营销传播领域形成核心竞争优势。

对于广告公司核心竞争力的理解,主要集中在两个方面:一是广告公司作为智力服务型公司,高度专业化的营销传播服务是广告公司核心竞争力的根本;二是市场环境和传播环境是不断变化的,广告公司需要适时调整自己的业务领域,满足广告主营销传播代理的新需求。

广告公司的核心竞争力必须具备以下六大要素:

1. 差异化的广告代理

美国学者迈克尔·波特(Michael E. Porter)在《竞争优势》一书中指出竞争战略的选择由两个中心问题构成。第一个中心问题是由产业长期盈利能力及其影响因素所决定的产业的吸引力,它是由五种力量共同作用的结果,分别是供应商的讨价还价能力、购买者的讨价还价能力、潜在竞争者进入的能力、替代品的替代能力、行业内竞争者现在的竞争能力,五种力量的不同组合变化,最终影响行业利润潜力变化,这就是著名的"五种竞争力量模型"。第二个中心问题是决定产业内相对竞争地位的因素,迈克尔·波特教授在五种力量模型的基础上,提出了赢得竞争优势的三种基本战略方法,即成本领先战略、标歧立异战略和目标集聚战略。标歧立异与目标集聚战略,实际上就是产品差异化和市场差异化战略,它能够形成企业的核心竞争力。广告公司的异质性(或差异化)是建立在专业化基础之上的,它能够形成广告公司的核心竞争力,增加新广告公司进入的成本,提高进入壁垒,淘汰行业内低效益的广告公司,从而有利于形成良好的广告市场竞争格局。比如,某广告公司在房地产广告代理方面具有核心竞争力,该公司定期通过大量的市场调研,对全国或区域房地产市场状况和消费者情况进行深刻洞察,新的广告公司若想进入该领域,市场调研是其必须支付的成本。该公司形成的核心竞争优势,对广告客户产生强大吸引力,使得客户资源逐渐向广告公司集中。

2. 为广告客户创造价值

独特性如果对买方没有价值,就不可能经营歧异性。一个成功的标歧立异企业会找到创造买方价值的途径,使获得的溢价大于增加的成本。同时,一个企业通过两种机制为买方创造他们需要的价值,这种价值是一种合理的溢价(或者是在一种相同价格上的优惠),即降低买方成本,提高买方的效益[①]。对于广告公司而言,差异化经营需要为广告主创造价值,这也是形成广告公司核心竞争力的必然要求。广告公司差异化的经营、专业化的服务以及服务价值的提升等,有助于大大提高其经营效益,增加广告主的"转换成本"[②],即增加广告主从选择某一广告公司代理其业务转换到另一广告公司那里时所遇到的一次性成本。事实上,转换成本越高,广告主更换广告公司的可能性就越小。因而,对于广告公司来说,提高转换成本,也是增强

---

① [美]迈克尔·波特:《竞争优势》,陈小悦译,北京:华夏出版社,2002年版,第134-135页。
② [美]迈克尔·波特:《竞争战略》,陈小悦译,北京:华夏出版社,2005年版,第9页。

广告公司竞争力、提高广告主忠诚度的重要途径。

以化妆品企业为例,该企业选择某家广告公司代理其广告业务,广告公司投入费用开展市场调研与分析,这部分费用实际上已经包含在广告服务费中,企业与广告公司之间由于信息不对称,双方之间必然发生交易成本和管理成本。如果广告主更换广告公司,就存在转换成本与市场风险的问题。广告公司的代理能力越强,广告主的转换成本越高,也就越不会轻易更换广告公司,否则在经济上是不划算的。

3. 核心能力的不可替代性

广告公司的核心竞争力,或是因为拥有优势媒体资源,或是因为能够提供更专业化的营销传播服务,或是因为在不降低专业服务水准的前提下价格更优等,这些优势都是在其长期的经营运作中所逐渐形成的相比较竞争对手更具竞争力的资源和能力。核心竞争力提高了其他广告公司进入该领域的壁垒,增加了新进入者的进入成本和市场风险,具有不可替代性。比如,在户外媒体代理领域,像分众传媒控股有限公司、江苏大贺国际广告集团有限公司、海南白马广告媒体投资有限公司、云南昆明风驰传媒有限公司等,已经构筑了很高的进入壁垒。拥有户外媒体资源及专业化的服务能力,就是它们不可替代的核心竞争力。除非有大资本的进入,否则这些公司可以确保其垄断地位而获取高额收益。

4. 广告公司主营业务的可延展性

核心竞争力是形成广告公司强势品牌的重要构成元素。一个强势的广告公司品牌必然拥有强有力的核心竞争能力,这种核心竞争能力也是被广告主所广泛认知和认可的,具有强大的辐射效应,广告公司可以将其竞争优势扩散到本公司的其他领域。比如,某广告公司在代理化妆品广告方面具有很强的专业服务能力,通过对化妆品市场的调研和女性消费者心理的洞察,该广告公司积累了大量的一手资料,其专业代理能力也获得较高的行业代理声誉,因而也便于形成在化妆品广告代理方面的核心竞争力。这时,该广告公司若要扩大规模,一是可以考虑向化妆品企业营销传播咨询、市场调研、促销、公关、互动行销、娱乐行销、事件行销等业务领域延展;二是可以考虑向其他女性用品行业延展,如女性服饰、女性保健用品、食品饮料等行业。这种延展与广告公司的核心竞争力具有很强的关联性,对于广告公司而言,一方面可以节省其进入的成本,降低进入的壁垒;另一方面也可以利用原有的资源和能力,提高其在新业务领域和行业市场的专业服务能力,也更易获得广告主的价值认同。

5. 对广告客户的持久影响力

广告公司的核心竞争力一旦形成,便具有持久的影响力,能够为广告公司带来品牌客户,提高广告公司的营业额和利润率。比如,一些运作成功的大型广告公司的核心竞争力长盛不衰,在历史的磨砺中显示出持久的韧性。究其原因,就是广告公司的核心竞争力已深深扎根于组织体系之中,融于广告公司的文化和管理模式之中。

6. 核心竞争力建构的动态性

"经典战略管理实质上是组织对其环境的适应过程以及由此带来的组织内部结构化的过程。"①广告公司的核心竞争力具有动态性,其组织也需要随着市场环境和传播环境的变化而

---

① 邬义钧、胡立君:《产业经济学》,北京:中国财政经济出版社,2002年版,第259页。

重新结构化。比如，传统的营销传播环境下，广告一直是广告公司的核心业务，也是广告公司引以为傲的。然而，由于营销传播环境的改变，传统广告的作用日趋式微，一些营销传播公司如管理与营销咨询公司、数字营销公司、市调公司、促销公司、公关公司、媒介购买公司等开始受到广告主的青睐，一些大型广告代理公司在提高广告专业服务能力的同时，必然要思考转型，以期形成新的核心竞争力。

## 第二节 世界范围内广告公司的战略转型

### 一、从单纯的媒介代理到综合型的广告代理转变

在前文中，我们分析了广告产业的双重代理模式，即媒介代理和客户代理。广告代理的产生和发展经历了处于媒体依附地位的媒体推销时代、脱离媒体的媒体掮客时代、独立的专门化代理时代。

欧美广告公司的第一次重大转型大致发生在19世纪60年代，代表性的事件就是第一家现代意义上的综合型广告代理公司美国艾耶父子广告公司的成立。该公司不仅从事报纸广告的媒介代理业务，并且向广告客户提供文案撰写、广告设计与制作、媒介发布的建议与安排等方面的服务，甚至还开展市场调查，为客户提供广告宣传用的资料。广告产业从单纯的媒介代理向综合型广告代理的转型，推动了广告产业的独立化和规模化发展。广告产业要想获得更大发展空间，必然要实现专业化代理。推动广告代理的专业化发展有两个方面原因，即广告代理公司寻求自身竞争优势的内在动因，以及企业为实现营销战略目标对广告代理公司服务专业化提出更高要求的外在动因。整个20世纪上半叶，代理专业化成为广告代理公司的核心任务，一批著名的广告大师有力推动了这一进程，如霍普金斯、拉斯克尔、罗瑟·瑞夫斯等。1910年，文案写作服务已经成为广告代理公司服务的标准内容。20世纪60年代开始的创意革命更是使"创意服务"成为广告专业服务的重要服务项目。20世纪70年代，广告策划成为广告标准内容。

世界范围内广告公司的第一次重大转型具有两大特点：一是广告公司的核心业务集中在广告代理服务领域；二是广告代理的专业化服务水平不断提升。广告公司在此时期将广告代理作为其核心业务有其特定市场背景，此时期也被称为广告的"强效传播时期"，市场环境和传播环境比较单纯，广告在企业营销手段中占据突出地位。广告公司不断提升在广告策划、创意及制作、媒体计划与购买等方面的代理实力，从而保证为企业提供专业化的广告代理服务。

### 二、从综合型广告代理到整合营销传播代理转变

在新的营销传播环境下，任何单一的营销传播手段都不可能成功执行营销，全球广告代理业正经历第二次重大转型，即从综合型广告代理到整合营销传播代理。此次战略转型是新营销传播环境下对广告代理公司提出的更高要求。传统营销传播环境下，广告具有强大功效，并且成为一种主导的营销传播手段，此时期单一的广告传播手段就可以实现企业的营销目标。但是，随着营销传播环境的改变，任何单一的营销传播手段都已不可能成功执行营销，广告进入"有限效果时期"，此时期出现了很多专业的代理公司，如管理咨询公司、公关公司、媒介购买公司、促销公司、市场调查公司、网络营销公司和事件行销公司等，瓜分和蚕食广告代理业的利润，广告代理业的核心业务策划创意和媒介购买的利润受到极大挤压。以美国为代表的欧美

广告业发达国家顺应这一趋势变化率先实现战略转型,将产业经营领域由广告代理拓展到企业整合营销传播的多个领域,包括企业管理与营销咨询、公关、媒介购买、促销、市场调查、网络营销、事件营销等。以欧美国家企业为代表的国际广告集团都在不断进行业务重组和产业价值链重构,并在全球范围内强势扩张。

Duncan 和 Everett 的调查显示,有一半以上的被访广告公司承担了一种以上的营销传播职能。为了更好地整合各种不同的营销传播工具,西方许多传统广告公司都已经对自身的组织结构进行了不同层次的改革,开拓出不同形式的整合型组织①。营销传播代理已成为欧美广告集团收入的重要构成。2009年4月27日,美国《广告时代》杂志对美国900家广告公司的统计数据显示,2008年美国广告公司各项业务收入构成中,广告(advertising)收入占33.3%,媒介代理(media)收入占14.5%,公共关系(public relations)收入占13.6%,数字营销(digital)收入占12.0%,直效行销(direct marketing)收入占11.8%,销售促进(promotion)收入占8.1%,健康传播(health care)收入占6.7%②。从美国广告公司的业务构成来看,除广告之外的媒介代理、公共关系、数字营销、直效行销、销售促进、健康传播等已经成为公司经营收入的重要构成。广告代理业从综合型广告代理向整合营销传播代理的战略转型,适应了新的营销传播环境下企业对广告公司的新要求,成为广告代理业新的核心竞争力。

从综合型广告代理向整合营销传播代理转型,已经成为国际广告公司提升核心竞争力的重要构成。以电通东派广告有限公司为例,该公司自2009年10月正式由东派广告更名为电通东派广告,这不仅仅是公司名称的改变,更代表着电通东派广告的企业定位与发展理念正发生根本性的转变,即成功转型成为一家致力于成为全方位营销智囊的广告公司。这一转型主要体现在两个方面:一是企业愿景的蜕变,电通东派广告致力于为客户提供全方位的营销服务,更注重对本土客户的开发,核心客户组成由日系企业逐渐转变为以中国本土企业为主;二是公司核心竞争力的蜕变,电通东派广告已经不仅仅是一家单纯为品牌服务的传统广告公司,而是成为一个能为客户提供一站式营销之道的全方位营销智囊,在产品开发、市场导入战略、品牌管理、整合营销传播和销售促进等的每一个营销环节力求为客户提供贴心服务③。

### 三、从传统媒介代理到数字媒介营销传播代理转变

数字技术的发展正在改变传统的营销传播理念与实践。从受众媒体接触的变化来看,数字传播背景下受众媒体接触习惯和需求呈现六个方面特点:①声音与图像主导;②信息与娱乐占先;③浅阅读与非线性阅读盛行;④信息接受者与创造者合一;⑤具有交互性;⑥检索便捷。从市场和传播环境的变化来看,表现为:①大众的分化与重聚;②大众媒体向分众媒体转变,大众传播向分众传播转变;③大众市场向分众市场转变,大众营销向分众营销(如数据库营销、许可营销等)转变。从传媒角色转变的角度来看,在"渠道为王"的时代,传统媒体将自身作为资源占有者和传播渠道提供者;而在数字时代,传媒角色正在转变为"价值创造者",即为受众创造更有价值的新闻、娱乐和广告信息等,为企业和广告公司创造更有价值、更具影响的媒介。

---

① 何佳讯、丁玎:《整合营销传播范式下的西方广告公司组织变革》,《外国经济与管理》2004年第1期,第44—47页。
② 廖秉宜、付丹:《广告产业经济学理论与实践研究》,北京:学习出版社,2012年版,第114页。
③ 王欣:《实现广告公司连锁化经营——访电通东派广告有限公司副总经理、广州分公司总经理于威》,《中国广告》2010年第3期,第27页。

可以说,媒介已经由过去的"渠道为王""内容为王"进入到"价值为王"的时代①。

从传统媒体代理到数字营销传播代理的转变,是广告公司适应营销传播环境变化、提升专业代理能力的战略选择。国际广告集团通过并购、联合等资本运作方式,将有实力的数字营销公司收入旗下,迅速拓展在该领域的专业能力。例如,2006年5月,WPP集团收购中国最大网络广告代理公司之一的北京华扬联众广告公司,以此进军增长迅速的中国网络广告市场。华扬联众拥有中国网络广告市场10%以上的份额,这一收购活动提高了WPP集团在中国数字营销传播代理方面的实力。2008年,WPP集团旗下的伟门(Wunderman)收购了亚洲互动营销专业公司AGENDA。AGENDA成立于2002年,是亚洲知名的数字营销机构,它擅长于在线营销战略、网络开发和管理、在线广告、在线媒体以及网络分析,有着广泛的区域覆盖面和经验,AGENDA已经在全球推出了面向财富500强领军企业的600多个网站,这些企业包括百事(Pepsi)、保诚(Prudential)、花旗银行(Citibank)、家乐福(Carrefour)、强生(Johnson & Johnson)以及微软(Microsoft)。通过收购AGENDA,Wunderman在亚洲的覆盖面拓展了40%以上。

## 第三节 本土广告公司核心竞争力的建构

### 一、本土广告公司核心竞争力的现状及成因

#### 1. 广告公司经营业务转型的战略选择及存在问题

1993年,美国西北大学唐·E.舒尔茨教授等在其《整合营销传播》一书中,首次提出整合营销传播(IMC)的概念,并系统阐述整合营销传播的运作规律。这一理论的提出,引发市场营销和广告传播观念的深刻变革。

20世纪90年代初,整合营销传播理论被译介到中国,随即受到广告与营销理论界和实务界的追捧。张金海教授指出整合营销传播理论的核心内涵是,"以消费者为核心重组企业行为和市场行为,综合、协调使用各种形式的营销传播方式,对准一致的目标,通过各种不同的传播渠道,传递一致的营销信息,树立一致的品牌形象,实现与消费者的双向沟通,与消费者建立长久的密切关系,有效实现营销传播效果的最大化"②。丁俊杰教授在总结舒尔茨理论观点的基础上,提出整合营销传播的内涵包括五个方面,即以消费者为中心、以资料库为基础、以建立消费者和品牌之间的关系为目的、以"一种声音"为内在的支持点、以各种传播媒介的整合运用为手段③。

广告公司由广告专业代理向整合营销传播代理的转型有其特定市场背景。

(1)市场的分化、媒体和受众的碎片化,亟须广告公司转型。中国经济自1997年以来由短缺进入富裕,买方市场形成,中国企业迫于环境的改变,必须转变经营理念,即从传统的卖方市场条件下以生产者、产品或销售为中心,逐步走向以消费者、营销为中心,实现结构调整与制度

---

① 廖秉宜:《中国传媒数字化转型与广告生存形态变迁研究》,《广告研究》2009年第6期,第56页。
② 张金海:《20世纪广告传播理论研究》,武汉:武汉大学出版社,2002年版,第142页。
③ 丁俊杰:《现代广告通论——对广告运作原理的重新审视》,北京:中国物价出版社,1997年版,第33-35页。

创新,企业开始日益重视包括广告在内的营销手段的运用。此外,随着市场的分化、媒体和受众的日益碎片化,任何单一的营销传播手段都无法成功执行营销,因而要求企业对营销传播手段的整合运用。"客户开始与不同的媒体代理公司、市场调查公司、直销代理公司以及互动广告公司等不同形态的代理公司接触。传统的广告公司也开始按照这些细分的职能,重组其架构,或者开设独立的公司运营相关业务。职能细分的结果,就是资源分化,再没有一家广告公司掌握全局,包括广告的整体预算。客户唯有自己也参与一部分广告计划的制定,以便控制局面。"①在新的营销传播环境下,市场上出现的大量专业代理公司正日益瓜分和蚕食广告代理业的利润,专业广告代理公司的核心业务策划创意和媒介购买的利润受到极大挤压。

(2)整合与被整合:本土广告公司面临的生存选择。我国媒体和广告主本身的强势地位,以及广告公司之间的残酷竞争,使得广告公司策划创意费和媒介代理费严重缩水,有些公司甚至打出"零代理"的口号招揽客户。"媒体在广告经营中加强与广告主的直接联系和沟通,积极了解广告主的需求动向,为他们提供行业资讯等服务支持,甚至介入广告的经营行为,提供营销解决方案和建议。媒体与广告主沟通渠道扁平化趋势,大幅度侵占了广告公司代理业务的疆界。媒体带给广告主更低的折扣、更有针对性的服务、更快捷的沟通效率的同时,也给广告公司的经营带来巨大的压力。"②可以说,我国广告公司在专业营销传播代理公司、强势媒体和企业的多重挤压下,正面临极大的生存挑战。广告公司是被营销传播公司整合,还是主动整合营销传播公司,或将主营业务向营销传播专门领域拓展,成为当前广告公司面临的一个现实问题。笔者认为,以广告公司为主导整合国内优秀的营销传播公司,积极向营销传播领域拓展业务,是广告公司未来发展的重要方向,这一战略转型适应了广告主对整合营销传播代理需求的新变化,可以增强广告公司对广告主的市场影响力,寻求新的市场盈利点,同时也可以避免广告公司对媒体的过度依赖。

广告公司的战略转型已经成为必然趋势,即广告公司由传统的广告代理领域拓展到整合营销传播代理领域。从广告公司的层面来说,实现战略转型目前还面临两方面困难,"第一,广告公司推行整合营销传播服务,由于需要兼顾多方面范畴,亦未必能做到样样皆通,样样皆精。第二,对广告公司而言,要提供整合营销传播,做到全面及专业化兼备,不但要招揽更多的各方面专业人才,更要重新做出公司架构上的配合,这便需要大量人力、物力和资金"③。

与欧美广告公司发展不同的是,中国本土广告公司是在第一次产业升级还不是很充分的情况下,面临第二、三次产业升级的迫切需要,因而挑战更大。核心竞争力具有不可替代性,传统广告公司把"创意"作为其核心竞争力,具有无可替代性,而在业务多元化的背景下,广告公司几乎所有业务,包括市场调查、公关、促销、媒介代理、互动行销等,都是可替代的。由于广告公司在从传统广告代理领域向整合营销传播代理领域拓展的过程中没有实现相应的组织变革和相关人才的储备与培养,导致建立在非专业化基础上的整合营销传播代理转型,正在严重消解本土广告公司的核心竞争力。

---

① 陈一枬:《3.0 时代:如何看广告公司的核心竞争力》,《广告人》2008 年第 2 期,第 64 页。
② 陈徐彬、于远娜、叶蕾:《外资强势掘进,本土"脑体倒挂"》,《广告大观》(综合版)2007 年第 10 期,第 39 页。
③ 陈欢:《重新审视整合营销传播》,《中国广告》2002 年第 1 期,第 37 页。

## 2. 基于组织管理的广告公司核心竞争力审视

相比较国际广告公司，本土广告公司具有以下优势：①对中国文化及消费心理有准确的把握；②与当地媒体保持密切的关系；③扁平化的组织架构，服务比较灵活；④人力成本相对较低。上述四个方面成为早期国际广告公司进入中国市场的重大障碍，为了提升在中国市场的核心竞争力，国际广告公司通过一系列手段克服这些劣势，不断发展壮大。

第一，针对缺乏对中国文化及消费心理研究的状况，国际广告公司自进入中国市场就开始研究中国市场及消费文化和消费心理，新成立或并购国内优秀的市场研究公司，并且每年发布中国及各城市消费报告，同时基本实现广告公司人才的本地化，从而迅速解决国际广告公司国际化发展的短板。

第二，针对缺乏媒体资源和媒体关系的问题，国际广告公司主要通过两种方式：一种方式是组建大型的媒介购买公司，通过集中采买媒介，以量定价，从而增强与中国媒介博弈的实力；另一种方式就是成立媒介研究公司，强化对中国媒介市场的实证研究，提高对媒介和广告客户的影响力。这些媒介研究公司，一方面为科学化的媒介投放提供了重要数据参考，另一方面也对媒介构成极大压力，很多广告客户和广告公司都购买这些媒介调研公司的数据，以此制定媒介投放策略，媒介调研数据可决定节目的生死，也成为国际广告公司和媒介购买公司与媒介议价的重要砝码。

第三，针对公司组织管理方面的问题，国际广告公司在保证规范化的运作前提下，也采用了更加灵活的管理模式和作业模式，提高服务效率。以日本电通东派广告有限公司为例，"公司采用扁平化管理，避免官僚及形式主义，提升效率及灵活性。打破部门与部门之间的壁垒，实行扁平化的组织架构，拥有许多战斗力强、反应迅速的'小分队'。小分队之间根据项目需求交叉组合，从而避免出现团队之间互不来往的情况"①。

第四，针对人力成本的问题，国际广告公司大都通过人力资源的本地化，来节省公司成本，提高服务效率。国际广告公司人才的本地化有两个方面的好处：一是招聘本地优秀广告专业人才，可以迅速地了解本地市场，服务本地客户，尤其是现在很多国际广告公司在服务国际客户的同时，将重心转移到开发本地优质客户资源上，这一点尤为重要；二是相比较从国外聘请员工来说，招聘本地人才无疑可以大大节省公司经营成本。

中国广告市场的二元结构，决定了本土广告公司的核心竞争力，必须置于国际广告公司与本土广告公司共生的市场背景中加以考察。国际广告公司不断提升核心竞争优势，无疑给本土广告公司带来极大的竞争压力，很多经营不佳的本土广告公司面临生存的巨大挑战。当然，在与国际广告公司同台竞技的过程中，一些优秀的本土广告公司经受住了市场的洗礼，在策划创意、设计制作、媒介投放、营销传播等领域具有极强的市场竞争力，如广东省广告集团股份有限公司、蓝色光标传播集团、昌荣传播集团、上海广告有限公司、广东平成广告公司、南京大贺户外传媒股份有限公司等。

综观本土广告公司的现状，内部还存在一些制约其发展的瓶颈：①企业文化建设相对缺乏；②客户关系管理意识及能力有待提高；③广告公司发展过度依赖某个人或某几个人，缺乏

---

① 王欣：《实现广告公司连锁化经营——访电通东派广告有限公司副总经理、广州分公司总经理于威》，《中国广告》2010年第3期，第28页。

团队作战能力;④小富即安的心理与缺乏企业战略规划,影响广告公司发展壮大。

第一,在广告公司的企业文化建设方面,本土广告公司过分重视短期的经济利益,忽视公司制度文化建设,导致广告公司员工缺乏归属感和荣誉感,直接后果就是广告公司人员跳槽频繁,影响客户服务质量。

第二,在广告公司的客户关系管理方面,存在重开发、轻维护的问题,导致广告客户对广告公司服务不满意,广告公司和广告客户之间的摩擦增加,合作不稳定的因素增加。

第三,在广告公司的人力资源管理方面,存在过分依赖某个人或某几个人的英雄主义现象,广告公司缺少员工培训与员工提拔的规范化制度。很多优秀的人才都是通过流动来实现人才补充,这种急功近利的经营模式,往往使很多优秀的广告人才找不到自己的位置,从而加剧了人才结构的不稳定。这种情况极易导致因为某个人或某几个人的离职带走广告客户,或无法短期内在广告公司内部找到合适的职员顶替,不利于广告公司可持续发展与核心竞争力提升。

第四,在广告公司的战略规划及投资方面,很长一段时间,本土广告公司大都通过自有资本的积累滚雪球式发展,成长速度比较慢,在市场竞争不是很激烈的情况下,基本上可以维持生存。然而,随着中国广告市场竞争日趋激烈,资本运作已经成为中国广告公司成长的重要手段,一大批广告上市企业成长迅速。缺乏资本运作经验和战略规划,将成为本土广告公司发展的重大障碍。

综上所述,国际广告公司的发展,从外部不断消解本土广告公司的核心竞争优势,而本土广告公司自身管理方面存在的问题,则从内部制约其核心竞争力的提升。因而,本土广告公司要提升核心竞争力,一方面要发挥自身的优势和特长,另一方面要规避广告公司在组织管理和制度建设方面的短板,以高效率和高质量的服务,赢得国际国内广告客户的认可。

## 二、本土广告公司的业务重构与组织再造

### 1. 建立在专业化基础上的整合营销传播转型

传统广告公司主要集中在广告代理领域,较少涉及营销传播的其他方面,如促销、公关、网络行销等。然而,随着企业营销传播环境的改变,企业对整合营销代理需求的增加,促使广告公司转型。然而,在广告公司转型的过程中,并不是所有的广告公司都需要转型或者有能力转型,这就需要广告公司对自身能力和组织结构进行评估。对于中小型广告公司而言,可以在专门的领域发展自己的核心竞争力,成为大型综合型广告公司的下线公司,未尝不是一个明智的选择。而对于国内大型广告公司而言,则可以发展成为整合营销传播公司。

国际广告公司发展的轨迹为中国广告公司的成长提供了有益借鉴。广告公司的战略转型主要有以下三种途径:①自身机体上增设营销传播职能部门,如果客户需要使用多种营销工具,就无需从外部寻找专业营销服务机构合作,可以交由一家代理商统一完成,FCB Worldwide 公司就曾经在其全面服务型广告公司中增设了促销和直销部门。②新组建或并购专业的营销传播公司。许多大型广告公司近年来都积极地收购其他类型的传播服务公司。例如,WPP 集团在 2002 年大约进行了 40 次收购交易,涉及公关、咨询和医疗保健传播等领域,在进军新市场的同时以收购的方式来增强服务市场的业务能力[1]。③与其他专业营销传播公司建立战略联

---

[1] 何佳讯、丁玎:《整合营销传播范式下的西方广告公司组织变革》,《外国经济与管理》2004年第1期,第44－47页。

盟。广告公司执行媒体广告的工作，帮助客户制定总体战略，并决定采用哪些营销手段，而公共关系、直销和促销等活动则外包给联盟公司。整合工作则由广告公司的客户团队承担，即协调各个专业代理机构以确认信息和时间安排等是否得到有效的整合。广告公司到底采取上述何种方式，则视广告公司自身实力和公司总体战略目标而定。

  无论采取上述何种方式，实现整合营销传播的目标是关键，这就需要广告公司进行组织变革。组织变革可以在广告公司内部展开，如消除传统的层级制组织观念，以团队合作方式将各种"营销专才"编成"客户价值管理团队"，也可以整合集团内部其他公司的人力资源，组建营销传播团队。法国第一大广告传播集团哈瓦斯下属的两个公司就曾做过这方面的努力，哈瓦斯的广告公司"灵智大洋"，就曾与市场服务机构"精实整合营销"，充分利用双方优势，成立"品牌小组"，为客户提供度身定制的广告代理、市场调研、公关活动、品牌推广和营销渠道管理等系列服务。

  中国本土公司通过多年积累，已经形成了比较完整的品牌理解和建设体系，同时拥有深刻的本地洞察力，更有行业专长。它们已经不仅局限在广告领域，更涉足企业咨询等范围，是一股不可小觑的力量。尤其在一些二、三线城市，甚至乡村，其优势让国际广告公司完全丧失竞争力。这其中有一些表现很突出的，如专门针对中小企业的叶茂中营销策划机构，此外还有一些如大贺、梅高、平成等有声有色的本土公司。当前我国本土广告公司正在经历的产业转型是更高层次的战略转型，它必将改变广告代理公司传统的代理地位，不再仅限于企业营销传播战略和策略建议与执行的服务角色，而直接进入企业决策层面，真正参与企业决策。

  **3. 以数字媒体广告代理为契机抢占市场制高点**

  在中国，网络和数字新媒体迅猛发展，深刻改变着受众的媒介接触习惯和消费行为模式。2020年9月29日，中国互联网络信息中心（CNNIC）发布的《第46次中国互联网络发展状况统计报告》显示，截至2020年6月，我国网民规模达9.4亿，较2020年3月增长3625万，互联网普及率达67.0%，较2020年3月提升2.5个百分点。手机网民规模达9.32亿，较2020年3月新增手机网民3546万人。网民中使用手机上网的比例为99.2%[①]。日新月异的科技发展使得消费者从被动接受转为主动参与。消费者可以自己创作信息、传递内容，互联网上的评论或者对话，可以在短时间内将一个品牌捧红，也可以迅速伤害一个品牌。消费者正在影响甚至参与创作品牌的信息。品牌拥有者单向地传递品牌信息的状况逐渐改变。由于网络社区的膨胀，博客的传播，互联网和手机的高度普及，这些即时沟通工具都能第一时间让用户与其他消费者一同分享自身的体会和感受，其可信度远比品牌广告的单一传播更有力。

  中国本土广告公司需要适应媒介环境的变化以及广告主的新需求，调整经营领域和经营方向，重组广告公司的内部结构，提高其在数字营销传播代理方面的专业能力，占领广告产业的高地。国内广告公司已经意识到数字媒体领域的商机，开始思考公司的战略转型。以广东平成广告有限公司为例，通过以下方式成功实现公司战略转型：①内部管理平台的数字化。平成广告有限公司与用友软件公司联合打造平成的协同作业系统，实现管理平台数字化，平成的员工可以随时随地登录该内部平台进行广告作业。②广告公司内部结构的重组。平成公司不

---

  ① 中国互联网络信息中心：《第46次中国互联网络发展状况统计报告》，http://www.cnnic.net.cn/hlwfzyj/hlwxzbg/hlwtjbg/202009/P020200929546215182514.pdf，2021年1月20日访问。

是按传统的客户部、创意部、媒介部、市场研究部等搭建公司组织模型,而是构建一个以技术和媒体为先导的创意型组织模型,重点打造四大板块,即消费者研究、广告、数字媒体、影视制作。③平成公司对数字技术的开发利用与数字营销传播代理服务能力的提升。平成开发了基于Web2.0的流量优化技术和社区共建技术,为绿A螺旋藻产品做推广时,它们便在淘宝社区开了一家旗舰店,同时针对目标消费者的特点建立绿A白领减压社区,在这个平台上实现信息流、资金流、人流、物流四流合一。同时平成公司不断提升在数字营销传播代理方面的能力,如为优乐美做的"你是我的优乐美"数字营销推广活动就非常成功。由于品牌代言人周杰伦在目标消费者中已有很高知名度,因此首先在未播出电视广告前,把他在拍优乐美广告时的花絮放到互联网上,以互联网的低成本投入吸引年轻目标消费者关注。随后以电视广告等传统媒体进行第二轮推广,强化目标消费者对品牌的记忆度。最后是建立以周杰伦为院长的优乐美学院这一品牌社区,建立消费者的品牌忠诚度。另外,在产品包装里放入随机码,消费者可凭随机码到品牌社区中兑换产品。三个月以后,每天有15万年轻人到学校参观,每天页面的浏览总量高达65万次。在三个月的推广期间,优乐美学院页面的总流量达到3700万次,通过这个平台就促销了40多万杯奶茶,同时还拥有了约49万注册会员[①]。

### 三、管理创新与本土广告公司核心竞争力的建构

1. 广告公司的企业文化建设

广告公司的企业文化从理想信念、价值观、思想观念、行为规范、知识技能等方面,决定着员工队伍的整体素质,为广告公司核心竞争力的形成奠定了观念平台和思想基础[②]。企业文化建设对于广告公司核心竞争力的提升至关重要。企业文化的形成往往与广告公司领导者的管理风格密切相关。广告公司的企业文化一旦形成,将深深融入广告公司经营运作的每个环节,成为广告公司增强凝聚力和提升市场竞争力的关键。广告公司的企业文化建设是一个长期的过程,通过制度建设并将其内化于广告公司每个员工的日常行为之中。

广告公司的企业文化建设包括三个层次:第一个层次是广告公司的经营理念与价值观;第二个层次是广告公司的制度文化与行为规范;第三个层次是广告公司员工的知识技能与创新氛围。经营理念是广告公司内部特有的文化观念、价值准则、道德规范、远景目标等汇集而成的一种群体意识,是广告公司文化的精髓。价值观是广告公司企业文化的基础和核心,建设企业文化必须有一个共同的目标,即建立共同的远景。目标的确定要建立在自身发展战略规划的基础上,具有鲜明的特色。广告公司的制度文化与行为规范,使得广告公司执行层有了可靠的依据和保障,从而保证企业运营活动的正常开展,不会因为某个人的辞职或其他原因丧失持续竞争优势。广告公司员工的知识技能与创新氛围是广告公司形成并保持市场竞争力的关键。广告公司需要建设学习型组织与创新型组织,员工的学习力和创造力越来越成为广告公司核心竞争力的重要因素。当前,我国本土广告公司的企业文化建设大都集中在第三个层次,即重视与员工技能与创新能力的培养,因为能够产生实际的经济效益,在广告公司经营理念与价值观、广告公司制度文化与行为规范的建设上相对薄弱,这不利于广告公司企业文化的真正形成。

---

① 吴晓波:《混媒传播,传统广告新起点》,《广告大观》(综合版)2008年第5期,第30-31页。
② 赖泽栋:《再议广告公司的核心竞争力》,《广告大观》(综合版)2006年第1期,第131页。

2. 广告公司的客户关系管理

客户关系管理是广告公司经营管理的重要构成,也是形成和确保广告公司核心竞争力的关键。广告公司核心竞争力的强弱,最直接的表现就是广告公司为广告客户创造价值的能力。可以通过广告公司服务的客户以及客户的满意度等指标,从另一个角度反映广告公司核心竞争力的情况。

当前,客户维系的问题显得尤为突出。《2009年中国广告业生态调查报告》数据显示,受访广告主与广告公司合作平均时间为2.74年,通过7年数据对比发现,受访广告主与广告公司间合作多为短期,合作一年的占33%,合作2～3年以上的占30%,合作达5年以上的仅占5%。有63.7%的广告主选择同多家广告公司合作,选择与同一家广告公司合作的比例跌落至13.7%。合作时间较短、合作关系不稳定是目前本土广告公司与广告主合作的最主要问题之一。提升广告公司的核心竞争力,必然要提高广告公司客户关系管理的水平。

专业代理能力是评价广告公司核心竞争力的重要指标,广告公司可以通过提高整合营销传播代理能力,为广告主提供一站式服务,以其专业的整合营销传播能力吸引广告客户;或集中于广告运作的某个环节,或集中于代理某个行业的广告业务,或集中于营销传播的某个领域等,不断提高自己的专业化水平,提高广告的传播效果和销售效果,以实际效果获得广告主的口碑;或增强媒介代理能力,以优势的媒体资源吸引广告客户;或适应数字化发展的需要,提高数字营销传播代理能力,增强广告客户的忠诚度。此外,广告公司还需要在其组织机构内部设置广告效果测评部门,跟踪广告传播效果,及时调整广告战略,以科学化的服务和务实的工作作风,赢得广告主的认可,从而提高广告主对广告公司的黏性。

3. 广告公司的人力资源管理

广告公司是创意型组织,其竞争力的强弱根本取决于广告公司是否拥有在广告策划、广告创意、广告制作、广告媒介投放以及营销传播代理领域的专精人才。本土广告公司的人力资源管理,需要重点解决以下两个方面的问题。

一是广告公司重视个人能力的同时,需要打造一支专业的广告服务团队。广告公司强调个人智慧,但团队的建设也不容忽视,提高团队的专业水平,营造人尽其才、才尽其用的工作环境,对于提高广告公司的内部凝聚力,充分发挥人才的专业优势具有重要价值。广告公司经常会因为人员流动带走客户,或因人员流动而缺乏代理能力,其中一个很重要的原因就是,我国本土广告公司过于依赖个人的力量,在团队建设方面存在明显不足。而国际广告公司在重视个人能力的同时,十分重视团队建设,所以不会因为某个人的辞职而影响服务质量。当前,本土广告公司人力资源管理的重点之一就是加强公司团队建设。

二是广告公司需要建立制度化的人才培养与激励机制。人力资源管理的核心就是人才的选拔、培养和激励机制。人才选拔是人力资源部门的日常工作,广告公司都十分重视,然而在人才的培养和激励机制的建立方面则往往投入不足。对于广告公司的员工来说,他们的需求表现在以下方面:获得与自己能力和工作强度对等的报酬;能够与优秀的团队合作;服务优秀的客户;积累自身的经验和资历;有学习提升知识技能的机会;获得更好的发展空间;有和谐愉快的工作环境。对于广告人才而言,报酬无疑是一个重要的考量因素,本土广告公司与国际广告公司在薪酬上的巨大差距,也是吸引优秀人才流向国际广告公司的一个重要因素。尽管现在很多本土广告公司都意识到人才培养的重要性,但国际广告公司每年花在培训上的费用约是本土广告公司的两倍。本土广告公司的人才培养可以分为内部培养与外部培训两种形式，一些有实力的广告公司可以发展专业的培训师队伍，如广告公司的资深创意总监、策略总监和媒介总监可以担任培训师，每个星期为员工开展专题讲座，并在讲授中不断积累素材和经验，形成公司独特的品牌工具，如奥美的360度品牌管家等，进而构建特色化的服务模式与专业团队。广告公司也可以与广告学界、业界合作，邀请资深的广告专家定期到广告公司给员工进行培训，或参加行业协会、高等院校举办的广告专业实训班等。人才培养不能仅仅视为一种花费，更应视为广告公司决胜未来的战略投资。缺乏战略的眼光，本土广告公司也很难做强做大。

### 4. 广告公司的战略规划及投资

广告公司的战略规划及投资，是一个长期以来被忽视的领域，然而，随着广告业大资本时代的到来，战略规划及投资成为广告公司发展壮大的重要因素。国际广告集团不仅发展自己的专业广告公司，提升专业的代理能力，构建起整合营销传播的服务体系，而且十分重视资本运作。

长期以来，我国广告公司大都通过自有资本积累的方式发展，缺乏资本运作的经验及能力，发展速度缓慢。随着国家加大对包括广告产业在内的文化产业扶持的力度，广告产业获得资金支持的渠道更加多元，吸引风险投资、上市融资、金融机构贷款等途径为本土广告公司发展提供了资金保障，然而，获取资金只是第一步，关键是要将资金转化为广告公司的核心竞争优势。本土广告公司制定公司发展的战略规划，一方面需要了解广告客户的需求与广告市场的新变化，另一方面需要了解自身的行业特点及定位。以分众传媒为例，从早期的高档楼宇电视媒体运营商到"生活圈媒体"概念的提出，标志着分众传媒战略规划及投资方向的重大转变，无论是分众传媒合并中国楼宇视频媒体第二大运营商聚众传媒，收购占据全国电梯平面媒体市场领先地位的框架媒介，还是全面推出中国卖场终端联播网，全资收购北京凯威点告网络技术有限公司，收购影院广告公司 ACL 等，都是服务于公司的长远发展战略。

# 第十一章　广告公司的人力资源管理

广告公司间的竞争,归根结底是人才的竞争,一个在市场上享有盛誉的公司必定拥有一批杰出的广告人。广告公司的领导者与管理者,最重要的职责,无过于人才的选拔、培养与合理使用。大卫·奥格威在《一个广告人的自白》一书中深刻指出:"最高领导人的最主要的职责,在于创造一种让有创作才华的人有用武之地的气氛。"凡有远见的广告公司的经营管理者,总是把人才培养与提高,摆在突出重要的地位,在其财务预算中,每年总有一笔数量可观的人才培训经费预算。本章重点探讨广告公司人才选聘与素质要求,广告公司员工考评、培训与职业发展。

## 第一节　广告公司人才选聘与素质要求

### 一、广告公司的人才选聘

广告公司属于智力服务型行业,人才是广告公司核心竞争力的重要因素。人才素质决定公司团队的作战能力,决定公司客户服务的品质,更决定公司的未来发展。"德才兼备"是所有组织选聘工作人员的共同要求,广告公司同样如此。诚实、正直、守信、勤奋努力和富有责任感等优良品质是做好本职工作、对公司有所贡献的必要条件,也是广告公司选聘员工时首先考察的重要方面。但品德良好的人仍然存在个性差异,广告公司的不同岗位对任职人员的专业技能、学识经验的要求也并非一致。因而,职位与人员的双向优化是广告公司人员配备的基本准则,即为每个岗位选配符合其工作要求的合适人员,让每个员工都在最能发挥其专长优势的岗位上工作。

广告公司选聘与配备工作人员的基础是职务的要求。一份规范的职务说明书会清楚、具体地指出一个职位的权力、责任、任务要求及与相关职位的关系,从而引申转化为对任职者的要求,指明在此职位上开展工作必须拥有的知识、能力、资格等基本条件,并作为配备人员的依据。而对应聘人员所具备的能力和个性特征的考察分析与评价是广告公司人才选聘工作的决定性方面。从完成工作任务的角度出发,广告公司对应聘人员的基本素质与功能能力可以从三个方面来考察。

1. 创新意识与专业技术能力

广告公司是为广告客户提供智力产品的企业,需要广告专业人员具有高度的创新意识。不同的工作岗位,对于创新的要求不同,比如:广告公司的客户部岗位要求应聘人员具有市场调研和市场分析的能力,能够创造性地发现新的商机、新的市场或新的消费需求等;策划创意岗位要求应聘人员能够深入地洞察产品特点和消费者特点,能够提出创新性的策略主张和创意思想;媒介岗位要求应聘人员能够对不同媒体特点和受众的媒体接触行为和心理等有深入的分析与思考,能够提出创造性的媒介组合策略和媒介推广策略等。广告公司人力资源主管需要考察应聘人员是否具有创新意识,是否适合应聘岗位的专业要求等,从而选聘到优秀的广告专业人员。

专业技术能力是指掌握广告运作领域专门知识并理解广告运作过程、方法与程序,胜任岗位要求的专业技能。广告公司中,不同的岗位对专业技能的要求也不同。如前文谈到的广告公司客户部、策划创意部、媒介部等业务部门对部门人员的创新意识和专业技能的要求也存在差异。广告公司在人才选聘时,可以根据应聘者的学历证明、技能等级证明、广告获奖证明,尤其是应聘者的职业经历、代理和服务过的客户、代表性策划创意作品和媒介推广案例等,来综合考察应聘人员的专业技术能力。

2. 团队意识与人际交往能力

团队意识是指一种时刻准备与他人一起努力工作,并且相互配合,关注共同的行动与成果的品质与心态。广告公司中各部门的员工会经常发生各种工作关系,公司员工能否愉快地工作并取得良好业绩,除了专业能力之外,还在很大程度上受其是否具有团队意识与合作精神的影响。广告公司的工作一切以广告客户为中心,共同服务于广告客户的需要,为广告客户提供专业代理服务,因而需要广告公司中的客户部、策划部、创作部、媒介部、行政部等职能部门之间通力合作,密切沟通,保证策略与执行的统一,提升服务质量和客户满意度。

人际交往能力也是广告公司选聘人才的一个重要指标。人际交往能力具体包括口头表达能力、人际交往能力、说服他人与自己取得共识的能力。对于广告公司的各个职能部门而言,对人际交往能力的要求都比较高。例如,客户部人员需要与广告客户、创作部、媒介部人员及时沟通,把广告客户的要求及时向创作部和媒介部反映,同时将创作部和媒介部的意见反馈给广告客户,增进双方之间的了解与信任,因而是否具有沟通能力,成为决定其工作业绩的重要因素。创作部和媒介部的人员也需要向广告客户提供提案,同样要求工作人员不仅具有专业技能,而且要求具有表达能力、说服能力和沟通能力。广告公司的经营管理者和人力资源部在选聘人员时,可以通过心理测试、面试中的交谈及其工作经历或他人的评价来了解把握。

3. 责任意识与决策执行能力

所谓的责任意识,就是清楚明了地知道什么是责任,并自觉、认真地履行工作职责和参加工作活动过程中的责任,把责任转化到行动中去的心理特征。广告行业工作具有高智力、高强度、高效率等特点,需要广告公司员工具有为广告客户提供优质和专业服务的高度责任意识,这既是为广告公司负责的要求,也是为广告客户负责的要求。只有具有高度的责任意识,才会精益求精,提升广告效果,获得广告客户的认同,维系广告公司与客户之间的良好关系。

思考力、决策力和执行力,不仅是对广告公司经营管理人员的要求,也是对广告公司员工的要求。思考力,要求广告公司员工能够独立思考,对广告客户的营销策略、广告策略和媒介组合策略有独到和科学的见解,能够敏锐地发现市场机会和传播机会。决策力,要求广告公司员工能够在众多的方案中确定一个最佳方案,需要其具有决策判断的能力,随着广告公司组织结构的日益扁平化,更需要广告公司员工具有快速和独立决策的能力。执行力,要求广告公司员工能够将广告计划或策划创意方案具体加以落实,创作出令广告客户满意并达到预定广告目标的优秀广告作品。广告公司的经营管理者和人力资源部在选聘人员时,除了通过面试和试用一段时间的方式了解之外,还可以通过对其过去业绩的考察来识别与判断。

以日本电通对人才的要求为例。1901 年,光永星郎创立了日本广告株式会社和电报通信社,这就是电通的前身。自1994年5月,北京电通广告有限公司诞生以来,电通又先后在上海、广州、青岛、深圳设立分公司,并且在武汉、成都、沈阳等地设有办事处。电通第四任社长吉田秀雄制定的电通人行为准则一直沿用至今,不妨摘录如下:

①工作应自己创造,而不应等人指派;
②所谓工作,就是主动去做,而不能被动等待;
③勇敢致力于大的工作,满足于小工作的你会越来越渺小、平庸;
④以狼般的饥渴向艰难挑战,唯有完成艰难的工作,人才会进步;
⑤一旦动手,在未达目标前,无视任何挫折,誓死不放;
⑥要主动协调工作,主动与被动之间,结果有天壤之别;
⑦谋定后动,有了长远谋略,就会带来耐力、办法、前途和希望;
⑧永远充满信心,没有信心,你的工作一定是没魄力、没韧性和松散的;
⑨全方位留心关照,绞尽脑汁不松懈、不疏忽,唯有这样才配称作"服务";
⑩不惧摩擦,摩擦是进步之母,积极之养料,害怕摩擦等于卑躬屈膝、软弱无能。

## 二、不同职位的素质要求

一般而言,专业技术能力对于广告公司的业务人员最为重要,是保证完成广告代理工作任务和提高公司效率的基本条件。对于中高层管理者而言,除了具备专业技能之外,更要善于综合一线业务人员的专长与智慧,有激励公司员工主动精神与博采众长的技巧。

### 1. 广告公司的领导人才

一个广告公司要想获得成功,一定要有一位好的总经理或执行创意总监,从某种意义上来说,这是决定广告公司能否站稳脚跟求得发展,并结合各方力量取得预期成功的关键。领导是一种行为或影响力,是对整个团队实施引导的带头人。一个领导者要想在团队中实施领导,就必须具有影响力,而这种影响力来自两个方面,即位置权力与个人权力(魅力)。位置权力是由领导的地位所形成的,具有某种强制性,即使下属对其并不认可也必须服从。个人权力大多属于领导者自身所具有的人格魅力,在某种意义上,他是一个领导者综合素质的体现。在领导魅力中兼具德、识、才、学等多方面,可归结为知识素质、能力素质和道德素质。广告公司的领导通常都是一些熟悉广告业务,自己具有充分的经历和精深的专业技巧的专业人才,他们明白广告业的状况,具有理想和协调能力。作为领导者,精通具体业务很重要,但同时要能带领大家合作共同完成业务,所以领导者的任务就是:完成组织目标,并且能够尽可能地满足组织成员的需要。广告公司领导人才的素质要求是:

①自信、宽容,勇于承担责任;
②敬业、献身,善于作出决定;
③号召、激发、开启部属的创造力;
④悉心体察,公正裁决;
⑤认准目标,有所为也有所不为。

### 2. 广告公司的创意总监

创意总监在广告公司中担负着组织策划创意人员出色完成策划创意工作,并对其成果进行最后审定的责任。在创意总监之下,有文案撰写人员、美术设计人员、摄像摄影人员等。创意总监对有关策划创意的建议形成决定,指导其下属专业人员按照自己的意图工作。作为一

个重量级专业人才,创意总监必须具备的素质是:

①要懂得营销;
②精通电视、广播及绘图印刷业务;
③是一个出色的指导教师和细心的人才发现者;
④充满了感染力和人生乐趣;
⑤能够连续工作,并喜欢各种调研;
⑥善于为不同类型产品做广告;
⑦会与他人分享荣誉,也敢于承担责任;
⑧有效地协调、组织管理。

3. 广告公司的文案人员

文案人员担负着广告公司策划创意的最基本工作,是广告"产品"的直接生产者,不同的产品由不同的文案人员创作,往往会产生截然不同的广告。由于传统广告创意对文案创作的依赖,因此那些杰出广告的成功首先大都是文案创作的成功,广告史上有影响力的、震撼人心的"伟大创意"(big idea),大都出自于优秀的广告文案人员。大卫·奥格威、罗瑟·瑞夫斯等都是如此。一个优秀的文案人员,通常具备这样一些能力:

①具有创造性思维和非凡的写作能力;
②语言文字功底深厚,善于用精湛的语言表达创意;
③对人类心理、产品物质和广告具有强烈的好奇心;
④有幽默感和丰富的知识内涵;
⑤有勤奋工作的习惯;
⑥擅长于形象思维,能够形神俱妙地表述对象。

4. 广告公司的客户执行

客户执行也称作 AE。AE 不是单纯拉业务的业务员,而是广告公司中专门与客户打交道,并代表客户在广告公司内部进行沟通的专业人才。业务是广告公司开始运转的动力,AE 可以说是公司的火车头。作为 AE,要具备丰富的知识、端庄的仪表和出色的交际沟通技巧。要既了解客户情况,又熟悉公司情况,并善于把自己推销给客户。AE 常常是处在公司与客户夹缝中,所以他们比其他人员更加能感受到工作的艰辛。中国台湾地区学者樊志育提出 AE 应具有"5A"精神:

①analysis(分析):能够透彻分析商品、市场及客户情况;
②approach(接触):善于与公司客户接触,很快达成沟通;
③attach(联系):积极热情,不断发展业务的联系能力;
④attack(进取):有强烈的进取心,主动向客户提供策略和建议,以便于扩大业务;
⑤account(利益):争取获得最大利益,要有谈判技巧,精于进退策略,善于回收账款。

5. 广告公司的媒介执行

广告公司的媒介执行主要担负着相应的广告媒介管理和媒介广告的投放任务。通常情况下,媒介执行所担负的主要是广告公司与广告发布下游媒介的联络任务,具体职责有:媒介购买及执行、媒体资源整合和维护、媒体信息发布监测。同时作为专职人员,还要经常研究媒介,定期形成媒介监测报告、媒体情况调研分析报告,并根据客户要求出具相应的媒介证明和媒介调研报告。由于媒介执行处在广告公司业务的后端,直接关系到广告公司服务的最终实现,因此媒介执行还担负着调节公司的客户广告链接、维护广告公司与媒介的关系,并为公司寻找和开发新的广告媒介资源的任务[①]。

## 第二节 广告公司员工考评、培训与职业发展

### 一、广告公司员工的考评

这是指建立起一套明确的、可以衡量的标准,定期地对广告公司每位员工已经完成的工作状况进行客观公正的考核与评价并及时反馈相关信息,使员工本人和广告公司经营管理者都清楚了解其工作能力是否与职务的要求相符,其工作业绩对广告公司的贡献及其在哪些方面有待提高和改善,从而确定员工的培训和发展方向,不断开发其潜能的工作。员工考评一般包括态度考评、能力考评、业绩考评三个方面。

1. 态度考评

态度考评首先是考核其纪律性与责任心,这是成为一名合格员工的基本条件,如按时上班、遵守规章制度、工作认真负责等;其次是主动性与积极性,在实际工作中观察员工在遇到特殊情况或意外事件时,是否能在职责范围以外主动协助他人完成对广告公司有益的工作,或者以超过岗位要求的标准自觉地改善自身工作。态度考评主要涉及员工的团队意识、责任意识和主动意识等。

2. 能力考评

能力考评可以从基本能力和经验能力两个方面来进行。基本能力是指那些完成工作任务所需要的一些共同的能力素质,如知识、技能、体力、文字表达、沟通协调等。经验能力是指对本职工作的熟悉程度及实际工作经验的积累等,如对实际问题的理解分析判断、对工作进度的计划安排、对广告公司组织成员的指导建议等。两者结合构成了员工的实际能力。显然,态度和能力共同影响广告公司员工的工作业绩,工作业绩是员工的努力程度、工作能力和实际成果的综合反映,业绩考评也就成为员工考评的主体部分。

3. 业绩考评

业绩考评的内容包括两部分:一是直接的可量化的绩效成果;二是反映能力的可衡量的绩效特征。广告公司内不同部门和岗位的工作,其考核要素应有所区别,如:客户部重点考核客户开发的数量和质量、客户关系的维护情况、广告客户对客户部人员服务的满意度等;策划部重点考核广告策划和广告计划的创新性、科学性和可操作性,广告客户对策划部人员服务的满意度等;创作部重点考核广告作品的创意水平和广告效果,以及广告客户对创作部人员服务的满意度等;媒介部重点考核广告媒介计划的科学性和广告投放的实际效果,以及广告客户对媒介部人员服务的满意度。业绩考核的主要指标力求简化、重点突出,具有较高的可衡量性,便于评价比较。

---

① 卫军英、王佳:《广告经营管理》,北京:北京大学出版社,2013年版,第139-141页。

## 二、广告公司的员工培训

员工培训是指通过有计划、有针对性的教育和训练,使员工改进目前知识和能力的工作。通过培训,一方面可以提高业务素质能力,让员工补充新知识,掌握新技能;另一方面,也可以促进交流信息,增进情感,加强协作。最重要的是,获得培训机会的员工,会增进对公司的认同感,从而提高公司的整体凝聚力。

1. 岗前培训

岗前培训是由广告公司人力资源部门对新招聘员工或公司成员进入新的工作职位之前进行的短期培训,其内容除了介绍公司的发展历史、现实状况、组织结构、业务流程、管理制度、公司文化等之外,主要是帮助新员工掌握岗位工作要求和操作技能,树立责任感和公司意识,逐渐被周围的同事所接受,并与新的工作集体相融合从而胜任工作。岗前培训有助于广告公司新成员了解公司的宗旨、运作程序与规则,熟悉本职工作的目标和岗位要求,这有利于增进对公司文化的认同,消除由于陌生而产生的顾虑,以便尽快进入角色。

2. 在职培训

在职培训是指对广告公司员工在本公司工作期间进行的、旨在全面提高工作能力和综合素质的培训。广告公司的在职培训一般是邀请公司自身的策划创意总监或从外部聘请的专家来公司以专题讲座和头脑风暴的形式开展。国际广告公司非常重视员工培训,奥美成长为有口皆碑的国际广告代理商,训练的传统和投入功不可没。从大卫·奥格威时代开始,奥美就常常用俄罗斯谚语作比喻:雇佣巨人,奥美会成为强大的公司,反之则变成侏儒公司。这个公司理念在具体行动中的表现之一就是不断地培训,让新人尽快成长,让老手成为未来的接班人。奥美大中华区董事长宋秩铭曾说:"训练对奥美而言,是生命,就如我们对创意的坚持一样。"奥美大中华区副董事长庄淑芬也称:"'训练'在奥美更代表了一种犹如图腾的企业文化。"奥美中国训练总监林友琴认为,训练在奥美一直有很神圣的地位,奥美人就是相信训练,相信学习[①]。

智威汤逊的策略性培训计划,涉及公司各个层级,针对性极强,可以看出智威汤逊培训的组织与策略思想,不妨摘录如下:

**1. 基础训练**

对象:刚入职的同事。

次数:每年举办两次,每次为期十三个星期,每星期一次,每次两小时。

地点:中国香港。

负责人员:董事总经理和高层同事。

内容:①向同事讲解工作范围、职责,分析创作、财务、管理技巧,以及电视制作与印刷过程等;②不同部门亦各自提供不同的培训;③提供专门课程,如表达技巧,邀请专业的培训员来讲解。

**2. 地区性训练**

(1) Young Tiger

对象:在公司工作已达两年的员工。亚太地区共分为五个地区,每个地区有各自的

---

① 邵明:《广告经营与管理》,上海:复旦大学出版社,2008年版,第81页。

Young Tiger 训练,每个 Office 会选出 15 人出来参加。

次数:每年举办一次,为期一星期。

地点:中国内地。

负责人员:课程由中国内地、香港地区、台湾地区的 Office Manager,地区办事处负责培训的同事和芝加哥公司派来的培训部同事共同合作制定。

内容:以 Case Study 和 Review Section 为主,亦向同事提供技巧课程,如表达技巧。

目的:提高同事的创意。

(2)James Webb Young

对象:在公司工作五年以上的同事。以整个亚太区的同事为主,每个 Office 选 3 位同事参加。

地点:在亚太地区举行,每次培训的地点不同。

负责人员:亚太区和欧洲高层同事。

内容:深造课程,着重实践方面。

目的:要求同事多思考,多想出新的意念,因为他们对基本广告认识相当足够。

(3)Sam Meek

对象:在公司工作十年以上的管理人才,不只限亚太地区,亦包括其他国家与地区。

次数:每年一次。

地点:在亚太地区选择一个地方,每年培训地点不同。

负责人员:亚太地区和欧洲的高层员工。

内容:①管理技巧,危机管理。②在培训前,会请参加员工的下级填一份表现评估,列出参加员工的长短处。在研习会上,会向有关管理同事评论其个人评估报告,让他了解自己的优缺点。③最特别的是在研习会最后两天,有角色扮演练习。要求参加员工模拟选用一家广告公司,会不断提出问题要他们解决。希望能训练员工掌握兼顾创作、办公室运作和危机处理技巧的综合技能。

目的:培训出 Office Managers。

**3. Duke University(杜克大学)培训**

对象:最高管理层。

次数:每年两次。

地点:北卡罗来纳州的杜克大学。

负责人员:大学内的教授。

内容:修读大学提供的短期管理课。

目的:因杜克大学提供不少管理课程,可给最高管理层一个学习最新企业管理技巧的机会。

## 三、广告公司员工的职业发展

一般来说,对广告公司员工职业发展的管理包括协调广告公司目标与员工个人目标,与员工一起制定职业发展计划,建立科学的人才选拔机制以帮助员工实现职业发展计划等工作内容。

1. 协调广告公司目标与员工个人目标

广告公司依照公司目前的工作需要和今后发展的战略目标制定的人力资源规划是员工职业发展的前提,一张组织内部的职务结构图可以系统地反映人力资源配备状况,为员工选择和确定自己的职业发展提供切实可行的路径。通过广泛有效的沟通,员工会了解并认同公司目标,认识到公司目标的实现是个人职业发展的前提,以及两者在利益上的一致性。协调好公司目标与个人职业目标是广告公司必要的工作。

2. 制定员工职业发展计划

广告公司员工职业发展道路的选择还受个人的职业兴趣、价值取向和能力特点的影响,人力资源部门从招聘开始就应该有意识地了解和把握其个性化的职业追求,跟踪考察其能力与专长,为其制定切实可行的职业发展计划并提供指导。一些广告公司把员工的职业发展计划作为人力资源管理的核心工作,体现出从传统的"管人"观念向"开发人"理念的转变,为不同部门和职位的员工设计各有特点的职业发展通道。一般来说,由广告公司部门主管、人力资源主管与员工一起根据公司发展需要和个人特点共同制定的职业发展计划比单独从个人角度出发的计划有更多的可行性。

3. 实现员工职业发展计划

实现员工的职业发展计划需要员工个人和组织的共同努力,广告公司帮助员工实现其职业发展计划有许多具体工作可做。首先,广告公司在招聘时就要注意了解应聘者的职业追求,真实地介绍广告公司的情况和今后可能的发展机会;其次,在工作期间提供多样化、多层次的学习培训,使员工愉快胜任,获得成就感,鼓励员工自己进行多种形式的业务学习,进一步提高能力和素质;再次,广告公司建立科学合理的绩效考评、晋升制度,保证员工公平竞争的机会是从制度层面为员工职业发展打开通道。

从员工个人的角度来看,首先,需要审慎地选择工作,尽最大努力干得出色,让自己和部门主管都满意;其次,了解广告公司文化对员工的要求,展现与公司要求吻合的个人形象,获得他人的认同,建立情感联系;再次,充分发挥自己的才能,以优秀的工作业绩获得同事和领导的认可,为自己的职业发展创造机会。

广告公司员工实现职业发展计划,可以是职务晋升、职级晋升,也可以是薪资待遇的提高、获得培训学习的机会等。一些大型的广告公司一般都设有专门的人力资源部门,明确人力资源部在员工职业发展中的重要性,并充分发挥人力资源部的作用,是留住和用好人才的关键。一些小型的广告公司往往没有设立专门的人力资源部门,一般是由公司的策划创意总监负责具体业务部门的人员招聘。作为广告公司的领导者,需要从制度上重视员工的职业发展,为员工职业发展创造机会,增强员工对广告公司的文化认同和情感联系。

广东省广告集团股份有限公司作为中国本土大型的广告集团,积极探索员工激励措施,通过平台公司股权众筹的形式建立新的员工激励制度。2015年12月12日,省广股份举行了首届GIMC创业节,正式发布"平台战略2.0",同时推出了平台公司股权众筹大会和员工创新创业大赛,这是广告公司创新员工激励机制和经营战略的重大举措,详见《羊城晚报》的相关报道。

## 省广股份借创业平台打造千亿市值①

"互联网+"与创业及融资该如何联姻？12日，广东省属国企——省广股份举行的首届GIMC创业节给出了一份答卷。该公司当天正式发布"平台战略2.0"，同时推出了平台公司股权众筹大会和员工创新创业大赛。省广股份董事长表示，激励创新和孵化创业将成为省广平台战略的核心任务和制度，未来将通过制度加大创新创业力度，打造一个千亿市值的国际化整合营销控股集团。

### 吸引明星成为合伙人

当不少传统国企还在为如何建立有激励机制的创业创新制度而困扰时，省广股份已经迈开了步伐。"以后每年的'双十二'都是GIMC创业节。"省广股份董事长当天的发言透露出了省广股份在打造创业平台上的决心。事实上，现在的省广早已从传统的广告公司，已经发展成为中国最大的IMC平台型企业。

据悉，自2015年1月省广股份启动平台战略以来，全面激活了企业内部的创业创新能力，并吸引聚合了众多优质的外部资源。目前，省广股份已经成立了超过十家的平台公司，涵盖影视制作、大数据、体验营销、娱乐营销等领域，吸引了国内一线明星及多个行业的精英加盟，成为省广的合伙人。省广股份董事长表示，互联网压缩了传统广告的空间，但也扩大了中国营销产业的边界，省广要实现整理力和创新力的升级。"2010年，省广上市后通过并购实现了每年复合增长率超过40%。我们将进一步加速产业链上下游的并购，还将通过制度加大创新创业力度，实现千亿市值的国际化整合营销控股集团的目标。"

### 启动员工众筹实现激励

当前，省内很多国企都在谋划鼓励员工内部创业，但怎样才能更有效？

省广股份董事长介绍，省广股份积极探索员工激励措施，通过平台公司股权众筹的形式建立新的员工激励制度。

12月12日晚，省广股份旗下的省广影业、诺时大数据、博纳思数字行销、多触电商传媒、省广众烁、省广汽车营销、省广体验营销七家平台公司创始人，各自进行路演，并现场面向全体省广员工开放股权众筹，让所有人都有机会分享到平台发展的成果。

创新的商业模式，是整合产业链的强大武器，能使创业者结成联盟，推动产业更新、裂变。省广股份董事长表示，未来省广将通过基础设施建设以及制度创新两个方面来推动平台战略的升级。省广股份还将通过合伙人制度、股权众筹制度、IPO计划、股权激励计划等完整的价值分配体系，让每个人成为投资人、创业者和服务者，打造利益共同体，并制定员工创业孵化制度，让员工成为平台价值接口，实现全产业链的快速整合。

---

① 孙晶：《省广股份借创业平台打造千亿市值》，《羊城晚报》2015年12月14日第A11版。

# 第十二章　广告公司的财务管理与资本运作

广告公司的财务管理，是广告经营管理的重要内容。具体来说，广告公司的财务管理，是对公司经营活动中各种资金的来源、使用，利润的形成，进行计划、组织、调节、监督和核算。广告公司的资本运作，是增强广告公司规模实力和核心竞争力的重要途径，也是现代广告经营管理的重要内容。广告市场上既存在大量小而专的广告公司，同时也有一些大而全的综合型广告集团和营销传播集团，面对国际广告集团和营销传播集团的强势并购扩张，中国本土广告公司迫切需要开展资本运作，打造一批世界级的广告与营销传播集团。本章重点探讨广告公司的财务管理与资本运作。

## 第一节　广告公司的财务管理

### 一、广告公司的收费项目

通常情况下，广告公司的收费项目，主要有以下几项：

1. **媒介代理费**

此项收费在代理业萌生之初即已确立。在报业经营广告业务的最早时期，报馆即向报纸版面的推销员，按报纸版面收费的一定比例支付酬金，以为招揽广告、推销版面的手段，并在此基础上，产生出代理业中最初的媒介代理。最初的媒介代理，一方面沿袭上例，从为媒介推销版面的收费中，向媒介索取一定比例的酬金，另一方面批量低价买进媒介的版面和时间，然后转手分散高价出售给广告客户，从中赚取差额利润。19世纪80年代末或90年代初，被称为"现代广告公司的先驱"的来自美国费城的艾耶父子广告公司的创始人F.W.艾耶，率先提出一项新的收费建议，即如实向广告主收取购买版面的真实价钱，另按一定的比例向广告主收取一笔代理佣金。这一新的收费方式，正式建立了广告公司与客户的代理与被代理关系。稍后，美国著名的出版界领跑者库蒂斯出版公司也宣布了一条新规定，该公司同意向广告公司支付佣金，条件是广告公司负责替媒介向广告主索取全价媒介刊登费，并不得将从媒介取得的佣金回退给广告主。后来这一规定被美国杂志出版商协会采纳，逐步推广开来，形成制度。于是，佣金制便转而来自媒介。这一制度一直沿用至今。

2. **客户服务费**

广告市场调查、广告策划、广告创意、广告设计与制作、广告媒体调查、广告效果测定，都属于广告公司的基本代理服务。这些代理服务，如何收取费用，是否属于广告代理的收费范围，问题更为复杂。

(1) 广告调查费。广告调查包括市场调查、媒体调查、广告事前事中测试、广告效果调查，费用由谁承担？一般的做法是：为制定广告运动策划方案所进行的必需调查，费用由广告代理公司承担。如受广告主专项或特别委托,专为广告主所做的调查,调查成本和佣金由广告主支付,但有些情况也不尽然。如果广告代理公司本身不从事市场调查,必须通过专门调查机构进行,其费用由广告主承担。如果此项调查需经由代理公司指挥、监督而进行,代理公司可向广告主申请特别佣金。

(2)广告策划费。此项服务是早期广告代理所不具有的,而为现在所有真正意义上的广告代理公司所必备。此项服务是否收费,需视以下三种情况而定:①如属于全面代理,其酬劳已被包括在代理公司从媒介所取得的代理佣金之内,广告主一般不再向广告公司另行支付策划酬劳;②即使属于全面代理,但广告主的广告投入有限,代理公司从媒介获取的佣金,不足以支付代理公司为策划所付出的成本和劳务,代理公司可向广告主另行收取策划特别服务费,但必须事先征得广告主的认可和同意;③如属单项代理,广告公司应向委托策划的客户,按成本和劳务费收取策划费用。

(3)广告创意、设计与制作费。广告制作通常有两种运作方式:一是由广告公司完成创意、设计,提出草案,如平面广告的制作草图、广播电视广告脚本概念等,转托专门的广告制作机构完成制作;二是由广告公司自行完成制作。广告创意、文案与设计的酬劳,同广告策划一样,一般也被包括在广告代理从媒介所取得的代理佣金之内,广告代理不再向广告主收取特别创意、文案和设计费,而广告制作则在代理佣金之外另行收费。如广告影片的制作,通常是由广告代理公司完成创意、设计,提出草案,交由专门的制作公司制作执行,广告主必须全额支付影片的制作费用,另向广告公司支付一定比例的费用,以为广告公司在此过程中所付出劳务的酬金,如进行细部规划,修改润色,与制作公司讨论影片分镜头脚本、制作细节,监督制作执行,控制制作品质等。

(4)专项营销传播服务费。专项营销传播服务费是指广告代理服务之外的其他营销传播服务项目,如 CI 策划、公共关系、终端促销、娱乐营销、体育营销、终端促销、网络营销等代理服务,这些服务项目均在收费范围之内。

(5)杂项服务费。因广告的需要、广告主的要求,所产生的出差、交通、代购材料与资料、聘请广告演员、印刷及其他所需费用,广告主除应承担实际成本费用之外,还应向广告公司支付服务费用[①]。

## 二、广告公司的收费模式

本书的第二章介绍了广告公司的收费方式,包括佣金制、协商佣金制、实费制、效益分配制和议定收费制。这里将重点探讨广告公司收费模式的变化趋势。事实上,上述五种收费方式可以概括为三种模式,即佣金模式(佣金制、协商佣金制等)、服务费模式(实费制、议定收费制等)、奖励模式(效益分配制等)。

1. 佣金模式

佣金模式是指广告代理公司根据广告主的媒介投放量提取一定比例的佣金作为广告代理费的制度。佣金的收取方式也经历了一个由从广告主方收取向从媒介方收取的转变过程。经过广告主、广告代理公司和媒介长期博弈之后,到 20 世纪初,15% 左右的佣金模式最终确立,成为广告行业的通行规则。虽然这一比例不断受到挑战,并由此衍生出佣金模式的子类型:传

---

① 张金海:《广告经营学》,武汉:武汉大学出版社,2002年版,第 135 页。

统的佣金模式(traditional commission)、降低比例的佣金模式(reduced commission)、波动比例的佣金模式(sliding commission),但是几乎贯穿整个20世纪,佣金模式都是主流的广告代理费制度。然而,佣金模式本身有其缺陷,即由于广告代理公司的酬劳是以广告主的媒体投放费用为基数,因此广告代理公司存在着潜在的动力,为广告主推荐更多的媒介投放,从而造成广告主对广告代理公司的不信任。

2. 服务费模式

服务费模式是指广告主按劳务成本(cost)、管理费(overhead)以及利润(profit)向广告代理公司支付广告代理费的制度。20世纪60年代,奥美广告公司(Ogilvy & Mather)在壳牌(Shell)业务中,放弃传统的媒体佣金,采用服务费模式的实费制。此举虽遭同行的强烈批评,大卫·奥格威本人险些被4A(美国广告代理公司协会)除名,但这种模式却被广告主称赞为"一次重大突破"。20世纪80年代中后期,包括通用、宝洁、IBM、福特、奔驰、宝马、耐克等企业纷纷采用服务费模式。但是,服务费模式从诞生开始就引发了持续的争论。争论的焦点主要集中在两个方面:①管理费问题。管理费是指广告公司间接服务部门的工作费用。2003年,Beeckman Associates接受客户委托,开展了"广告代理公司管理费"调查,引发了整个广告行业的"地震"。4A公开指责该公司为"声名狼藉的代理费顾问公司",认为其"正在炮制虚假标准,提供虚假信息,恶化广告主与广告代理公司的关系"。②利润率问题。对于广代理公司的利润率的设定,双方存在着一定的差异,广告代理公司的期望显然高于广告主。

3. 奖励模式

奖励模式则是指广告主根据广告代理公司的广告专业服务所产生的实际效果而支付相应代理费奖励的制度。实际效果的评估往往以双方事先设定的目标为标准,可能涉及与销售有关的变量以及与品牌或广告有关的变量。1990年,Carnation和Campbell Soup宣布,计划与广告代理公司商讨奖励模式。1990年5月,DDB Needham Worldwide率先大胆地推出了第一个完整的奖励模式——"效果担保计划"(Total Creativity Guaranteed Results)。2000年7月,宝洁公司宣布实行奖励模式。宝洁公司市场负责人认为:"这种新的广告公司与广告主联动型的制度对双方都是一种奖励,激励双方在最短的时间内获得最佳效益。"此后,一些大型广告主纷纷效仿,宣布采取奖励模式。

20世纪90年代开始,佣金制模式基本瓦解,服务费制取而代之,成为了广告代理费制度的主流模式。21世纪初开始,奖励模式逐渐被大型广告主采用,成为广告代理费模式变迁的新趋势。如今,以上三种基本模式相互搭配,形成多种复合模式,使广告代理收费制度呈现出多元并存的局面[①]。

## 三、广告公司的财务收支程序

广告公司在企业经营中要遵循企业财务管理的一般程序,同时由于它在经营项目、盈利方式、资金运转方面有特殊性,所以在进行广告公司财务管理时,也要注意广告公司经营的特殊规律。在接单后,广告公司的财务部和客户部就要根据客户意向和基本构想提出最初的广告预算。从提出预算到实施要经过预算审核、运作成本执行控制、财务分析三个阶段。

---

① 徐卫华:《广告代理费模式的变迁与广告代理公司的转型》,《中国广告》2008年第8期,第138页。

1. 预算审核

广告预算的收费模式主要有佣金模式、服务费模式和奖励模式。其中媒介佣金占收入的大部分。在提出预算的基本方案后,广告公司财务部门和客户部要对相关费用进行详细的核对和反复估算,确保各项费用分配合理。对于不合实际的预算费用,要进行修改和调整,因为如果预算额度超出广告主承受范围,则无法与广告主达成协议;如果预算入不敷出,则在实际执行中的费用必定会超出预算,而超出部分的费用需要和广告主进行反复磋商,如果未达成一致意见,还要由广告公司自行承担。因此,广告预算的审核是广告公司财务管理的基础,也是广告公司得以正常运转乃至盈利的前提条件之一。广告费用预算的一般工作流程如图 12-1 所示,广告预算分配表如表 12-1 所示。

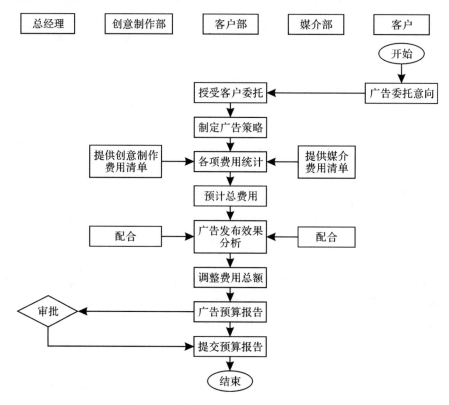

图 12-1 广告费用预算的一般工作流程

表 12-1 广告费用预算分配表

编号:　　　　　　　　　　　　　　　　　　　　　　　　　　　　　　　　日期:

| 广告项目 | | | 预算期限 | |
|---|---|---|---|---|
| 广告预算总额 | | | 预算人员 | |
| 费用项目 | 费用明细 | 开支内容 | 费用额度 | 执行时间 |
| 市场调研费 | 文献调查 | | | |
| | 实地调查 | | | |
| | 研究分析 | | | |

续表

| | | | | |
|---|---|---|---|---|
| 广告设计费 | 报纸 | | | |
| | 杂志 | | | |
| | 电视 | | | |
| | 电台 | | | |
| | 网络 | | | |
| | 户外 | | | |
| 广告制作费 | 印刷费 | | | |
| | 摄制费 | | | |
| | 工程费 | | | |
| | 其他 | | | |
| 广告媒介费 | 报纸 | | | |
| | 杂志 | | | |
| | 电视 | | | |
| | 电台 | | | |
| | 网络 | | | |
| | 户外 | | | |
| 广告部门管理费 | 人员工资 | | | |
| | 公关费 | | | |
| | 办公费 | | | |
| | 其他 | | | |
| 其他杂项开支 | | | | |
| 总计 | | | | |

2.运作成本执行控制

广告公司盈利的基本因素之一是成本费用控制。大多数广告代理公司在进行代理服务时会发生直接的广告费用和间接的广告费用。直接的广告费用，包括向调查机构支付的调查费、媒介租用费等，也就是所谓的外付成本。间接的广告费用，主要是房租、水电费、办公费、资料费、员工工资、员工培训和出差的开支，以及广告活动的杂物费等，也就是所谓的内付成本。

成本费用的管理原则，是最大限度地节约人力、物力和财力，提高经济效益。强调成本费用管理，并不是一味降低广告作业费用，而是以提高效率、提高公司收入为最终目的。在整个财务管理过程中，要把成本控制渗透到广告公司代理活动的各个方面和各个环节中，严格控制广告直接费用和间接费用的发生数额，尽量不要超过预算。对于直接费用，虽然由广告主支付，但是广告公司要对客户负责，要为客户争取尽可能低的制作费用和媒体刊播费用，与客户建立相互信任的合作关系。

在对广告公司内部发生的费用进行管理时,第一,要注意考虑到员工的需求和积极性,不能为了追求公司利润而盲目降低工资待遇,要根据员工的表现和能力进行绩效分配,对表现突出的员工进行奖励,激发员工的工作热情。第二,培训费用的支出是一种长线投资,不但可以提高员工的素质,提升公司的服务质量,还可以培养员工的忠诚度,因此这方面的支出也是必要的,但要有计划、有控制地进行。第三,对于日常行政管理费用的支出要进行控制,避免资源的浪费;建立健全公司财务管理制度,定期进行检查;公司物品要落实到人,建立责任追究制度。

3. 财务分析

对于广告公司的财务收支情况,应定期进行报告和分析,建立定期的财务报告制度。所谓财务分析,就是以企业财务报告所提供的财务指标为主要依据,对企业的财务状况和经营成果进行评价和分析的一项活动。根据财务报表所进行的分析,可以明晰前期经营状况,对经营策略进行调整和改进;掌握公司发展前景,制定未来企业经营计划,为财务策略提供依据[①]。

4. 广告款结算管理

一家广告公司若想要在市场上具备竞争力,就必须适时拿到客户的服务费用,从而用于公司的经营与发展。广告公司广告款的结算策略可以概括为以下方面:

(1)事先说明。在与客户签订合同时,就对付款时间进行约束,并找专人进行说明。这样在相应时间点,当客户拿到账单时,就不会感到意外。比较专业的做法是,事先准备好公司的供应商选择表、价目表等,向客户进行提前说明,这样严谨的做法才会赢得客户的尊重与信任。

(2)针对项目客户:开支清单。开支清单,类似于银行的操作,指的是广告公司为每个客户的每个项目开设一个账户。一般而言,按照项目合同,客户会在项目启动时,在账户中注入一定的启动资金。当广告公司为该客户进行广告活动的支出时,就直接从客户账户上扣除。然后直接向客户发出开支清单,如"截至×年×月,您的账户余额为××元"等。

(3)针对月费客户:按月向客户收取款项。广告公司按照合同约定的时间,每月向客户列出清单,写明项目,发送给客户一张催收账款的清单。客户根据这些清单,每月进行付款。这种做法可以减轻广告活动过程中广告公司所垫付的费用负担。

(4)分期付款。一些大型的广告项目(如奥运会、亚运会的主场馆设计等)在初具规模、经过验收后,客户才会同意付款,其持续的时间可能会是数月。这时,广告公司可以与客户前期协商采用分期付款的方式。比如在项目启动时,客户支付1/3的费用,初验合格时再支付1/3,广告活动全部结束后付清余款等。

(5)催款。广告公司如果采取了以上各种措施,都无法顺利收款,就可以采用催款的方式多次提醒客户。催款,并非是冷冰冰的催促,而是友善的劝说。催款包括两种方式:一种是由客户部等前端人员打电话给客户,进行委婉的劝说;另一种是由财务部向客户邮寄催款单。一般而言,第一种方法是比较提倡的,因为由客户部来催款,不至于让客户感到反感。

---

① 朱强:《广告公司经营与管理》,武汉:武汉大学出版社,2007年版,第169页。

(6)现金折扣。对于那些可以按时付款的客户,可以进行一些优惠政策进行鼓励,如"如果能够在×年×月之前付款,可以享受2%的折扣优惠"等。通过该种方法来进行客户付款的管理,如果客户没有在规定的时间之前付款,就享受不到折扣优惠,然后由客户部相关人员用电话或邮件告知客户,由于没有及时付款,客户会损失多少钱等①。

广告款结算的一般工作流程如图12-2所示。

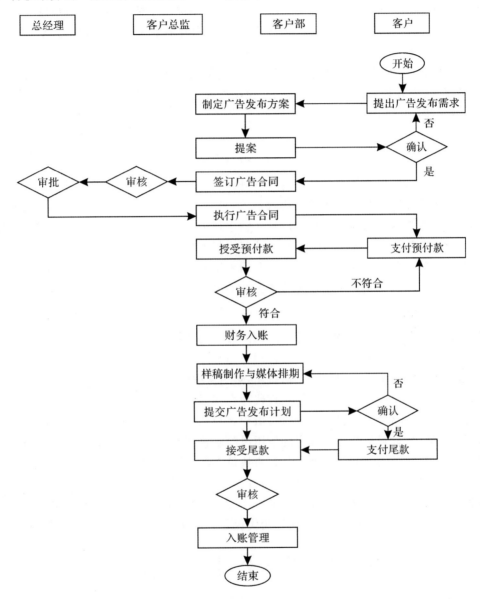

图12-2 广告款结算的一般工作流程

---

① 郜明:《广告经营与管理》,上海:复旦大学出版社,2008年版,第99页。

#### 四、广告公司的财务风险

广告公司经营的财务风险,主要来自以下三个方面:

1. 比稿投入的风险

经常会有客户要求多家广告公司拿出各自的文案说明,以便在竞争中挑选广告公司。通常情况下,比稿有两种方式:①要求广告公司对广告活动提出整体性的策略和看法;②要求提出一套完整的广告计划。对于广告公司来说,要完成其中任何一项工作,都需要有大量的人力、财力和物力。在这种情况下,广告公司往往很矛盾,因为任何一个好的广告策划方案都必须要有相当的投入才可取得,比如市场调研费用、其他的工作劳务开支等。不做前期的支出,很难取得好的策划方案;而前期投入较多,在比稿失败之后又大多数无法收回。所以参与比稿就意味着要承担一定的风险。

2. 代理的效益风险

所谓效益风险,即应广告主的要求,对广告代理不采取通常的付费方式,而采取广告所促成的销售效益分配制,对销售效益按一定比率进行利润分成。广告公司因而没有了固定的收入保障,其收入完全建立在广告主的销售效益上。广告主与广告公司一荣俱荣,一损俱损,风险共担,利润共享。这种风险在以往的广告经营中很少有过,而目前却逐步增多。这就要求广告代理公司慎选广告客户,慎选代理业务,并努力提高代理质量和水平,尽量避免这一风险。需要明确的是,这种代理方式并不要求广告公司承担成本风险,所有广告成本依然由广告主承担,广告公司所承担的只是其中的代理服务佣金的风险。

3. 垫付资金的风险

大多数广告公司的最大的财务风险都来源于此,这是伴随着代理制而来的一个必然特征。广告业务运作往往遵从"广告客户→广告代理公司→广告媒介"这样一个过程,即客户出资委托代理,由广告代理向媒介支付广告刊播费用,然后从中收取佣金,完成广告活动的财务运作。在大多数情况下,客户与广告代理公司签订代理合同后,只是暂付部分广告款项,其余部分在广告进行过程中和广告完成之后分批兑付,由于客户在付款中常有拖欠或在广告完成后要求降低费用的现象,所以媒体往往把客户的信用风险转移到广告公司,要求广告公司如期付款。在这种情况下,广告公司在所难免地要为客户垫付一部分资金,如此一来也就自然承受了来自客户与媒体之间的资金收付风险。在代理中,广告公司几乎时时刻刻都有这种风险。为有效防止这种财务风险,常常要做以下几方面工作:①对客户信用及资金情况做翔实调查;②严格签订广告合同,各项条款不能马虎;③在开始代理之时即预收广告费用;④建立定期收款制度。

## 第二节 广告公司的资本运作

### 一、广告公司的融资方式

1. 债权融资

广告业的债权融资是指广告公司通过举债的方式进行融资。对于债权融资所获得的资金,广告公司首先要承担资金的利息,另外在借款到期后要向债权人偿还资金的本金。债权融资的特点决定了其用途主要是解决广告公司营运资金短缺的问题,而不是用于投资活动。

2.股权融资

广告业的股权融资是指广告公司的股东愿意让出部分公司所有权,通过公司增资的方式引进新的股东的融资方式。股权融资所获得的资金,广告公司无须还本付息,但新股东将与老股东同样分享广告公司的赢利与增长。股权融资的特点决定了其用途的广泛性,既可以充实广告公司的营运资金,也可以用于广告公司的投资活动。

## 二、广告公司的融资渠道

1.私募发售

广告业的私募发售是指广告公司自行寻找特定的投资人,吸引其通过增资入股广告公司的融资方式。因为绝大多数股票市场对于申请发行股票的广告公司都有一定的条件要求,对大多数中小型广告公司而言,较难达到上市发行股票的门槛,私募成为中小型广告公司进行股权融资的主要方式。在私募领域,不同类型的投资者对广告公司的影响是不同的,在中国广告市场上,主要有以下几类投资者,即个人投资者、风险投资机构、产业投资机构和上市公司。

(1)个人投资者。个人投资者虽然投资的金额不大,但在大多数广告公司的初创阶段起到至关重要的资金支持作用。这类投资人很复杂,有的人直接参与广告公司的日常经营管理,也有的人只是作为股东关注广告公司的重大经营决策。这类投资者往往与广告公司的创始人有密切的私人关系,随着广告公司的发展,在获得相应的回报后,一般会减少对广告公司的影响。

(2)风险投资机构。风险投资机构能为广告公司提供巨额的股权融资,它们追求资本增值的最大化,其最终目的是通过上市、转让或并购的方式,在资本市场退出,特别是通过广告公司上市退出是他们追求的最理想方式。选择风险投资机构对于广告公司的好处在于:①没有控股要求;②有强大的资金支持;③不参与广告公司的日常管理;④能改善广告公司的股东背景,有利于广告公司进行二次融资;⑤可以帮助广告公司规划未来的再融资及寻找上市渠道。但同时,风险投资机构也有其不利之处,它们主要追逐广告公司在短期内的资本增值,容易与广告公司的长期发展战略形成冲突。

(3)产业投资机构。产业投资机构的投资目的是希望被投资广告公司能与自身的主业融合或互补,形成协同效应。该类投资者对广告公司融资的有利之处在于:①具备较强的资金实力和后续资金支持能力;②有品牌号召力;③有业务的协同效应;④在企业文化、管理理念上与被投资的广告公司比较接近,容易相处;⑤可以向被投资广告公司输入优秀的企业文化和管理理念。其不利之处在于:①可能会要求控股;②产业投资机构若自身经营出现问题,对被投资的广告公司会产生不利影响,影响企业的后续融资;③可能会对被投资的广告公司业务发展领域进行限制;④可能会限制新投资者进入,影响广告公司的后续融资。

(4)上市公司。上市公司,也是广告业私募融资的重要参与者。一些有长远战略眼光的上市公司,看到了被投资广告公司广阔的市场前景和巨大发展空间,其投资是为了产业结构调整的需要。还有一些参与私募的上市公司利用资金优势为广告公司注入新概念或购买利润,伺机抬高股价,以达到维持上市资格或再次圈钱的目的。不管是哪类上市公司,它们都会要求控股,以达到合并财务报表的需要。对这样的投资者,广告公司必须十分谨慎,一旦出让控股权,又无法与控股企业达成一致的观念,广告公司的发展就会面临巨大危机。

### 2. 公开发售

广告业的公开发售是指通过股票市场向公众投资者发行广告公司的股票来募集资金,包括广告公司的上市、上市广告公司的增发和配股都是利用公开市场进行股权融资的具体形式。通过公开发售的方式来进行融资是许多广告公司梦寐以求的融资方式,广告公司上市一方面会为广告公司募集到巨额的资金,另一方面,资本市场将给广告公司一个市场化的定价,使广告公司的价值为市场所认可,为广告公司的股东带来巨额财富。

与私募融资渠道相比,广告公司通过上市来募集资金有以下突出的优点:①募集资金的数量巨大;②原股东的股权和控制权稀释得较少;③有利于提高广告公司的知名度;④有利于利用资本市场进行后续的融资;⑤有利于快速并购组建大型的整合营销传播集团。但由于公开市场发售要求的门槛较高,只有发展到一定阶段,有了较大规模和较好赢利能力的广告公司才有可能考虑这种方式。

## 三、广告公司的资本并购

中国广告市场正在进入以资本并购和联合为主要特征的新一轮产业扩张,广告市场将会面临重新洗牌,也必将会诞生一批具有国际竞争力的中国营销传播集团。广告公司通过私募融资或公开发售等方式,获取公司发展的资金只是第一步,更重要的是要制定广告公司的发展战略,将资本的力量转换成市场优势。当前,我国已经有一批上市广告公司,正在积极通过资本并购的方式发展壮大,但同时也面临并购的困境和难题,这就需要广告公司首先必须明确公司并购的动机是什么?并购会存在哪些风险?该如何制定公司并购战略?

### (一)广告公司资本并购的目的

广告公司开展资本并购活动,其核心动机为获取新客户、进入新市场、提高垄断度和完善产业链。

#### 1. 获取新客户

广告公司作为服务型企业,客户是其发展的根本动力。拥有一批优质的客户资源,不仅可以为广告公司发展提供重要的经济来源,而且可以提升广告公司的专业水平和行业知名度,提高广告公司员工的成就感和归属感。广告公司通过并购获取新客户,主要有三种途径:一是直接获取并购对象服务的客户。客户资源的多少与好坏,影响广告公司的经营业绩,广告公司也会重点评价资本并购对象的经营业绩、专业代理能力以及所拥有的客户资源和媒介资源。并购同行业企业是获取客户最便捷的方式。二是提升企业代理能力以获取新客户。广告公司并购之后产生的集团效应,以及由于互补性并购所产生的协同效应,可以快速提升企业专业代理能力,从而增强对客户的吸引力。三是提升媒介代理水平以吸引新客户。例如,省广股份收购重庆年度广告传媒有限公司,蓝色光标收购西藏山南东方博杰广告有限公司等,都是为了提升公司在媒体资源代理方面的优势,更好地为客户提供整合传播服务,从而提升与客户和媒体博弈的实力。

#### 2. 进入新市场

长期以来,我国广告业缺少全国性的广告公司,通过资本并购方式,可以降低进入壁垒和代理风险,并迅速进入新的市场。广告公司通过资本并购进入新市场的动机主要有以下三个方面:一是进入新的区域市场。目前中国的一线广告市场竞争异常激烈,二、三线城市的广告市场空间巨大,亟待开发。以省广股份收购重庆年度为例,重庆年度以重庆为总部基地,覆盖北京、天津、郑州、西安、武汉、昆明、南昌、乌鲁木齐等多个大中型城市,旗下拥有北京同舟、天津星际、重庆你好等10多家子公司,省广股份对重庆年度的并购,使得省广股份的业务迅速扩张。二是进入新的行业领域。广告业是一个专业细分度很高的行业,通过资本运作,并购一些专业领域的优秀广告公司和营销传播公司,可以节省学习成本和降低经营风险,例如奥美对黑狐的收购就是典型的例子,借助黑狐在房地产代理领域的专业经验,奥美迅速拓展了中国房地产市场的业务。三是进入新的媒介市场。通过并购一些拥有媒介资源的公司,广告公司可以快速进入新的媒介市场,省广股份对重庆年度和青岛先锋的收购,亦属于这种类型。

3. 提高垄断度

中国广告产业长期处于一种高度分散与高度弱小的状态,导致广告市场经常发生逆向选择现象和价格恶性竞争,不利于广告业健康发展,也不利于中国广告公司竞争力的提升。进入资本驱动和价值驱动时代的中国广告业,需要一批具有国际竞争力的大型广告集团和营销传播集团。一些上市广告公司,可以充分利用自身的资本优势、客户和媒体资源优势以及整合营销传播代理优势,并购优秀的广告和营销传播公司,从而实现规模化发展。广告业集中度的适度提升,对于当前广告行业发展是一种现实的必需。广告公司可以通过三种路径提高市场垄断度:一是并购同行业竞争对手,提高市场垄断;二是并购互补性关联企业,提高进入壁垒;三是获取排他性媒介资源,吸引广告客户。分众传媒通过收购电梯框架广告商框架传媒以及主要竞争对手聚众传媒,确立了在楼宇、电梯广告市场的垄断地位。

4. 完善产业链

广告业的核心价值就是为企业提供品牌代理服务,单纯依靠广告已经无法满足企业的需求,广告业向营销传播业的转型成为必然趋势。对于国内一些大型广告公司而言,积极向整合营销传播集团发展,不仅可以满足企业的整合营销传播代理需求,还是广告公司自身发展的战略需要。广告公司通过资本并购完善产业链的动机具体表现在以下三个方面:一是完善整合营销传播产业链,为客户提供更好的服务。广告公司从最初的媒体掮客到为企业提供包括广告策划、创意、设计、制作和媒体发布业务在内的综合性广告代理,再到整合营销传播代理,都是企业营销传播代理需求变化的必然结果。近年来,省广股份并购广州旗智企业管理咨询有限公司、上海瑞格市场营销有限公司、上海传漾广告有限公司,向营销传播领域拓展业务,公关公司蓝色光标并购金久广告,向广告代理领域拓展业务,都是产业融合趋势的反映。二是降低单一代理风险,提高广告公司抗风险的能力。例如,广而告之股份有限公司由于过于依赖央视媒体资源的代理,导致一旦央视出现人事变动和政策调整,公司经营就面临极大风险。三是获取规模经济和范围经济效益,提升投资者信心。上市广告公司不仅要为客户提供专业化代理,而且要通过资本并购,完善产业链,提振投资者信心,进而在股票市场收获好业绩。2011—2015年广东省广告集团股份有限公司进行的部分重要并购活动如表12-2所示。

表 12-2　2011—2015 年广东省广告集团股份有限公司部分并购活动

| 并购对象 | 并购年度 | 所持股份 | 并购目的 |
| --- | --- | --- | --- |
| 上海传漾广告有限公司 | 2015 年 | 80% | 强化公司在大数据营销和程序化购买等方面的数字营销传播能力 |
| 上海韵翔广告有限公司 | 2015 年 | 55% | 延伸公司的户外媒体网络，对公司现有自有媒体业务形成联动效应，并进一步提高协同效应 |
| 上海恺达广告有限公司（安瑞索思） | 2014 年 | 85% | 提高公司在线上线下互动整合营销领域的市场地位 |
| 深圳尚道微营销有限公司 | 2014 年 | 55% | 增强公司为客户提供以微博、微信为主的社会化媒体整合营销策略策划及执行的能力 |
| 广州中懋广告有限公司 | 2014 年 | 55% | 提升公司为客户提供电台广告代理及电台整合营销服务的能力 |
| 上海瑞格市场营销有限公司 | 2013 年 | 100% | 增强公司在市场营销（店内促销、商务采购、销售规划等）及公共活动（路演、展会等）等线下营销服务的专业代理能力 |
| 上海雅润文化传播有限公司 | 2013 年 | 100% | 提升公司在电视媒体、户外和平面媒体以及新媒体广告资源代理方面的能力 |
| 青岛先锋广告股份有限公司 | 2012 年 | 51% | 丰富二三级区域媒体代理资源，横向优化公司现有媒介代理盈利模式 |
| 上海窗之外广告有限公司 | 2012 年 | 51% | 加强公司自有媒体种类与辐射区域，横向补充公司现有自有媒体经营业务 |
| 合众盛世（北京）国际传媒广告有限公司 | 2012 年 | 55% | 补强大健康营销业务，纵向拓展营销服务产业链 |
| 广州旗智企业管理咨询有限公司 | 2011 年 | 51% | 增强公司为客户提供专业的策略、公关、网络互动、培训、区域广告及线下营销等在内的一体化全方位服务的能力 |
| 重庆年度广告传媒有限公司 | 2011 年 | 51% | 利用重庆年度覆盖重庆、北京、天津、郑州、西安、武汉、昆明、南昌、乌鲁木齐等多个大中型城市的媒体网络，提升省广在区域市场的媒介代理能力 |

## (二)广告公司资本并购的风险

广告公司资本并购的风险,集中表现为企业文化冲突风险、代理客户冲突风险、核心人才流失风险和并购对象经营风险。

### 1. 企业文化冲突风险

企业文化之间的冲突,是广告公司并购中最为突出的风险之一。各个广告公司在长期经营中都会形成自身独特的企业文化,并内化为公司经营管理者和员工的思维和行为。广告公司在并购运作中,如果不考虑并购企业的文化,会增加并购的不确定性。企业文化冲突表现在三个方面:一是管理者观念的冲突。广告公司管理者是否具有开拓性和创造性,是否具有领导力和包容性等,都会影响广告公司未来的发展。二是员工利益是否受损。并购前后的工资奖励如果差别过大,也会影响公司人员的稳定。三是企业价值观的融合。广告公司间的并购能否真正实现双赢,根本取决于两个企业间的价值观能否很好融合。

### 2. 代理客户冲突风险

广告公司并购在为其带来新客户的同时,也会面临代理客户冲突的风险。在广告公关业,通常是同一家公司不能同时代理一个行业两家企业的业务,原因主要在于:一是客户担心商业机密被泄露,同一家公司无疑会增大商业信息泄密的风险,因而一些客户会在并购发生之后另外选择代理机构。二是客户担心广告公司被并购之后,服务质量会下降。如由于并购导致管理层变动和核心员工离职等,都会对代理质量产生影响。并购之后究竟是应保持并购对象经营的独立性,还是进行组织重构,这是广告公司在并购之前就需要认知审视的问题。

### 3. 核心人才流失风险

广告业是智力服务型行业,归根结底人才是决定广告公司竞争力的核心要素。拥有一大批专业的广告人才,是广告公司赢得客户信任的关键。资本在这个过程中会起到双面作用,对于管理者和员工而言,广告公司被其他更强大的公司收购,为自身发展提供了更高的平台,可以借助母公司的专业优势和媒介、客户资源,提升自身专业水平,这会对人才起到一个拉的作用。但同时,由于企业被并购导致员工对公司未来发展缺乏信心,也会使得一些核心人员离职,这无疑会对公司未来发展产生重大影响。广告公司被并购之后,核心人才的流失风险主要表现在:一是核心人才流失带走人力资本;二是核心人才流失带走媒介资本;三是核心人才流失带走客户资本。对于广告公关类的轻资产公司而言,人才具有决定性价值。

### 4. 并购对象经营风险

广告公司选择并购对象,通常会考虑其过去和现在的经营业绩,以及并购对象的管理者能力、员工表现及所拥有的媒体资源和客户资源等因素,但是并购企业和被并购对象之间的信息不对称,无疑会使得并购企业面临道德风险,如被并购企业在并购完成之后将客户资源、媒体资源、人才资源转移,从而增加了企业的经营风险。为此,广告公司与被并购企业签订合同时,一般会明确被并购企业股权人需要承担的责任和应尽的义务,以此降低并购风险。此外,广告公司并购中的经营风险还表现在:一是媒介资源代理型公司经营的不确定性。尽管媒介资源代理型公司的利润率很高,但是受媒介领导层变动和内部政策的影响比较大,风险也较其他类型公司要高。二是受国家产业政策影响带来的经营风险。如国家对某些产业的激励和约束政策,都会影响代理该类产业公司的经营效益。三是代理业务是否符合行业现实发展需求。随着中国受众对网络媒体和手机媒体逐渐形成的高度依赖，社交媒体广告、视频广告以及移动广告增长空间巨大，传统广告代理的经营风险会加大。

**（三）广告公司资本并购的战略**

面对广告公司资本并购中存在的风险，一方面需要广告公司从公司发展的战略高度制定资本并购战略，另一方面需要广告公司探索资本并购整合的模式，实现双方之间并购效益的最大化。

（1）在向整合营销传播产业链延伸业务的同时，尤其要注重广告公司核心竞争力的锻造。

中国广告产业正面临战略机遇期，广告公司需要顺势而为，利用政策机遇和市场机遇快速提升竞争力。一是顺应产业融合发展趋势，利用资本优势实现整合营销传播转型。广告公司需要积极向整合营销传播企业转型，通过资本并购，完善产业价值链，提升整合营销传播代理能力，这是产业融合的必然趋势。近年来，国内一批优秀的上市广告公司，通过资本并购和整合经营，提升了市场效益和公司影响力。二是利用国家广告产业园区建设的政策机遇，迅速构建全国性服务网络。目前国家批准的国家广告产业园区和试点园区已有32个，国内一批优秀的广告公司需要充分认识到国家广告产业园区对于广告公司发展的战略意义，认真谋划，积极入驻。三是针对中国市场下沉的趋势，积极拓展二、三线城市广告市场。中国广告市场潜力巨大，随着跨国企业和中国品牌企业将重心向二、三线城市发展，二、三线城市广告市场增长潜力巨大。四是立足公司现有基础，探索提升集团核心竞争力的合理路径。核心竞争力的打造必须立足于广告公司现有的基础，以及为应对未来竞争所做的战略布局。以蓝色光标为例，作为国内一家领先的公关公司，一方面通过收购智扬品牌和博思瀚扬品牌，进一步强化在公关领域的优势，另一方面积极稳步地收购思恩客广告、金久广告，拓展广告领域的业务，提升了核心竞争力。

（2）处理好传统广告代理业务与数字广告业务的关系，尤其要注重增强广告公司的数字营销能力。

尽管数字营销被纳入广告公司发展战略，但是目前很多广告公司仍然还是停留在传统媒体广告的代理领域，数字营销占公司营收的比重还较小。当前，一方面广告公司需要转变传统的媒介资源代理模式，另一方面需要积极探索数字营销代理的发展路径。由此，一是要改变传统的媒介资源代理模式，以客户需求和客户利益为中心，制定科学媒介计划和战略。国内目前的传统媒介资源代理模式并非从客户需求和客户利益出发，而是更多从媒介代理公司购买媒介的便利性和利润空间来设计，这种媒介代理模式必然要改变。新媒体动摇了传统媒体资源垄断的优势，将策略与创意的价值彰显。二是与新媒体企业合作，探索广告公司与新媒体合作的新模式。例如，昌荣传播与百度之间的战略合作，一方面可以获取百度的媒介资源，另一方面双方在百度消费者搜索洞察研究领域开展深度交流与合作，提升客户服务能力。三是并购数字营销代理企业，提升集团在数字广告及营销传播代理方面的实力。社交媒体广告、视频广告和移动广告将成为广告公司新的经济增长点。广告公司必须用新的观念、新的团队来发展数字营销，通过资本并购，将国内优秀的数字营销代理公司纳入旗下，提升广告公司数字营销代理能力。

（3）上市广告公司在积极拓展国际广告市场业务的同时，尤其要注重提升中国市场的品牌影响力。

"这是一个最好的时代，也是一个最坏的时代"，狄更斯的名言用在今天的广告业或许也是合适的。全球经济持续低迷,国际贸易保护主义抬头,世界广告业增长乏力,然而中国经济仍然保持稳健增长,拉动消费成为国家新经济战略核心,中国广告业增长空间巨大,增长速度惊人。对于中国广告业来说,机遇大于困难。一是资本助力中国广告公司走向世界,技术降低了进入全球市场的门槛。技术的迅速发展打破了国际广告集团主导世界的格局,中国广告公司可以利用后发优势,提升数字营销代理能力,进而诞生一批世界级的营销传播集团。二是中国广告公司可以通过资本并购和合资的形式,拓展国际市场。目前,已经有一些国内广告公司开始了国际化的步伐,例如,蓝色光标收购英国知名公关集团 Huntsworth,以及英国最大的社会化媒体传播公司 We Are Social,足见蓝色光标国际化的发展战略。三是一批大型广告集团和营销传播集团应立足走向世界,一批优秀企业则立足国内修炼内功,提升竞争力。有理由相信,未来 5～10 年内,必将会诞生一批具有世界影响力的中国广告集团和营销传播集团。

(4)在科学评估广告公司资本并购的效益和风险的同时,尤其要注重与集团内公司现有业务整合。

针对广告公司并购可能出现的企业文化冲突风险、代理客户冲突风险、核心人才流失风险、并购对象经营风险,广告公司必须探索集团业务整合的新模式。具体路径如下:一是保留现有管理团队,制定激励约束机制,以完成年度业绩指标的形式,确保集团经营目标的实现。二是制定员工培训和发展计划,调动员工积极性,规避核心人才流失风险。三是整合集团内部资源,充分发挥不同公司的代理优势,建立协同机制。并购不是简单的"1+1=2",而是要实现"1+1＞2"。要实现这一目标,就需要对集团内公司代理业务进行整合,发挥规模经济和范围经济优势,降低经营成本和管理成本,提升整合营销传播代理能力,从而获取更多的优质媒体资源和品牌客户资源。

# 第十三章 媒介广告公司的经营管理

媒介广告公司,指的是或脱胎于媒体,或与媒体有着深厚资本渊源的广告公司。20世纪60年代,欧美广告公司开始全球扩张的历程,作为后发展的日本广告业,在欧美广告公司全球扩张的进程中,却有效地保护了本国的广告产业,并且提升了本国广告公司的市场竞争力,这对于全面开放广告市场的中国广告业而言,其成功经验无疑具有重要的参考价值。相比较欧美国家,日本选择的是一条不同的道路,即鼓励和支持媒介广告公司和企业内部广告公司发展。本章重点探讨日本媒介广告公司的发展历程与现状,分析日本媒介广告公司的经营运作,并探析中国媒介广告公司的经营策略。

## 第一节 日本媒介广告公司的发展历程与现状

### 一、日本媒介广告公司的发展历程

日本广告代理店最早大都是脱胎于媒体,与媒体的关系密切。1886年,在广告媒体和广告客户之间从事广告中介业务的"弘报堂"成立,它当时从事《时事新报》的广告代理,标志着日本广告代理业的出现。1890年,大阪"万年社"创立,作为"大阪每日新闻社"的广告代理店。1895年,博报堂最早作为杂志的广告代理店在东京成立。1901年,日本电通广告公司开业,它最早脱胎于通讯社,以信息服务换取报纸的广告版面。由于受到战争影响,日本广告业发展缓慢,广告业务渐渐萎缩,后来更受到战争摧残,广告公司被合并为12家。

二战结束以后,日本广告业进入恢复和整顿期。日本政府对广告业给予了充分的重视,政府制定产业政策对广告业进行保护和引导,制定广告相关法律法规,行业协会制定自律公约对广告市场进行规范。1946年,日本新闻协会成立。1947年,吉田秀雄担任电通社长之后,促成当局制定媒介公开的价格标准并整顿广告业,以及建立ABC协会,确立15%的媒介代理费制度,支持民营广播业的发展。1949年,《户外广告物法》公布。1950年,日本广告业协会成立。同年,《外资法》公布,对外资企业进入日本情况做了详细说明和限制,有效地保护了本国广告公司的发展。1952年,日本ABC协会成立,公布印刷媒体发行量,为广告主投放广告提供科学依据。1953年,全日本广告联盟建立,其发布的《广告伦理纲领》成为日本制作广告必须遵守的最高准则。1957年,日本广告主协会成立。

20世纪50年代末,日本逐步开放广告市场。1960年,麦肯通过与博报堂合营的方式进入日本市场。1963年,大广与精信(Grey)合作。在20世纪60—70年代,日本广告业通过有条件的与跨国广告公司合资、合作的模式,逐渐将自己转化为成熟的具有国际化运作水准的公司。1972年之后,日本广告业步入成长期。1973年,在美国《广告时代》杂志公布的世界单体广告公司营业额排名中,电通的广告营业额首次排名第一。20世纪80年代之后,日本广告业进入全球扩张时期,美国《广告时代》公布的2005年全球广告集团总营业额排名中,电通(Dentsu)、博报堂(Hakuhodo)和旭通(Asatsu-DK)分别排在第5位、第8位和第9位。

日本广告经济研究所会长齐藤悦广将日本广告公司的起源分为六种(见表13-1)。其中,从媒体独立出来的广告代理店占绝对多数。

表13-1 在日本营业的广告公司的起源

| 第一类 | 在新闻社的广告处理基础上建立的广告公司<br>例如:电通、博报堂、大广、读卖广告公司、朝日广告公司、每日广告公司等 |
|---|---|
| 第二类 | 在新闻社的向导广告部门基础上独立分离出来的广告公司<br>例如:内藤一水公司、东阳公司、三K公司、大和通信公司、朝日向导等 |
| 第三类 | 在杂志社的广告部、广告处理基础上独立分离出来的广告公司<br>例如:旭通等 |
| 第四类 | 从屋外广告、交通广告开始的广告公司<br>例如:ORIKOMU、日本交通实业公司、中央宣兴、东急代理店等 |
| 第五类 | 作为广告客户的下属机构建立的In-house Agency<br>例如:JR东日本企画等 |
| 第六类 | 外资广告公司以及外资合资广告公司<br>例如:McCann-Erickson等 |

## 二、日本媒介广告公司的发展现状

日本的广告公司与媒体、企业有着密切的关系。以2011年日本广告营业额排名前十位的广告公司为例,除东急(Tokyu Agency)、JR东日本企画(East Japan Marketing & Communications)是作为广告客户的下属机构建立的In-house广告公司,分别属于东急集团、JR东日本铁路公司外,其他七家或是媒体集团所属的广告公司,或是有媒体持股的广告公司。大广(Daiko Advertising)属于朝日新闻集团,读卖广告社(Yomiko Advertising)属于读卖新闻集团,朝日广告社(Asahi Advertising)属于朝日新闻集团。2007—2011年日本十大广告公司发展情况如表13-2所示。

表13-2 2007—2011年日本十大广告公司发展情况　　　单位:百万日元

| 广告公司 | 2007年 | | 2008年 | | 2009年 | | 2010年 | | 2011年 | |
|---|---|---|---|---|---|---|---|---|---|---|
| | 营业额 | 占比重/% | 营业额 | 占比重/% | 营业额 | 占比重/% | 营业额 | 占比重/% | 营业额 | 占比重/% |
| 电通(Dentsu) | 1588769 | 22.6 | 1499154 | 22.4 | 1310582 | 22.1 | 1396314 | 23.9 | 1381416 | 24.2 |
| 博报堂(Hakuhodo) | 716975 | 10.2 | 705751 | 10.5 | 589290 | 10.0 | 557862 | 9.5 | 562439 | 9.9 |
| 旭通(Asatsu-DK) | 387860 | 5.5 | 358596 | 5.4 | 310971 | 5.3 | 305759 | 5.2 | 301878 | 5.3 |
| 大广(Daiko Advertising) | 137947 | 2.0 | 138622 | 2.1 | 122091 | 2.1 | 123589 | 2.1 | 123227 | 2.2 |
| 东急(Tokyu Agency) | 121971 | 1.7 | 116387 | 1.7 | 98714 | 1.7 | 95016 | 1.6 | 95090 | 1.7 |

续表

| 广告公司 | 2007年 营业额 | 占比重/% | 2008年 营业额 | 占比重/% | 2009年 营业额 | 占比重/% | 2010年 营业额 | 占比重/% | 2011年 营业额 | 占比重/% |
| --- | --- | --- | --- | --- | --- | --- | --- | --- | --- | --- |
| JR东日本企画<br>(East Japan Marketing & Communications) | 109794 | 1.6 | 104159 | 1.6 | 91186 | 1.5 | 91523 | 1.6 | 87532 | 1.5 |
| 读卖广告社<br>(Yomiko Advertising) | 98025 | 1.4 | 89489 | 1.3 | 73994 | 1.2 | 73392 | 1.3 | 72062 | 1.3 |
| 电通东日本<br>(Dentsu East Japan) | 46607 | 0.7 | 39096 | 0.6 | 34680 | 0.6 | 39386 | 0.7 | 41445 | 0.7 |
| 朝日广告社<br>(Asahi Advertising) | 57984 | 0.8 | 51578 | 0.8 | 42359 | 0.7 | 41155 | 0.7 | 39368 | 0.6 |
| Quaras株式会社<br>(Quaras) | — | — | 32,704 | 0.5 | 34,537 | 0.6 | 33997 | 0.6 | 36035 | 0.6 |
| 日本广告支出<br>(单位：十亿日元)<br>[Advertising Expenditures in Japan(Billions of yen)] | 7019.1 | 100.0 | 6692.6 | 100.0 | 5922.2 | 100.0 | 5842.7 | 100.0 | 5709.6 | 100.0 |

数据来源：电通集团2012年年度报告。

电通、博报堂属于上市公司，媒体股份占有相当数量。《电通集团2019年年度报告》数据显示，2018年，日本电通集团的主要股东共同通讯社（Kyodo News）持有6.58％的股份，时事通讯社（Jiji Press Ltd.）持有5.66％的股份（见表13-3）。《博报堂集团2019年年度报告》数据显示，2019年，博报堂集团主要股东中，朝日新闻社（The Asahi Shimbun Company）持有2.88％的股份，日本电视台（Nippon Television Network Corporation）持有2.21％的股份（见表13-4）。

表13-3  日本电通集团主要股东及其所持有的股份[①]

| 主要股东 | 所持股份数额 | 所占总股份百分比（%） |
| --- | --- | --- |
| 日本信托银行<br>[The Master Trust Bank of Japan, Ltd.(Trust accounts)] | 39365600 | 13.65 |
| 日本信托服务银行（信托账户）<br>[Japan Trustee Services Bank, Ltd.(Trust accounts)] | 22461100 | 7.79 |
| 共同通讯社（Kyodo News） | 18988800 | 6.58 |
| 时事通讯社（Jiji Press, Ltd.） | 16328680 | 5.66 |

---

① 《电通集团2019年年度报告》，https://www.group.dentsu.com/en/ir/，2021年1月20日访问。

续表

| 主要股东 | 所持股份数额 | 所占总股份百分比(%) |
|---|---|---|
| 电通公司(Dentsu Inc.) | 6513459 | 2.26 |
| 集团员工持股协会<br>(Group Employees' Stockholding Association) | 5916491 | 2.05 |
| 瑞穗实业银行(Mizuho Bank, Ltd.) | 5000000 | 1.73 |
| 吉田秀雄基金会(Yoshida Hideo Memorial Foundation) | 4984808 | 1.73 |
| 瑞可利有限公司(Recruit Holdings Co., Ltd.) | 4929900 | 1.71 |
| 日本信托服务银行(信托账户5)<br>[Japan Trustee Services Bank, Ltd. (Trust account 5)] | 4568300 | 1.58 |

数据来源:电通集团2019年年度报告。

表13-4 日本博报堂集团主要股东及其所持有的股份①

| 主要股东 | 所持股份数额 | 所占总股份百分比(%) |
|---|---|---|
| 博报堂基金会(The Hakuhodo Foundation) | 70605350 | 18.5 |
| 一般社团法人Hakusei-kai<br>(General Incorporated Association Hakusei-kai) | 18619700 | 4.78 |
| 博报堂公司(Hakuhodo DY Holdings Inc.) | 15904742 | 4.08 |
| 日本Master Trust信托银行(信托账户)<br>[The Master Trust Bank of Japan, Ltd. (Trust Account)] | 12767700 | 3.28 |
| 朝日新闻社(The Asahi Shimbun Company) | 11223490 | 2.88 |
| 一般社团法人Furatanite<br>(General Incorporated Association Furatanite) | 11000000 | 2.82 |
| 日本信托服务银行(信托账户)<br>[Japan Trustee Services Bank, Ltd. (Trust Account)] | 10045600 | 2.58 |
| 日本电视台(Nippon Television Network Corporation) | 8620000 | 2.21 |
| 博报堂员工持股协会<br>(Hakuhodo DY Holdings Employees' Shareholdings Association) | 8512217 | 2.18 |
| 日本第一生命保险有限公司<br>(The Dai-ichi Life Insurance Company Limited) | 6930500 | 1.78 |

数据来源:博报堂集团2019年年度报告。

---

① 《博报堂集团2019年年度报告》,https://ssl4.eir-parts.net/doc/2433/ir_material_for_fiscal_ym10/69004/00.pdf,2021年1月20日访问。

## 三、日本广告产业发展现状与趋势

### 1. 处于成长期的日本广告产业

目前,日本广告业处于成长期,2014 年日本广告花费占国内生产总值(GDP)的比重为1.26%。通过数据可以发现,近年来日本国内广告市场增长乏力,从 2000—2014 年的数据可以看出,日本广告花费仅有小幅增长,可见日本国内市场成长空间有限,日本广告公司亟须开拓国际市场(见表 13-5)。

表 13-5　1985—2014 日本国内生产总值与广告营业额增长情况① 　　单位:亿日元

| 年度 | 广告营业额(A) | 增长率/% | 国内生产总值(B) | 增长率/% | A/B(%) |
|---|---|---|---|---|---|
| 1985 | 35049 | — | 3235412 | — | 1.08 |
| 1986 | 36478 | 4.07 | 3386740 | 4.68 | 1.08 |
| 1987 | 39448 | 8.14 | 3525400 | 4.09 | 1.12 |
| 1988 | 44175 | 11.98 | 3792504 | 7.58 | 1.16 |
| 1989 | 50715 | 14.80 | 4085347 | 7.72 | 1.24 |
| 1990 | 55648 | 9.73 | 4401248 | 7.73 | 1.26 |
| 1991 | 57261 | 2.90 | 4682344 | 6.39 | 1.22 |
| 1992 | 54611 | -4.63 | 4804921 | 2.62 | 1.14 |
| 1993 | 51273 | -6.11 | 4842338 | 0.78 | 1.06 |
| 1994 | 51682 | 0.80 | 4865263 | 0.47 | 1.06 |
| 1995 | 54263 | 4.99 | 4932717 | 1.39 | 1.10 |
| 1996 | 57715 | 6.36 | 5026089 | 1.89 | 1.15 |
| 1997 | 59961 | 3.89 | 5122489 | 1.92 | 1.17 |
| 1998 | 57711 | 3.75 | 5029728 | -1.81 | 1.15 |
| 1999 | 56996 | -1.24 | 4952269 | -1.54 | 1.15 |
| 2000 | 61102 | 7.20 | 5010681 | 1.18 | 1.22 |
| 2001 | 60580 | -0.85 | 4967768 | -0.86 | 1.22 |
| 2002 | 57032 | -5.86 | 4896184 | -1.44 | 1.16 |
| 2003 | 56841 | -0.33 | 4905435 | 0.19 | 1.16 |
| 2004 | 58571 | 3.04 | 4960503 | 0.12 | 1.18 |
| 2005 | 59625 | 1.80 | 5031879 | 1.44 | 1.18 |

---

① 根据电通集团发布的《电通集团 2005 年年度报告》《电通集团 2011 年年度报告》《电通集团 2015 年年度报告》数据整理。

续表

| 年度 | 广告营业额(A) | 增长率/% | 国内生产总值(B) | 增长率/% | A/B(%) |
|---|---|---|---|---|---|
| 2006 | 69399 | 16.39 | 5073648 | 0.83 | 1.37 |
| 2007 | 70191 | 1.14 | 5155204 | 1.61 | 1.36 |
| 2008 | 66926 | −4.65 | 5043776 | −2.16 | 1.33 |
| 2009 | 59222 | −11.51 | 4709367 | −6.63 | 1.26 |
| 2010 | 58427 | −1.34 | 4823844 | 2.43 | 1.21 |
| 2011 | 57096 | −2.28 | 4713108 | −2.29 | 1.21 |
| 2012 | 58913 | 3.18 | 4751104 | 0.81 | 1.24 |
| 2013 | 59762 | 1.44 | 4801280 | 1.05 | 1.24 |
| 2014 | 61522 | 4.62 | 4882155 | 1.68 | 1.26 |

**2. 居全球第三位的日本广告市场**

根据日本电通集团发布的《电通集团2015年年度报告》数据显示,2014年,日本广告市场规模为519.054亿美元,占全球广告市场份额为10.0%,居全球第三位,从2012—2014年日本广告市场全球份额的变化趋势来看,受日本国内经济增长乏力和广告业不景气等因素的影响,日本广告市场份额呈现下降趋势,但仍然占有相当大的市场份额(见表1-4)。

**3. 本土广告公司占市场主导地位**

日本广告市场的集中度很高,本土广告公司居于绝对主导地位,跨国广告公司目前在日本所占市场份额比较小。《电通集团2015年年度报告》数据显示,2014年,日本广告营业额排名前十位的广告公司全部是日本本土广告公司。2002年,前十位公司中只有两家跨国广告公司。2004年日本前十位广告公司营业额之和占到全国广告营业额的比重为55.1%,2014年日本前十位广告公司营业额之和占全国广告营业额的比重为48%。尽管比重有所下降,但是本土广告公司的绝对强势地位一直没有变化。2014年,仅日本电通(Dentsu)、博报堂(Hakuhodo)和旭通(Asatsu-DK)三家公司就占到整个日本广告市场份额的39.4%。

## 第二节　媒介广告公司的经营运作与竞争优势

### 一、代理同一行业的多个品牌

媒介广告公司可以代理同一行业的多个企业品牌,迅速实现规模化发展。在二战期间,日本广告业受到摧毁性打击,广告公司被合并到只有12家。二战结束后,日本经济开始复苏,广告业也进入恢复和整顿期,到1948年,日本共有224家广告公司。20世纪50年代,日本在学习欧美广告代理制的同时,根据日本的特点,并没有直接采用欧美模式。当时的日本广告业并不发达,广告公司多依托媒体提供广告服务,而且,日本的很多广告公司同媒体有较多的渊源,同媒体建立了非常稳定而密切的关系,结合日本的社会文化特色,日本的广告业并没有抛弃媒介代理，而是进一步强化媒介代理，促进广告公司与媒体更紧密结合，在此基础上，为客户提供全案服务。由于依托媒体，日本的广告公司可以对同一行业的多个企业进行广告业务受理，不同部门进行不同品牌的广告活动，具有极强的兼容性而彼此不受到行业竞争的约束。这与欧美国家实行一个行业代理一个品牌的规则是截然不同的，这种运作方式使得日本广告公司能够拥有丰富的客户资源，从而加速日本广告公司的规模化进程。

## 二、获得稳定的优质媒体资源

吸收媒体和企业股份，可获得稳定的媒体和客户资源。日本企业集团内部广泛采取交叉持股，而且企业集团内公司之间相互持股的比率相当高，从而形成了长期稳定的持股机构。此外，各企业集团之间相互持股的比例也是比较高的[①]。从目前获取的资料来看，日本广告公司是否持有媒体或企业股份尚无相关数据证明，但是媒介和企业持有广告公司股份却非常普遍。例如，日本广告公司大都依托媒体，有些是媒介集团直接投资开办的广告公司，如大广、读卖广告社、朝日广告社、日本经济广告社等；有些则是有媒介集团参股的广告公司，如电通、博报堂等。由于这种交叉持股的股权结构，使得广告公司和媒体结成稳定的合作互利关系，因此能够保障广告公司获得稳定而较好的媒体资源。同时，日本的广告公司与企业之间也有着密切关联，企业集团或直接投资开办广告公司，如东急、JR东日本企画等，或参股广告公司，如电通和博报堂等的股份所有者中企业股份占有相当大比重（见表13-6、表13-7）。通过这种方式，广告公司和企业之间结成更为紧密的战略合作伙伴关系，一荣俱荣，一损俱损，从而保障广告公司能够拥有稳定的客户资源。

表13-6 日本电通集团股份所有者及分布状况

| 股东 | 股东数额 | 所持股份数额 | 占总股份(%) |
|---|---|---|---|
| 日本金融机构(Japanese Financial Institutions) | 82 | 103455246 | 35.87 |
| 其他日本企业(Other Japanese Corporations) | 607 | 77016949 | 26.70 |
| 国外机构和个人(Foreign Institutions and Individuals) | 668 | 56325122 | 19.53 |
| 日本个体和其他（包括财政部股份）[Japanese Individuals and Others(Including Treasury Stock)] | 34721 | 44902744 | 15.57 |
| 日本证券公司(Japanese Securities Firms) | 38 | 6709939 | 2.33 |
| 合计(Total) | 36116 | 288410000 | 100.00 |

数据来源：电通集团2019年年度报告。

表13-7 日本博报堂集团股份所有者及分布状况

| 股东 | 占总股份(%) |
|---|---|
| 其他日本企业(Other Firms) | 38.10 |
| 日本个体和其他，包括财政部股份[Individuals/Others(Including Treasury Stock)] | 26.80 |
| 国外企业(Foreign Corporations) | 17.20 |

---

① 梁磊、王洪涛：《企业集团发展模式与运行机制比较》，北京：机械工业出版社，2003年版，第43页。

续表

| 股东 | 占总股份(%) |
|---|---|
| 金融机构(Financial Institutions) | 17.10 |
| 证券公司(Securities Companies) | 0.80 |
| 合计(Total) | 100.00 |

数据来源：博报堂集团2019年年度报告。

### 三、实行媒介代理费制

实行媒介代理费制，限制了欧美媒介购买公司发展。日本和欧美国家在媒介购买交涉过程方面存在较大差异（见图13-1）。在欧美，广告公司接受广告主委托代理其广告业务，广告公司则大都通过媒介购买公司购买广告媒体，这为媒介购买公司提供了非常大的发展空间。媒介购买公司最早出现在20世纪60年代的法国，其后，美国也开始发展媒介购买公司，同时蔓延到东南亚、大洋洲和南美等地区，媒体代理逐渐成为世界标准，唯有日本是例外。媒介购买公司在欧美采用独立公司制度，而在日本，媒介购买则是广告公司内业务的一个部分。日本的广告公司对创意、行销、策划、咨询等业务收费的想法起初就很淡薄，在广告公司和广告主之间，创意费用包含在媒体手续费中的做法已经成为惯例，并且一直延续至今。媒体费用是多少，创意费用是多少，二者并不明确，这致使交易情况非常不透明。日本媒介购买的交涉不透明，欧美的广告客户以及广告公司曾就该状况提出批评。但也正因为此，在日本，媒介购买成为广告公司业务的一个部分，也使得欧美媒介购买公司在日本很难找到生存的土壤，加之日本广告公司与媒体和企业之间的深厚渊源，致使日本的国际广告公司发展受到限制，有效地保护了日本的民族广告产业，提升了本国广告公司的市场竞争力。

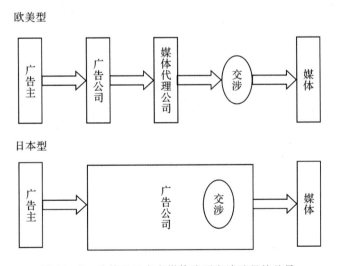

图13-1 欧美和日本在媒体购买交涉过程的差异

### 四、立足国内市场与拓展国际业务

《电通集团2010年年度报告》数据显示，电通公司主要服务于日本市场，但正在积极发展包括欧洲、美洲和其他亚洲国家在内的全球性代理网络，2009年日本电通海外市场营业收入约占集团总营业收入的8.6%,2005年海外市场营业收入约占集团总营业收入的6.3%[①]。由于日本国内广告市场增长幅度较小,拓展海外市场已经成为电通集团发展的重要战略。《电通集团2020年年度报告》数据显示,2019年,电通集团营业收入为1047881百万日元(扣除公司间交易调整额10182百万日元后所得),其中日本市场(Japan)收入为454002百万日元,占电通集团扣除公司间交易额前营业收入的比重为42.91%;欧洲、中东和非洲市场(Europe, Middle East and Africa)收入为234881百万日元,占22.20%;美洲市场(Americas)收入为258899百万日元,占24.47%;亚太市场(Asia Pacific)收入为110281百万日元,占10.42%[②]。可见,国际市场已经成为电通集团重要的利润来源。

**五、提升数字营销传播代理能力**

近年来,媒介广告公司纷纷向数字营销传播公司转型发展,通过并购、联合等资本运作方式,积极拓展数字营销传播领域的业务。以日本电通为例,2013年3月,日本广告巨头电通集团花费约32亿英镑完成了对英国营销集团安吉斯全部股权的收购。2014年1月,电通集团除日本以外的海外业务电通网络与安吉斯正式合并为电通安吉斯集团。安吉斯媒体(Aegis Media)是全球领先的以媒体和数字营销为核心的传播集团,1968年成立于英国,业务遍及全球130个国家和地区,拥有逾15000名员工。安吉斯媒体拥有旗下五个全球品牌,即凯络(Carat)、伟视捷(Vizeum)、安布思沛(iProspect)、博视得(Posterscope)及安索帕(Isobar),为客户提供涵盖数字营销的创新沟通策略、媒介策划与购买、品牌追踪、社交媒体激活及市场营销分析在内的全方位沟通服务。收购安吉斯媒体之前,电通集团在日本以外开展事业的国家和地区不超过29个,收购后扩展到124个。2014年,数字业务领域占电通安吉斯集团营业收入的43%。通过收购安吉斯媒体,电通集团迅速提升了在数字营销传播领域的代理能力。

# 第三节 中国媒介广告公司的经营策略

**一、国际广告集团新一轮强势扩张态势**

根据中国加入世界贸易组织的相关承诺,以及2004年3月2日发布的《外商投资广告企业管理规定》,从2005年12月10日起,允许设立外资广告企业。根据中国广告协会和《现代广告》杂志历年发布的年度中国广告业统计数据报告,2005年外商投资广告企业为461户,全面开放广告市场后,外商投资广告企业数量加速增长,2006年为497户,2007年为577户,2008年为737户,2009年为779户,2010年为882户,分别比上年度增长了7.8%、16.1%、27.7%、5.7%、13.2%。五年间,外商投资广告企业数量比2005年增加了421户,增长比例为91.3%。由此可见,跨国广告集团在中国广告市场完全开放之后,开始新一轮的强势扩张。这些新成立的外商投资广告企业多以独资公司的形式出现,对中国广告产业的发展将会产生重大影响。

欧美媒介购买公司在中国的快速发展,正在改变广告产业价值链的结构,日渐成为主导中

---

① 廖秉宜:《日本媒介型广告公司的发展及其启示》,《新闻与传播》2007年第7期,第70页。
② 《电通集团2020年年度报告》,https://www.group.dentsu.com/en/ir/common/pdf/2020_finance.pdf,2021年1月20日访问。

国广告市场的力量。在日本,媒介购买是广告公司业务的一部分,而且广告公司与媒介之间关系密切。而在中国,广告公司是独立于媒体和企业运作的,媒介购买公司有着巨大的发展空间。以中国最早成立的专业媒体代理——实力传播为例,1996年实力传播进入中国即达到18亿人民币的营业额,1998年达25亿元。从2001年开始,实力传播的年营业额已经超过50亿,2003年、2004年分别以24%、21%的速度持续增长。2005年实力传播的营业收入高达20亿,而在国内媒体中只有少数报社的广告收入可以超过10亿。如果我们把10亿的广告购买金投放在北京、上海和广州报业市场上,那意味着实力传播在当地的版面购买量会对一家报社当年的广告收入产生非常大的影响①。2014年,前六位广告集团WPP集团、阳狮集团、电通集团、宏盟集团、IPG集团、哈瓦斯集团的媒介承揽额占全球广告花费比重高达68.3%。"海外媒介购买公司的份额至少已经占到中国媒介投放的30%～35%。"②欧美跨国媒介购买公司对中国传媒业和广告业的发展产生重大影响。

日本在20世纪60年代才逐步开放广告市场,由于走的是一条媒介、企业和广告业共生型发展模式,不同于欧美国家的独立产业发展模式,限制了跨国广告公司和媒介购买公司的发展,使得日本本国广告公司迅速成长壮大,市场竞争力显著提升,从而有效抵御了跨国广告公司在日本的扩张。而中国则不同,中国专业广告公司经过四十多年的发展,虽然整体实力确实有显著提升,但与跨国广告公司之间的差距仍然很大,特别是本土广告公司高度分散与高度弱小。中国广告市场自1979年重开以来,沿袭的是欧美模式,即自由竞争背景下的独立产业发展模式,面对国际广告集团在中国市场的强势扩张,高度分散与高度弱小的广告公司面临巨大的生存威胁与挑战。

## 二、中国媒介广告公司发展的经营策略

### 1.成立独立产业经营的媒介广告公司

中国大陆广告业,一直是采取的独立产业发展模式,它只是媒体与企业代理中介。中国大陆的媒体也曾兴办过广告公司,只不过它们是作为媒体的一个部门机构而存在,并不是作为一个独立产业而发展的。就中国大陆广告业目前的资本状况而言,主体是私营资本,并处于高度分散的状态,就每一分散的个体而言,资本又高度弱小。

为改变中国广告业资本高度分散、高度弱小的状况,为使中国本土广告业在即将发生的产业新一轮重组中不再失去又一次发展机遇,笔者倡导中国的大型媒介集团和互联网媒体集团的大资本进入广告产业,或投资成立广告公司,或以资本收购、兼并、控股的方式进入广告产业。已兴办广告公司的媒介,应把广告作为一个独立的产业而发展。这不仅是中国广告产业发展之必需,对中国媒体的资本与产业扩张而言,未必不是一种好的选择。目前,国内成长快速、发展强劲的一些本土广告公司,都或脱胎于媒体集团,或与媒体集团有着密切的资本渊源。

### 2.构建媒介、企业和广告业共生型模式

日本的媒介广告公司不仅与媒体有着深厚渊源,而且通过股份制的运作,大量吸收企业资本和金融资本,从而与媒体、企业、金融机构等结成了稳固的利益共同体,因而,广告公司不仅

---

① 陈永、张金海等:《中国广告产业将走向何方?——中国广告产业现状与发展模式研究报告》,《现代广告》,2006年第7期,第21页。

② 陈刚、崔彤彦:《媒介购买公司的发展、影响及对策研究》,《广告研究》2006年第5期,第4-11页。

能够获得稳定而较好的媒体资源,而且还可以与广告客户和金融机构建立密切的关系。日本排名前十位的三家广告公司电通、博报堂和旭通,在其股份构成中,均有大量的媒体、企业和金融机构股份,这也是有其原因的,日本的广告公司实际上走的是媒介、企业和广告业共生型的发展模式。这对于我国发展媒介型广告公司具有重要的借鉴意义。

建立媒介、企业和广告业联姻的媒介广告公司,一方面可以保证广告公司获得稳定的客户资源,另一方面也能够增强媒介广告公司内部的活力,提高其在市场上的竞争力。从更广阔的层面而言,由于广告公司和媒介、企业结成更为紧密的关系,能够实现资源配置效益的最大化,从而迅速实现中国广告产业的转型升级和产业竞争力的提升。

3. 由媒介广告公司向整合传播集团发展

对于国内一些大型的媒介集团,可以独立组建媒介广告公司,或是并购国内有实力的媒介代理公司,从而弱化对跨国媒介购买公司的依赖。国内目前经营比较好的媒介广告公司也与媒体产生了很好的联动效应,如中央电视台的广而告之广告公司、北京未来广告公司,北京电视台的京视博传媒有限公司,成都商报的成都博瑞传播股份有限公司,湖北日报传媒集团的楚天广告总公司等。

区域性的媒介集团广告公司将获得比较大的发展,由于拥有区域媒介资源优势和对区域传媒市场的洞察力,形成较高的进入壁垒,从而在与跨国媒介购买公司的博弈中拥有更多话语权。这些区域性的媒介广告公司依托强势媒介集团,有雄厚的资源和资金优势,进而可以发展为全国性的整合传播公司,这类公司将成为未来传媒和广告市场的主导力量之一。

对于一些中小型媒介,由于规模较小,具有竞争优势的品牌栏目较少,在与跨国媒介购买公司的谈判中处于弱势地位,为争取合理利润空间,获得媒介发展所需资金,国内中小媒介可以选择与多家本土媒介代理公司建立稳定的战略联盟关系,从而减少对某家公司的过度依赖,降低经营风险,提高媒介收益。

随着数字媒体的快速发展,媒介广告公司亟须向数字营销传播公司转型和拓展业务,一方面国内一些有实力的媒介广告公司可以通过并购和联合等资本运作方式,快速实现公司组织结构的转型和代理能力的提升;另一方面国内大型的互联网媒体如 BAT 公司等可以通过自建和并购等形式成立数字广告公司,既服务于自身互联网媒体的广告业务推广,又可以整合其他互联网媒体的广告资源,为广告主提供专业的数字营销传播代理服务,进而成长为大型的整合数字营销传播集团。

# 第十四章　企业内部广告公司的经营管理

企业内部广告公司,又称为 In-house 广告公司(In-house Agency),区别于独立形态的广告公司,指的是企业集团投资开办或控股的广告公司。在全球广告产业中,韩国独特的企业内部广告公司发展模式成为一大亮点。在国际广告集团强势扩张的背景下,韩国一批大型的企业内部广告公司,如第一企划、伊诺盛等具有极强的市场竞争力。韩国第一企划一直是韩国广告业的领头羊,并跻身世界广告集团前二十强。本章重点探讨韩国企业内部广告公司的发展历程与现状、企业内部广告公司的竞争优势与局限、韩国企业内部广告公司的经营运作、中国企业内部广告公司的经营策略。

## 第一节　韩国企业内部广告公司的发展历程与现状

### 一、韩国企业内部广告公司的发展历程

韩国广告业起步比较晚,20 世纪 70 年代之前,韩国广告业一直都处于缓慢发展阶段。1910 年韩星广告社成立,它是韩国最早的广告公司。1957 年发起的韩国广告社可以看作是最早具有初步职能的广告代理公司。1967 年合同通讯社成立了广告企划室,它是韩国最早的综合性广告代理公司。在第一企划出现以前,合同广告社和万报社是广告业最大的两家广告公司,它们对韩国广告业的稳定发展起到了重要作用。

1973 年韩国政府提出的工业化宣言成为财阀企业成长的有利契机,财阀企业可以依托政府的出口政策得到财政金融上的支持,从而加速成长。这样韩国很快就出现了一批实力雄厚的财阀企业,财阀企业的成长刺激了集团广告公司的发展。1973 年三星集团成立了第一企划,这是韩国最早的企业内部广告公司。

1980 年《韩国放送广告公社法》颁布,1981 年韩国放送广告公社(KOBACO)成立,并制定《关于广告公司代理广播电视广告的规则》,要求所有代理地面电波媒体的广告公司都必须经过韩国放送广告公社认定。在这一政策保护下,20 世纪 80 年代企业内部广告公司大量涌现并快速成长。1982 年乐天集团在公共关系部门的基础上,成立了大弘企划。1983 年,现代集团成立了金刚企划。1984 年,LG Ad 成立,它是乐喜金星(LG 集团的前身)所属的广告公司。1988 年,韩国广告营业额占 GDP 的比重达到 1.01%,韩国广告产业步入成长期。

20 世纪 80 年代后半期,韩国广告行业协会的成立推动了广告产业的规范化发展。1986 年,韩国广告业协会成立。1988 年韩国广告主协会成立。1989 年,印刷媒体第三方发行量监测机构 ABC 协会成立。从 1973 年到韩国全面开放广告市场之前,韩国企业集团所属的广告公司一直主导着韩国广告业。

1984 年,美国看到韩国广告市场的潜力,开始要求韩国开放广告市场。1985 年韩美商务部长级会议上,韩国广告市场开放的问题被提上日程。1987 年 10 月,韩国允许广告公司里的

外资股份占到 49%。1989 年,放送广告代理认证条件大幅度放宽,广告公司数量开始快速增长。同年 5 月,JWT Korea 成立,成为第一家进入韩国的外资广告公司。1990 年 1 月,韩国政府允许广告公司中外资股份占到 99%。同年,韩国政府允许广告公司中外资股份占到 100%,韩国广告市场完全开放。1993 年,韩国政府允许外国的广告公司经营韩国国内的广播电视。同年 7 月 1 日,流通业和户外广告市场也完全开放,导致韩国与广告相关的所有产业全面开放。1994 年 1 月 1 日,放送广告业务代理资格认证制改为登记制,这更快加速了广告公司的增长趋势。

值得注意的是,韩国广告市场是在本土广告公司成熟的情况下开放的。20 世纪 80 年代末和 90 年代初,韩国的广告产业已具有相当的规模。1988 年广告费占 GDP 的比重达 1.01%,1991 年为 1.13%。另外,开放广告市场的 20 世纪 80 年代末和 90 年代初,像第一企划、大弘企划、金刚企划、LG Ad 等韩国一些大型的广告公司发展已经相当成熟。第一企划早在 20 世纪 80 年代末就进入世界前三十位最大的广告公司行列,目前已跻身世界前二十位。

## 二、韩国企业内部广告公司的发展现状

截至 1997 年,在韩国成立的外国广告公司共 9 家,其营业额占韩国全年广告营业额的比重仅为 4.95%。"1998 年韩国发生金融危机时,很多企业财团出于结构调整的需要,将 In-house 广告公司卖给跨国广告公司,但在 2004 年之后,In-house 广告公司又有一个新的增长高峰,2005 年成立了 5 家 In-house 广告公司。"① 韩国 In-house 广告公司由原来的 12 家迅速增加到 17 家,依托大型财团支持,In-house 广告公司迅速发展。

近年来,在跨国广告公司全球扩张的背景下,韩国本土广告公司虽受到一定程度的冲击,但是第一企划一直是韩国广告市场的领头羊,2013 年其全球营业额达到 27119 亿韩元。2011 年,韩国广告公司经营额排名前十位中有六家为韩国本土的 In-house 广告公司,分别是排在前五的三星集团所属的第一企划(Cheil World)、现代集团所属的伊诺盛(Innocean)、LG 集团所属的 HS Ad、乐天集团所属的大弘企划(Daehong Communications)、SK 集团所属的 SK 营销公司(SK Marketing),排在第七位的是 LG 集团所属的 LBest,国际广告公司占四家,可见,In-house 广告公司主导着韩国广告市场。

## 三、韩国企业内部广告公司发展的制度

### 1. 从认证制向登记制的演变

韩国推行一种独特的广播电视广告代理制度,这种广告代理制度促进了企业资源的相对集中,保护了韩国本土的媒体资源,从而加速了韩国企业集团广告公司的规模化和专业化进程,同时也有效地限制了跨国广告公司在韩国的扩张,保护了韩国的民族广告业。

1981 年根据《韩国放送广告公社法》,成立了韩国放送广告公社。韩国放送广告公社附属于韩国政府文化观光部,是韩国具有代表性的以振兴广告产业为宗旨的机构,负责韩国所有 37 个地面电视台、广播电台的广告销售业务。韩国放送广告公社于 1981 年颁布了《关于广告公司代理广播电视广告的规则》,规定广告代理公司必须经韩国放送广告公社认证,才能代理投放广播电视广告。具体的有关认证条件的规定变化情况如表 14-1 所示。

---

① 陈刚:《最好的游戏规则》,《广告大观》(综合版)2006 年第 7 期,第 5 页。

表 14-1 韩国放送广告公社广播电视广告代理公司认证制及登记制演变历史①

| 区分 | | 广告经营额占总营业额的比例 | 与公社的合作期限 | 注册资金 | 代理实绩 | 广告客户数量 | 同一集团内客户广告经营额所占总营业额的比重 |
|---|---|---|---|---|---|---|---|
| 1981.02.01 | 认证制度 | 70%以上（当年成立的新公司不能申请） | 无 | 2亿韩元以上 | 年100亿韩元的广告代理额和年50亿韩元以上的广播电视广告代理额 | 30个以上 | 70%以下 |
| 1984.03.19 | | | 6个月 | | 年150亿韩元的广告代理额和年80亿韩元以上的广播电视广告代理额 | | 60%以下 |
| 1986.01.01 | | | | | | | 50%以下 |
| 1987.01.01<br>1987.05.11 | | | | | 年50亿韩元的广告代理额和年30亿韩元以上的广播电视广告代理额 | 15个以上 | 非同一集团内广告客户广告经营额月平均30亿韩元以上 |
| 1988.01.01 | | 80%以上（当年成立的新公司不能申请） | 3个月 | 5000万韩元以上 | 年50亿韩元的广告代理额；年30亿韩元以上的广播电视广告代理额，以及非同一集团内客户广播电视广告代理额月平均3亿韩元以上 | 5个以上非同一集团内广播电视广告客户 | 非同一集团内广告客户广告经营额月平均3亿韩元以上 |
| 1989.01.01 | | | | | 废止 | 3个以上非同一集团内广播电视广告客户 | |
| 1990.01.01 | | 80%以上（新成立的公司可以申请注册） | 无规定 | | 登记注册后6个月以内必须有广告投放或1年内至少有2个以上客户投放广告，否则有可能被取消代理资格或被终止代理协议 | 3个以上非同一集团内广播电视广告客户 | 废止 |
| 1992.01.01 | | a. 80%以上（新成立的公司可以申请注册） | | | | | |
| 1994.01.01 | 登记制度 | | | 废止 | | 废止 | |
| 2000年 | | b. 公司必须是股份公司 | | | | | |

资料来源：韩国放送广告公社。

---

① 廖秉宜：《韩国企业集团广告公司的发展及其启示》，《广告研究》2006年第6期，第10页。

1981年放送广告公社颁布的《关于广告公司代理广播电视广告的规则》中规定,注册资金2亿韩元以上,拥有30个以上的广告主,年广告营业额能达100亿韩元(其中电波广告营业额50亿韩元)以上的广告公司才能得到认定,代理广播电视广告。还比如原来的资格认证条件中规定,申请方必须是股份公司,广告代理为其主要营业领域,广告营业额必须占总营业额的80%以上,必须有3个以上所属集团以外的广告客户。这些严格的限制性条件客观上推动了企业集团广告公司向规模化发展,也在某种程度上限制了跨国广告公司在韩国的扩张进程,在保护本国的民族广告业的同时,提升了本土广告公司的市场竞争力。1994年1月起,广告公司的资格认证制变为登记制,使成立广告公司的要求和程序都大大简化。比如新的登记制免去了必须有3个以上集团外广告客户的规定。原来的认证制规定,一年中只能申请两次,接受申请后,要进行访问调查,理事会讨论通过后,才给予资格认证。但是实行登记制后,随时可以进行申请和登记,省略了访问调查的程序,经内部讨论就可发放登记证。登记之后,只要没有被取缔,登记就继续有效。2005年韩国放送广告公社认定的广告公司数量为258家。

2. 韩国放送广告公社的业务流程

韩国广告放送公社的业务流程模式如图14-1所示。广告主可以先通过广告代理公司或直接向放送广告公社进行有效的媒介策略咨询,然后再委托广告公司或者制作公司制作广告片,广告内容经过韩国广告自律审查机构审查后,广告主就可以直接或者委托代理商与广告放送公社协商发布时间和订购时段,再播出广告,最后进行广告效果分析。在韩国,所有的地面广播电视媒体广告销售全部要通过韩国放送广告公社。在广告费计算、广告代理资格认证条件的审核等方面,都实现彻底的透明化运作,维护对所有广告主的公平性。广告公司也省去了与众多电台、电视台分别打交道的麻烦,只要通过韩国放送广告公社一家单位,就能够实现集中购买,提高了购买效率。

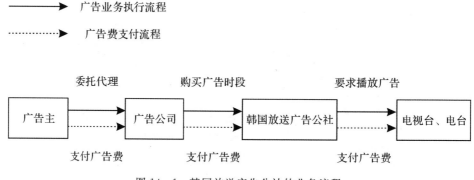

图14-1 韩国放送广告公社的业务流程

通过广告代理费支付形式的制度化,保障了广告公司的收益。通过广告代理公司投放广播电视媒体广告的比例由放送广告公社成立初期的30.3%,发展到如今的99%,广告代理公司的数量也由初期的仅4家增加到2005年258家,有了飞速增长。韩国放送广告公社广告销售总收入中佣金比例为14%,其中广告公司为11%,使广告公司有足够的资金发展自己,放送广告公社为3%,用于公益事业及维持公社运转;剩余86%中作为支援广电产业发展的广电发展基金约为5%;余下的就是电台/电视台的广告收入。

## 第二节　企业内部广告公司的竞争优势与局限

### 一、企业内部广告公司的优势

In-house广告公司从成立之初,就备受争议,认为是对广告代理制的背离。事实上,"广告代理制是一种市场运作机制,而非行政管理制度"[①]。广告代理制是基于各方利益的市场选择,企业可以选择独立型广告公司代理其广告业务,也可以选择由In-house广告公司代理其广告业务。相比较独立型广告公司,In-house广告公司有其独特优势,主要表现在以下方面:

1. 纵向一体化节省交易成本

企业选择独立型广告公司代理其广告业务,一般需要支付媒介代理费和策划创意费,支付形式可以是代理费制、月费制、年费制或项目费制等。在广告公司媒介专业代理能力有限,而媒介代理费用高昂的情况下,企业基于"成本—效益"的考虑,选择直接与媒体接触,或通过In-house广告公司代理其媒体业务,自然无可厚非。

2. 对本集团企业有更深入洞察

In-house广告公司由于脱胎于企业集团,对企业历史及品牌内涵有更深入的理解,能够传递统一的品牌形象。对于一些专业性比较强的行业(如电子行业、汽车行业、家居行业等),独立型广告公司很难在短期内对该行业或企业有深入了解,In-house广告公司能够分析市场趋势,迅速做出反应。

3. 防止企业的商业机密外泄

欧美广告行业通常遵循"业务不冲突原则",即一个广告公司不同时代理同一行业的多个品牌广告业务,这一方面是保证广告公司专心为企业服务,另一方面也是出于保守商业机密的考虑。然而,由于广告公司与企业合作时间的缩短,企业面临商业机密外泄的风险更大。In-house广告公司隶属于企业集团,并保持长期合作关系,商业机密外泄风险比较小。

4. 更好地服务企业全球战略

欧美广告业发展的历程证明,伴随欧美企业的跨国经营,欧美广告公司逐渐走向国际化。欧美广告公司将本国的企业和品牌带到第三世界国家,而鲜见它们将第三世界国家企业和品牌带到欧美发达国家。In-house广告公司可以更好地服务企业全球战略,韩国三星集团与第一企划、现代集团与伊诺盛的共同成长壮大,提供了最好的证明。

5. 有稳定的经济来源

由于依托三星集团,韩国第一企划在广告客户方面有了很大保证。例如,2003年第一企划广告经营额增长很大程度上归功于三星集团,因为在2003年全球经济大环境不乐观的前提下,许多公司都削减其广告投入,而三星电子则一如既往地加大在国内外市场的投入。2003

---

[①] 张金海、廖秉宜:《广告代理制的历史检视与重新解读》,《广告研究》2007年第2期,第27页。

年韩国第一企划在本国广告营业额中,三星集团的广告投入为11591亿韩元,份额高达72.7%。2008年三星广告投入也占第一企划广告营业收入55%的比重。

## 二、企业内部广告公司的局限

In-house广告公司尽管存在诸多优势,但其发展局限也不容忽视。发展In-house广告公司,一是明确什么样的企业适合选择In-house广告公司代理其业务,二是要趋利避害,扬长避短。相比较独立型广告公司而言,In-house广告公司的局限主要表现在以下方面:

### 1. 由于依托企业集团,存在内部竞争力不足的问题

In-house广告公司隶属于企业集团,一方面可以获得稳定的经济来源,另一方面也会使得内部缺乏竞争活力。企业集团的广告业务全部委托In-house广告公司代理,导致广告公司缺乏内部竞争压力,不利于其专业水平的提升。

### 2. 跨行业、跨品牌专业代理能力遭受质疑

企业集团广告公司隶属于不同行业的企业集团,缺乏对其他行业的研究和跨行业、跨品牌代理经验。In-house广告公司如果只是局限于本企业集团和行业领域的代理,既不利于自身成长壮大,同时由于视野狭窄,也无法为企业提供更专业的营销传播服务。

### 3. 涉及营销传播多领域,人力资源有限

20世纪90年代兴起的整合营销传播热,刺激了In-house广告公司的发展。企业单纯依靠广告已经无法成功执行营销,而传统的广告公司局限在广告代理领域,无法提供整合营销传播代理,在企业市场部基础上组建的In-house广告公司,从某种程度上满足了企业整合营销传播代理的需求。然而,由于整合营销传播各领域都是高度专业化作业,In-house广告公司的人力资源有限,必然要寻求与专业营销传播公司间的合作。

# 第三节　韩国企业内部广告公司的经营运作

## 一、多元化的产业经营

韩国企业集团所属的广告公司在完成本集团的广告宣传任务之余,还积极承揽其他企业的广告业务,因而能够激发公司内部活力。同时,在广告公司进行多元化经营的尝试中,大弘企划成立了新媒介事业部,并向出版、事件营销、经营战略及市场营销咨询等领域拓展业务;LG Ad向事件营销、公共关系、出版、户外广告等领域拓展业务;Korea Ad向影像事业、直接营销、公共关系等领域拓展业务;金刚企划向节目制作、市场营销咨询、直接营销、户外广告等领域拓展业务;第一企划向节目制作、经营战略及市场营销咨询、体育行销等领域发展,为了适应数字时代的营销传播新趋势,第一企划集团成立了数字营销咨询服务公司三星鹏泰,提升其在数字营销代理方面的实力。2010—2014年韩国第一企划国内市场毛利润(gross profit)来源及分布情况如表14-2所示。

表 14-2　2010—2014 年韩国第一企划国内市场毛利润来源及分布情况　　单位：亿韩元

| 来源＼年份 | 2010 年 | 2011 年 | 2012 年 | 2013 年 | 2014 年 |
|---|---|---|---|---|---|
| 四大媒介 | 600 | 677 | 571 | 658 | 532 |
| 有线电视与互联网 | 347 | 462 | 513 | 790 | 694 |
| 营销服务和其他 | 662 | 749 | 842 | 1309 | 1367 |
| 总计 | 1609 | 1887 | 1926 | 2757 | 2593 |

数据来源：韩国第一企划网站。

## 二、竞争性的激励机制

In-house 广告公司的局限之一就是由于依托企业集团，有稳定的经济来源，存在内部竞争压力不足的问题，进而影响其专业代理能力的提升。因而有必要在广告公司内部建立竞争性的激励机制，可以通过以下两种途径：

1. 引入"鲶鱼效应"，提升内部竞争活力

在企业集团成立广告公司之初，通常是将企业所有广告业务交给 In-house 广告公司，为激发广告公司活力，提升其专业代理能力，集团广告主开始运用多种形式，如比稿，尝试与其他广告公司合作等。2009 年 12 月，三星集团将媒体企划和采购任务继续留给第一企划负责，而将其 PAVV 高清电视品牌的创意代理从第一企划转到现代集团的内部机构伊诺盛。2012 年 9 月，三星电子邀请一些代理商参加比稿，寻找负责 B2B 业务的广告公司，最终 WPP 击败了包括杰尔思行和李奥贝纳这两家现任代理，获得该项代理业务。

2. 积极参与比稿，争取集团外新客户

2009 年，在中国发展了近十年的三星广告更名为杰尔思行（Cheil China），并搬离三星电子所在的办公楼，随后收购同属三星电子的互动营销公司鹏泰互动，致力于调整公司客户结构，计划到 2015 年争取 40%～50% 的中国本土客户。目前在杰尔思行的客户名单上，除三星、好丽友、韩泰、Skin Food 外，中国移动、中国电信、中国工商银行、百度和燕京啤酒等也进入其客户名单。

## 三、全球性的市场拓展

伴随韩国企业集团走向国际化，韩国企业集团所属的广告公司也开始了全球化扩张进程。韩国第一企划在将重心放在国内市场的同时，积极向海外拓展市场。《韩国第一企划 2014 年年度财务报告》显示，2014 年，韩国第一企划营业额为 26663 亿韩元，毛利润为 7929 亿韩元，其中海外市场毛利润为 5336 亿韩元，占整个集团毛利润比重高达 67.3%。2010—2014 年韩国第一企划全球毛利润及国内外分布情况如表 14-3 所示。根据美国《广告时代》杂志网站发布数据显示，2013 年，韩国第一企划全球营业额排名第 15 位，海外市场成为其营业额重要增长点。在海外的客户构成中，三星集团以及韩国广告主成为重点，并积极开发对象国本土客户。在中国市场，杰尔思行之前的营业额有 80%～85% 来自三星集团和在华发展的韩国广告主，从 2008 年开始公司将目光转移到发展中国本土客户。

表 14-3　2010—2014 年韩国第一企划全球毛利润及国内外分布情况　　　单位：亿韩元

| 毛利润来源 \ 年份 | 2010 年 | 2011 年 | 2012 年 | 2013 年 | 2014 年 |
|---|---|---|---|---|---|
| 全球毛利润 | 4125 | 4580 | 5806 | 6978 | 7929 |
| 总部 | 1609 | 1887 | 1926 | 2757 | 2593 |
| 海外分支机构 | 2516 | 2693 | 3880 | 4221 | 5336 |

数据来源：韩国第一企划网站。

### 四、开放性的人才战略

作为智力服务型的 In-house 广告公司，高层次专业人才是其制胜的关键。随着 In-house 广告公司的国际化发展，尤其需要确立开放性的人才战略，韩国第一企划的成功也证明了这一点，其人才战略表现为两个方面：

1. 重视高层次、国际性人才的聘请

2008 年，第一企划正式聘请了原李奥贝纳公司总裁 Bruce Haines 担任负责第一企划全球业务的 COO，通过引进全球经营方式，对业务进行重组，制定全球营销战略，加强首尔总部与海外分部及当地分公司之间的协作。

2. 重视延揽本地专业人才

例如，为更好地融入中国市场，了解本土客户的需求，杰尔思行不但专门设置了广告策划部，负责市场调研工作，还扩大中国员工的比例，目前服务于杰尔思行公司的中国员工比重超过 90%。

## 第四节　中国企业内部广告公司的经营策略

### 一、中国企业内部广告公司发展的现状

中国长期沿袭欧美独立产业发展模式，主推独立型广告公司，限制 In-house 广告公司和媒介广告公司发展，是导致中国广告产业存在高度分散、高度弱小现象的重要因素之一①。2012 年，中国前十大广告公司中，国际广告公司占据六席，本土广告公司仅占四席，即昌荣传播集团、广东省广告集团股份有限公司、上海分众德峰广告传播有限公司、中视金桥国际传媒集团有限公司，分别排在第五、七、九、十位，中国广告产业面临外资主导的威胁。当前，创新广告产业发展的模式与路径，提升本土广告公司竞争力，已经成为广告学界和业界的共识。

近年来，随着韩国广告产业发展模式得到越来越多的认可，In-house 广告公司备受学界和业界关注。"集团公司直接参与广告业，可能起点较高。因为，比较充足的资金保证，能使广告公司引进先进的设备和高级的专门人才，并且至少能保证集团内的广告主，从而使广告公司稳步发展。"②美国广告主协会(ANA)2009 年上半年公布的一份调查统计报告显示，42% 的协会

---

① 陈永、张金海等：《中国广告产业将走向何方？——中国广告产业现状与发展模式研究报告》，《现代广告》2006 年第 7 期，第 37 页。

② 李东进：《韩国本土广告公司的发展及其启示》，《外国经济与管理》1999 年第 9 期，第 35 页。

理事单位都有自己的广告公司或相当于广告公司职能的业务部门。在全球化背景下,中国是否要大力发展 In-house 广告公司?什么样的企业集团适合组建 In-house 广告公司?这些问题成为当前学界和业界关注的热点话题。2009 年 9 月,宝洁(中国)有限公司正式实施一项广告新政:宝洁内部采购部直接与中国内地的媒体进行谈判,在其代理机构购买媒体之前和媒体拟定购买价格[①]。这一事件让更多广告主重新思考 In-house 广告公司的价值。

中国目前还没有一家像韩国第一企划、伊诺盛等著名的 In-house 广告公司,但一些企业集团都已有自己的 In-house 广告公司,或计划组建、收购一家广告公司。如行上行品牌整合传播机构就是福田汽车于 2003 年组建的 In-house 广告公司,娃哈哈集团投资收购之前服务于自己的广告公司等。由于传统广告公司无法满足大型企业集团整合营销传播代理、数字营销代理的需求,将会有越来越多的广告主组建庞大的市场营销部门,最终剥离出来成为企业集团的 In-house 广告公司。尽管 In-house 广告公司在中国已经发展有一段时间,但其规模却十分有限,关键原因在于企业将 In-house 广告公司长期作为企业部门而非独立产业来发展,因而缺乏内部竞争活力,也没有向外拓展新客户的动力。

## 二、中国企业内部广告公司经营策略分析

中国广告产业不可能完全照搬韩国 In-house 广告公司发展模式,但其成功经验无疑值得借鉴。在当前市场环境下,发展 In-house 广告公司,鼓励大型企业集团资本进入广告产业,可以迅速提升广告产业规模实力和专业代理能力,这是基于中国广告市场现实的战略思考。具体的经营运作策略如下:

一是鼓励企业集团内广告公司独立运作,积极布局数字营销和移动营销领域,提升其专业代理能力。独立化运作与专业化代理,是 In-house 广告公司基于生存与竞争战略的必然选择。企业集团首先必须将 In-house 广告公司作为独立产业来经营,并赋予充分的经营自主权,充分释放 In-house 广告公司内部的潜力和活力,有实力的企业集团甚至可以考虑广告公司上市运作。In-house 广告公司在保证集团广告主营销传播代理业务的同时,可以通过比稿积极开发新客户,引进高层次国际人才和专门化人才,提高 In-house 广告公司的专业代理能力,增强与独立型广告公司的竞争能力。此外,通过独立组建、资本并购等方式,成立企业集团所属的独立数字营销传播公司,提升其在数字营销传播代理方面的能力,是数字时代 In-house 广告公司发展的战略选择。在大数据背景下,企业集团广告公司一方面要积极拓展数字营销代理业务,另一方面也需要适应大数据营销传播的需要,提升在大数据挖掘、大数据分析和大数据营销传播等方面的能力。如组建第一方的 DMP(数据管理平台)公司,将企业集团内部大数据与从外部获取的大数据进行深度开发利用,并与专业的 DSP(需求方平台)公司合作,提高精准营销的效率。

二是与国内大型媒体集团和互联网企业建立战略联盟,通过对优势媒体资源的占有吸引广告客户。韩国 In-house 广告公司早期的迅猛发展有两个重要的因素:一是 20 世纪 70 年代韩国产生了一大批财阀企业,需要开拓国内和国际市场,而当时韩国市场上的广告公司大都实力比较弱小,In-house 广告公司应运而生;二是 20 世纪 80 年代的《韩国放送广告公社法》和《关于广告公司代理广播电视广告的规则》,对从事广播电视广告代理业务的广告公司资格进

---

① 陈燕妮:《In-house 公司回光返照还是一种趋势》,《广告主市场观察》2010 年第 5 期,第 38 页。

行了严格的限制,使得In-house广告公司通过其对广播电视广告资源的代理资格,获得更多广告客户,从而推动其规模化发展。韩国广告业发展的经验为中国广告业发展提供了重要的借鉴,即通过对优势媒体资源的占有吸引更多广告客户,从而提升In-house广告公司的竞争力。中央电视台的广告授权代理模式值得借鉴和推广。In-house广告公司可以通过成为国内优势媒体集团的广告授权代理商,提升竞争优势,吸引广告客户。此外,在互联网日益普及的时代,In-house广告公司需要及时调整经营战略,通过与国内大型互联网企业构建战略联盟等方式,利用大数据分析技术,不断提升在数字营销和移动营销等领域的专业代理能力。

三是通过全球化的市场运作,在服务本企业集团全球战略的同时,代理中国企业在全球的广告与营销传播业务。"去In-house化"是企业广告公司发展到一定阶段的必然趋势。在企业集团广告公司发展的初期,广告公司借助企业集团资源可以迅速实现规模化发展。然而,当企业集团广告公司进入国际化发展阶段后,"去In-house化"就成为一种战略必需。In-house广告公司的发展壮大,不可能仅仅依靠本企业集团的广告业务,还必须积极开发新客户。在中国企业集团走向国际化的同时,In-house广告公司必然也要开展全球广告经营业务。当前,中国很多企业集团都在全球拓展市场,而由于中西方文化的差异,导致企业集团与跨国广告公司的合作往往并不成功,因此,从事国际广告代理,具有专业代理能力的中国In-house广告公司必然成为其首选。例如,韩国第一企划在依托三星集团的基础上,积极开发新的广告客户,一方面实现了广告经营额的持续增长,另一方面降低了广告公司对本集团的过度依赖。目前韩国第一企划代理的客户已涉及IT、电器及电子产品、分销、金融/证券/保险、食品饮料、家庭用品、工程/建筑、制药/生物工程、化妆品、服装、交通运输、教育、能源/化工、企业公关、政府组织等众多行业和领域,三星集团外代理客户业务量已占韩国第一企划的45%。

四是通过并购、联合等资本运作方式,加强In-house广告公司的数字营销代理能力,发展全球性的营销传播网络。发展全球性的营销传播网络,是In-house广告公司提升整合营销传播代理能力和国际服务能力的战略选择。为了更好地服务本企业集团和中国其他企业集团拓展海外市场的需要,In-house广告公司有必要发展为能够为企业提供整合营销传播代理的公司,尤其需要加强在数字营销方面的代理能力,因而有必要进行组织再造。相比较自建营销传播公司而言,并购、联合对象国或全球性的优秀营销传播机构,经营风险更小,进入壁垒更低,而且能够迅速熟悉市场。例如,2008年12月,韩国第一企划在收购位于英国伦敦的Beattie McGuinness Bungay公司后,将其业务延伸到美国纽约;2009年12月,韩国第一企划又收购了美国波士顿Barbarian集团,该集团是美国一家著名的数字新媒体广告公司,使得公司迅速进入数字新媒体广告领域;2012年8月,收购中国公司邦库,2014年3月,又与中国本土广告公司引力传媒组建合资公司,加快在中国市场的业务拓展。

五是企业自建第一方的DMP数据管理平台,与供应商、经销商等第二方数据和独立的DMP公司和DSP公司提供的第三方数据相结合,提升企业大数据营销和精准营销的能力。国内有能力有实力的企业可以与专业的广告技术公司之间进行合作,搭建第一方的数据管理平台。例如,易传媒推出企业级DMP,已经帮助多家汽车、医药、金融、消费品、垂直媒体、视频媒体等建立了自己的大数据管理平台。搭建私有DMP的好处是直接和媒体接触,且数据能够发挥出最大的价值。企业自建的DMP可以收集整合企业自身的第一方数据,具体包括官网数据、硬广数据、购买关键词数据、EDM数据、CRM数据等。这些渠道涉及的都是企业的核心目标人群,记录下这些人群的行为,对于核心目标受众的剖析和策略制定有着重要的价值。

# 第十五章　媒介购买公司的经营管理

　　媒介购买公司是广告公司与广告主、媒介博弈的产物，随着媒体价格不断攀升和媒介形态日益多元化，媒介购买公司在广告市场中扮演的角色越来越重要，成为影响世界传媒业和广告业发展的重要力量。本书重点探讨欧美媒介购买公司兴起的市场背景，深入分析欧美媒介购买公司全球市场运作策略以及欧美媒介购买公司在中国市场的扩张战略及影响，并提出中国传媒业和广告业的应对策略。

## 第一节　欧美媒介购买公司兴起的背景及成因

### 一、从媒体掮客到媒介购买公司的演进

　　媒体掮客是媒介购买公司的雏形。广告代理经历三个重要发展阶段，即版面销售时代、媒体掮客时代和综合型广告代理阶段。版面销售时代的广告代理并不是独立的，而是依附于报业。一部分为报业自身的广告业务员直接面对广告主销售报纸版面，成为报业重要的经济来源；另一部分则为社会人员受雇于报业，代表报业向广告主推销版面，向其收取广告费，然后按报社所订的佣金作为个人酬劳，其本身并不属于报业编制，报社也不向其支付固定酬金。媒体掮客时代的广告代理具有独立经营性质，但在职能上仍保留有媒体业务代表的性质，只是单纯的媒介代理，具体表现为原先受雇于媒体、专为一家媒体作版面推销的雇佣推销人员，也同时推销起多家媒体的广告版面，并进而脱离媒体的雇佣地位独立从事版面贩卖，即不再像过去那样只是充当某特定媒体的业务代表，而是介于媒体与广告主之间，从媒体廉价批发购买版面和时间，然后将其分割高价零售给各广告主，从中赚取买卖差额利润，成为自主的媒体版面或时间的掮客。19世纪60年代，美国艾耶父子广告公司的成立标志着广告代理业进入综合型广告代理时代。综合型广告代理是应广告主对全面广告代理服务要求而诞生的，它不仅提供媒介代理业务，还提供包括广告调查、广告策划、广告创意与表现、广告文案、广告设计制作、广告效果评估等在内综合型广告代理业务，这个阶段媒介计划与购买成为广告公司的重要职能之一。当然也有些媒体掮客保留下来，发展成为独立的媒介代理公司。

　　主动的、策略性的大宗媒介购买发生在20世纪60年代。1966年，法国卡拉特国际媒体公司成立，标志着现代意义上的媒介购买公司诞生。媒介购买公司是广告公司的一种类型，它是指专门从事媒介信息研究、媒介计划与组合、媒介购买实施等的经营实体，其所提供服务的范围跨越广告公司媒介业务和媒介广告经营业务，成为专业从事媒介营销的资源整合者。20世纪80年代以后，伴随广告公司全球兼并、收购浪潮，媒介购买公司走向集团化，在业务运作上逐渐走向精细化、专业化。20世纪90年代后，媒介购买公司成为欧美广告集团组织架构的重要构成。媒介购买公司在承担集团内广告公司客户媒介业务的同时，也在积极开发新客户，

"在浩腾媒体客户中,20%~25%的客户来自其母体的三大广告代理公司,其余75%~80%的客户则是浩腾媒体直接联系获得的"①。

## 二、欧美媒介购买公司兴起的市场背景

欧美媒介购买公司兴起有其特定的营销传播环境,主要有以下三个重要因素。

1. 增强广告公司与广告主、媒体博弈的实力

20世纪60年代电视媒体迅猛发展,对广告代理行业传统固定佣金制提出挑战。电视媒体比平面媒体广告刊播价格更高,意味着广告公司付出同样的劳动,如果选择电视媒体投放广告,广告主则需要支付更多代理费用给广告公司,引发广告主对广告公司收费模式的质疑。"20世纪70年代,70%的广告主付给广告公司的费用是他们的媒介费用的佣金,到1989年,广告公司与广告主之间不再有15%的佣金比例。"②事实上,15%的固定佣金制已经逐渐让位于协商佣金制等方式,策划创意费和媒介代理费开始单独计费。广告主可以绕过广告公司直接与媒体交易,获得更低的媒介折扣,这样也导致广告公司媒介代理利润的缩减。

为了应对广告主与媒体跨越广告公司直接交易的威胁,欧美广告公司将媒介部门剥离,组建媒介购买公司,通过大批量的集中采买获得比广告主与媒介交易更低廉的价格和更科学的传播解决方案,从而增强广告公司与媒体、广告主博弈的实力。

2. 广告代理业专门化、专业化发展的需要

随着市场环境和传播环境的改变,企业单纯依靠广告已经无法成功执行营销,整合营销传播成为必然要求。在企业营销传播代理中,各种营销传播手段都要求高度专门化和专业化。广播、电视、报纸、杂志传统四大媒体以及新兴数字电视、手机媒体和网络媒体的发展,打破了少数媒介垄断市场的格局,使媒介组合成为必需。媒介购买公司通过媒介市场研究,制定并实施媒介计划和组合策略,可以为广告主提供更好的传播解决方案。

3. 欧美广告集团全球扩张战略的必然选择

伴随欧美企业国际化,欧美广告集团开始全球扩张历程。由于不同国家和地区文化传统、消费心理、政策法规等方面差异,跨国广告公司面临诸多进入壁垒。为更好地服务于跨国企业全球战略,欧美跨国广告公司将"全产业链"推向对象国,建立起跨国企业、跨国广告公司、跨国营销传播公司和跨国媒介购买公司的利益共同体产业链格局。目前,全球顶级广告集团大都组建了媒介购买公司,如WPP集团的群邑(GroupM)、宏盟集团(Omnicom Group)的浩腾媒体(OMD)、阳狮集团(Publicis Group)的星传媒体(SMG)和实力媒体(Zenith Optimedia)、IPG集团的优势麦肯(Universal McCann)、极致媒体(Initiative)和盟诺(Magna Global)、电通安吉斯集团(Dentsu Aegis Network)的凯络媒体(Carat)、哈瓦斯集团(Havas)的灵锐媒体(MPG)等③。

---

① 陈刚、崔彤彦:《媒介购买公司的发展、影响及对策研究》,《广告研究》2006年第5期,第6页。
② William Leaiss, Stephen Kline, Shut Jhally. Social Communication in Advertising Competition in the Mediated Marketplace. Taylor & Francis Group,2005:393.
③ 廖秉宜:《欧美媒介购买公司的发展、影响及对策分析》,《新闻与传播研究》2011年第3期,第86页。

## 第二节 欧美媒介购买公司发展的策略及趋势

### 一、整合广告集团客户资源

整合广告集团的客户资源,提升媒介购买公司代理能力。欧美国际广告集团大都拥有一家或多家媒介购买公司,媒介购买公司服务于各自的广告集团,同时积极开发新客户。通过整合广告集团内多家媒介购买公司的业务,可以增强与媒体谈判议价的实力,优化公司内部人力资源,降低运营成本。例如,WPP集团整合旗下全球媒介代理机构传立媒体(MindShare)、尚扬媒介(Mediaedge:cia)、竞立媒体(MediaCom)、迈势媒体(Maxus)、宝林户外(Portland)以及一系列专业服务公司,包括群邑娱乐(GroupM Entertainment)、群邑互动(GroupM Interaction)、娱乐运动和搭档(Entertainment Sports and Partnerships)等,组建群邑集团,凸显整合优势。"以户外媒体为例,整合前的群邑在中国户外媒体购买方面只能涉及73个城市,而加入宝林户外后,可涉足160个城市,增长一倍多。"[①]法国阳狮集团也整合了旗下星传媒体和实力媒体,组建博睿传播,提升媒体谈判和客户服务能力。客户资源整合,媒体集中采买,已经成为媒介购买公司发展的重要趋势。

### 二、开展多元化的产业经营

开展多元化的产业经营,拓展媒介购买公司盈利空间。媒介购买公司在媒介市场研究、媒介计划与组合、媒介购买活动实施与监控等基本业务基础上,积极开拓新的经营领域,提升媒介购买公司整合传播能力。例如,作为全球最大的媒介购买集团,星传媒体的业务囊括媒介代理、媒体经营、数字通信、体育营销、跨文化行销、娱乐行销等多领域。除扮演媒介谈判专家角色外,IPG所属媒介购买公司盟诺(Magna Global)媒体的业务范围已扩展到节目制作、市场调研等领域。在节目制作方面,盟诺设立名为"盟诺全球娱乐"的机构,制作了共计380小时的电视节目,其中有90小时是原创节目,这些节目包括美国家喻户晓的热门影片 *Door to Door*,还有获得四项艾美奖的影片 *The Wool Cap*,美国收视排名前列的NBC真人秀节目 *The Restaurant*,以及获得"美国电视评论者协会提名奖"的ABC新剧 *Lost* 等。这些电视节目的赞助商全部来自IPG集团旗下子公司服务的客户,如赞助 *Door to Door* 的强生公司,赞助 *The Restaurant* 的美国运通公司、银子弹啤酒、三菱,赞助 *Lost* 的可口可乐等(见表15-1)。盟诺把出类拔萃的演艺人员、分销商和世界500强企业联合起来,使节目内容和客户品牌达到传播效果最优化。此外,媒介购买公司在承担集团内广告公司客户媒介业务的同时,积极开发新客户。

表15-1 盟诺策划制作的电视节目及赞助商情况

| 节目名称 | 播放频道 | 赞助商 |
| --- | --- | --- |
| 电影 *Door to Door* | TNT | 强生 |
| 演唱会 *Dixie Chicks* | NBC | 苹果蜂、家得宝 |

---

① 邱文中、石凡:《媒介购买公司的整合化发展探析——兼析群邑媒介集团》,《新闻窗》2008年第5期,第107页。

续表

| 节目名称 | 播放频道 | 赞助商 |
| --- | --- | --- |
| 真人秀 The Restaurant | NBC | 美国运通、银子弹啤酒、三菱汽车 |
| 真人秀 House Rules | TBS | 劳氏、美国银行、起亚汽车 |
| 电视剧 Lost | ABC | 可口可乐、强生、劳氏、万豪国际 |
| 评比节目 People's 25 Most Intriguing Characters | NBC | 巴黎欧莱雅 |
| 电影 The Christmas Secret | CBS | 通用、强生、雀巢 |
| 电影 Young Americans | WB | 可口可乐 |
| 卡通片 Santa Baby | FOX | 可口可乐 |
| 颁奖典礼 NAACP Music Image Awards | WB | 可口可乐、巴黎欧莱雅、雀巢 |

### 三、构建全球性媒介购买网络

伴随欧美广告集团的国际化,媒介购买公司开始拓展全球业务。以浩腾媒体为例,1996年在宏盟集团旗下三大广告公司恒美(DDB)、天联(BBDO)、李岱艾(TBWA)媒体部的基础上组建,现已在全球约80个国家和地区设有分支机构,拥有140多家办事处。在北美,浩腾媒体自2002年正式营业以来,在媒介计划与购买领域占据行业头把交椅。同时,它还组建一支"欧洲中心管理团队",积极寻找向欧洲扩张机会。浩腾媒体目前在欧洲的业务已经扩展到34个国家、40多个地区。亚太地区一直是浩腾觊觎的重点,浩腾亚洲公司的业务由大中华区、东南亚区及南亚区三大块组成,1997年11月,浩腾把亚太地区总部设在香港特别行政区,目前已进入亚洲9个国家和地区,拥有14家办事处。

### 四、提升媒介代理的专业水平

欧美媒介购买公司媒介代理专业能力的提升,主要表现在以下三个方面:

一是加强对媒介市场的调查研究。例如,盟诺将市场调研部门分为两个团队,即媒介行业分析团队、受众分析团队。前者专门为公司媒介谈判提供数据支持;后者则包括体育节目受众分析、儿童受众分析,以及广播、有线电视行业发展趋势预测等。

二是重视专业媒体分析软件的开发和利用。例如,实力媒体开创优化投资收益(ROI)系统,强调客户投资收益最优化,它还拥有一套 ZOOM(Zenith Optimization Of Media)媒体专用系统,包括 ZOOM Wizard、ZOOM Media、ZOOM Maps 和 ZOOM Excalibur 等优化系统。

三是提高对网络等新媒体的代理能力。例如,传立娱乐的客户汉堡王希望在 MySpace.com 网站上吸引18~34岁男性,为此,传立娱乐设计的活动是用户可以在网站下载内容,然后参与一个快餐的促销。在促销的第一个星期,网页就达到41万的点击率。另外,星传媒体联合微软研发网络广告屏蔽解决方案,以加强网络广告对于17~35岁网民的影响效果。

# 第三节　欧美媒介购买公司对中国的影响及对策

## 一、欧美媒介购买公司在中国的发展战略

1996年成立的实力媒体和1998年成立的传立媒体,是跨国广告集团在中国创立的最早的媒介购买公司。由于媒介购买公司庞大的媒介采买量对中国传媒业和广告业构成极大威胁,国家工商行政管理总局在1998年便下发了《关于停止核准登记媒介购买企业的通知》,要求各地一律不得受理媒介购买企业设立登记申请;已经办理了核准登记手续的,应在进行本年度广告经营资格检查时,重新核定经营范围,将核准的媒介时间、版面批发和零售经营项目予以核销。但是,由于当时的监管措施有疏漏,跨国媒介购买公司以挂靠母集团的方式仍继续开展经营业务,规避了政府规制的限制,发展迅猛,全球十大媒介购买集团目前均已在中国落户。欧美媒介购买公司在中国市场的扩张态势呈现以下五个方面特点:

一是由分散经营向整合经营方向发展,通过整合集团客户资源,集中采买媒介,从而增强与媒体的谈判议价实力。例如,WPP集团整合旗下媒介购买公司组建群邑,阳狮集团整合旗下实力传播和星传媒体构筑全新战略业务单位博睿传播,并在北京、上海和广州设立办事机构,跨国媒介购买公司在中国呈现整合化、集团化发展态势。

二是对于一些进入壁垒比较高的领域,跨国广告公司和媒介购买公司通常选择与本土公司合资组建媒介购买公司或建立战略联盟。例如,在美国纽约挂牌上市的全球最大户外广告公司Clear Channel与白马合资组建海南白马广告媒体投资有限公司,进军中国户外媒体广告市场;德国BMC商务传媒集团与北京铁路局合作开发北京站等四个重点火车站户外交通广告媒体。

三是收购、兼并中国本土最有实力的专业传播机构,如户外媒体公司、新媒体公司等,从而提升在中国市场的整合传播服务能力。例如,WPP旗下公司群邑收购中国最大网络广告代理公司之一的北京华扬联众广告公司,组建华扬群邑,进军增长迅速的中国网络广告市场,华扬联众拥有中国网络广告市场约10%的份额。

四是跨国媒介购买公司开始由中国的一线城市进入二、三线城市,帮助跨国企业、跨国广告公司在区域市场拓展业务。例如,传立媒体先后在深圳、南京布点,2006年4月成立成都分公司,并与杭州思美广告结成战略联盟,进军中国二、三线城市市场。2010年6月,全球领先的户外媒体策划及购买机构凯帝珂继北京、上海、广州之后,在南京设立第四家办事处。

五是在服务本集团广告客户媒介业务的同时,积极开发新客户,并为广告集团带来新的客户资源。2010年,传立媒体赢得广东电信媒介业务,星传媒体赢得上海家化媒体业务,凯洛媒体获得西安杨森业务等,跨国媒介购买公司在中国市场加速发展。"当媒介购买公司形成庞大的垄断性规模时,就能决定媒体价格,影响广告主的媒体决策,这必然为其所服务的跨国广告集团带来巨大的优势,进而打压本土广告公司。"[①]

---

[①] 周畅:《跨国媒介购买机构冲击之下的思索》,《广告大观》(综合版)2006年第8期,第39-40页。

## 二、欧美媒介购买公司发展对中国的影响

### 1. 对中国传媒业的影响

跨国媒介购买公司将客户资源整合起来集中采买媒介,增强与媒体谈判议价的砝码,这种"以量定价"的方式,无疑会大大压缩媒体的利润空间。媒体与媒介购买公司之间的关系十分复杂,对于媒体而言,与媒介购买公司合作的好处在于集中采买可以降低媒体运营成本和经营风险,保证稳定的经济来源,而不利因素则在于追求利益最大化的媒介购买公司会无限压低媒体价格,实际降低媒体盈利能力。以电视为例,"20 世纪末期在中国通行的所谓'4A 价惯例'(4A Rate Convention,各个电视台,主要是省台,给予 4A 公司的折扣不得低于各台刊例价的七折)完全溃堤。现在有些媒介购买集团取得的折扣突破五折,甚至二、三折。它们甚至要求电视台保证'收视点成本'(CPRP),如果换算成刊例价,有的已经突破一折"①。有些媒体甚至允许跨国媒介购买公司买断广告经营权,短期来看可以保证媒体营业额和利润上升,但长期来看,这种方式导致媒体对媒介购买公司过度依赖,在经济形势比较好的时期可以实现双赢格局,然而一旦经济下滑,合作关系将很难维持,媒体会面临极大的经营风险。

跨国媒介购买公司庞大的媒介购买量和年媒介购买额,以及对广告公司、广告主媒介选择的决定性影响,对中国中小媒体的发展构成极大威胁。根据全球权威媒介代理评估机构 RECMA 的数据显示,2013 群邑在中国的 560 多个市场进行投资,拥有 1800 多名员工,业务承揽额超过 98 亿美元,约合 597 亿元人民币,跨国媒介购买公司的实力可见一斑。国内一些中小媒体在跨国媒介购买公司媒介计划、组合与购买格局中面临边缘化的威胁。"外资媒介购买公司的强势,使本土除中央电视台之外的省、地、市和县级电视台全部都笼罩在外资媒介购买公司的垄断式不公平竞争之下。"②

跨国媒介购买公司参与媒介节目内容的制作,影响媒体的未来发展。跨国媒介购买公司、企业赞助商、媒体或节目制作公司形成新的利益组合,媒介内容的商业化、娱乐化倾向将愈发明显。跨国媒介购买公司目前在中国介入内容市场主要是植入式广告运作,例如,传立媒体与其客户联合利华同北京响巢国际传媒有限责任公司紧密合作,将联合利华旗下多芬沐浴乳、清扬去屑洗发露、立顿奶茶等品牌自然植入电视剧《丑女无敌》剧情中。综观全球媒介购买公司的发展,参与媒介内容策划与制作必将成为一种趋势。

### 2. 对中国广告业的影响

跨国媒介购买公司发展挤压广告公司的利润空间。策划创意费和媒体代理费是广告公司重要的收入来源,跨国媒介购买公司抢占媒体代理市场,使得本土广告公司丧失这部分利润,生存面临巨大挑战。

跨国媒介购买公司积极开发本土新客户,开源"截"流,对本土广告公司发展极为不利。"广告主→广告公司→广告媒介"的广告产业链,被"广告主→媒介购买公司→广告公司→广告媒介"的广告产业链代替,广告公司主导产业链的格局逐渐让位于由媒介购买公司主导。跨国媒介购买公司利用自己掌握的媒体资源,吸引本土品牌企业,再将其营销传播和广告代理业务

---

① 刘国基:《必须立法管理媒介购买公司的垄断行为》,《广告大观》(综合版)2007 年第 1 期,第 5 页。
② 郑维东、左翰颖:《全球化与媒体利益:跨国公司对本土电视传媒的影响》,《新闻大学》2008 年春季,第 135 页。

委托给母公司,跨国媒介购买公司的开源"截"流对中国广告产业发展影响深远。

## 三、中国广告业和传媒业的应对策略分析

面对欧美媒介购买公司在中国市场快速扩张的态势,中国广告业和传媒业需要积极应对,提升本国广告业和传媒业的竞争力。

一是引导和扶持媒介集团、互联网媒体组建媒介广告公司,并发展为提供全媒体代理的整合传播公司。中国大型媒介集团和互联网媒体可以独立组建媒介广告公司,或是并购国内有实力的媒介代理公司,从而降低对跨国媒介购买公司的过度依赖。日本广告产业发展成功经验可资借鉴,在日本,媒介广告公司和企业广告公司主导日本广告市场,日本前十大广告公司中,大广属于朝日新闻集团,读卖广告社属于读卖新闻集团,朝日广告社属于朝日新闻集团,日本经济广告社属于日本经济新闻集团,电通、博报堂和旭通属于上市公司,脱胎于媒体,目前媒体股份也占有相当大的比重。东急、JR 东日本企画、Delphys 分别属于东急集团、JR 东日本铁路公司和丰田集团下属的 In-house 广告公司[①]。由此可见,日本的媒介广告公司大都依托强势媒体。中国目前经营比较好的媒介广告公司,也大都诞生于全国性或区域性的强势媒体集团和互联网媒体,并发展成为大型整合传播集团,例如中央电视台的北京未来广告公司,北京电视台的京视博传媒有限公司,湖南广播电视台控股的湖南电广传媒股份有限公司旗下的北京韵洪广告有限公司、广州韵洪广告有限公司,成都商报的成都博瑞传播股份有限公司,湖北日报传媒集团的楚天广告总公司,阿里巴巴旗下的阿里妈妈,字节跳动旗下的巨量引擎等。媒介广告公司由于依托强势媒体,拥有优质的媒体资源和雄厚的资金支持,可以获得初期的快速发展。然而,当媒介广告公司发展到一定阶段之后,必须实现公司转型,即由单一媒体的广告代理走向多媒体甚至是全媒体的广告代理,从而提高媒介广告公司的整合传播代理能力,为广告客户提供科学有效的媒体组合解决方案。

二是鼓励本土广告公司组建媒介购买公司,进而发展成为专业的整合营销传播集团。由于媒介购买公司逐渐向广告产业链上游发展,本土广告公司要获得市场主动权,组建媒介购买公司成为一种战略必需。从广告公司发展角度来看,媒介购买公司市场势力增强,挤压广告公司利润空间,本土广告公司要提升市场竞争力,媒介购买公司成为必不可少的战略构成;从产业扩张角度来看,国内一些上市广告企业如分众传媒、广而告之、中视金桥、合力昌荣传播、省广股份等也在积极寻找新的盈利增长点,媒介购买公司将会成为公司利润的重要构成。本土媒介购买公司组建方式目前主要采用独立组建和联合组建两种方式,如昌荣广告于 2002 年独立组建合力昌荣传播,广东省广与广东广旭、省广博报堂于 2003 年联合组建三赢传播等。对于一些中小规模的广告公司,或调整经营战略,走专门化发展道路,将公司定位于专业的策划创意公司、广告设计制作公司;或联合多家本土广告公司,建立以资本为纽带的媒介购买公司。随着本土上市广告公司的快速发展,并购、联合等资本运作方式成为媒介购买公司发展的重要途径,进而发展为提供专业广告与营销传播代理、媒介代理的整合营销传播集团。

三是通过建立媒介集团与本土广告代理业的战略联盟,提升产业竞争优势。韩国广告产业发展的成功经验尤其值得借鉴,20 世纪 80 年代《韩国放送广告公社法》和《关于广告公司代

---

[①] 廖秉宜:《日本媒介型广告公司的发展及其启示》,《人大复印资料·新闻与传播》2007 年第 7 期,第 70 页。

理广播电视广告的规则》,对从事广播电视广告代理业务的广告公司资格进行了严格的限制,使得广告公司通过其对广播电视广告资源的代理资格,获得更多广告客户,从而推动其规模化发展。韩国广告业发展的经验为中国广告业发展提供了重要的借鉴,即通过对优势媒体资源的占有吸引更多广告客户,从而提升广告公司的竞争力。中央电视台的广告授权代理模式值得借鉴和推广,广告代理公司可以通过成为国内优势媒体集团的广告授权代理商,提高跨国媒介购买公司进入的壁垒,还可以通过参股媒介广告公司、企业广告公司,与媒介、企业建立战略联盟,形成竞争优势。

四是通过资本并购等方式提升程序化购买的能力。随着传统媒体的数字化转型的深入推进,中国将会诞生一批新型的数字媒体集团,这些数字媒体集团亟须提升数字媒体广告经营能力。它们可以选择三种路径:①将自身的资源放到广告交易平台(SSP)中,在广告交易平台中实现自身数字媒体资源的售卖;②自建数据管理平台(DMP),对数字媒体受众进行分析,为市场上独立的DSP公司提供大数据服务;③自建需求方平台(DSP)和广告交易平台,直接与广告主进行程序化广告交易,数字媒体集团可以依托自身的资源,也可以联合国内多家领先的数字媒体集团共同建立需求方平台和广告交易平台。

# 第十六章　程序化购买广告公司的经营管理

程序化购买广告公司是智能广告产业的重要市场主体之一。近年来，广告主投入程序化购买的预算比重不断增加，体现出广告主对程序化购买价值认同度的提高。一些新兴的程序化购买广告公司受到资本市场的青睐，通过吸引风险投资、上市融资获得快速发展，传统广告公司也在加速布局程序化购买广告市场，提升在程序化购买方面的代理能力。程序化购买广告公司的发展正在深刻改变中国广告产业的竞争格局。本章重点探讨程序化购买的基本概念与市场运作，以及中国程序化购买广告公司的经营策略。

## 第一节　程序化购买的基本原理与运作流程

### 一、程序化购买及其相关概念的界定

程序化购买指的是需求方平台（demand side platform，DSP）通过广告交易平台（ad exchange，ADX），代表广告主，自动地执行广告媒体购买的流程。与之相对的是传统的人力购买方式。程序化购买的实现主要通过实时竞价（real time bidding，RTB）和非实时竞价（non-RTB）两种模式来进行交易。

在传统的人力购买模式广告投放过程中，广告主需要预先制定一定投放周期的预算框架，其后需要进行媒体排期。一旦敲定合作细节之后，广告的投放相对固定，如中途变动，流程将会比较复杂。而通过程序化购买的广告位，广告主可以随时进行购买，购买之后立即可以进行投放。投放形式、投放时间、预算分配均更加灵活，这样便大大提升了广告投放效率，减少了人力谈判成本。程序化购买在较大程度上是通过 RTB 的方式来进行。RTB 是广告交易平台在网络广告投放中采用的主要售卖方式，在极短的时间内通过对目标受众竞价的方式获得该次广告展现，是一种利用第三方技术在数以百万计的网站上针对每一个用户的展示行为进行评估以及出价的竞价技术。而 non-RTB 的程序化购买方式主要是通过打包售卖框架协议，或者通过固定价格结算。在程序化购买当中，有一种购买方式被称为程序化优选购买（programmatic premium buying，PPB）。对于某些广告主而言，对于媒体资源有特定的要求。而 PPB 是针对特定的优质媒体，和广告主谈好条件后，再以程序化购买的方式进行购买。程序化购买广告市场的常用概念如表 16-1 所示。

表 16-1　程序化购买广告市场常用的概念描述

| 首字母缩写 | 全称 | 定义 |
|---|---|---|
| RTB | real time bidding（实时竞价） | 通过在开放交易平台实时竞拍实现程序化购买的一种形式 |
| PMP | private market place（私有交易市场） | 使用私有交易的程序化购买形式，允许媒体将流量库存仅售卖给受邀的广告主或广告代理商 |
| DSP | demand side platform（需求方平台） | 广告主用于从广告交易平台以尽可能便宜的价格和尽可能高效的速度购买广告曝光的平台 |
| DMP | data management platform（数据管理平台） | 存储第一方、第二方、第三方的数据，来帮助优化广告活动的平台 |
| ADX | ad exchange（广告交易平台） | 开放的、能够将媒体流量资源和广告商联系在一起的在线广告交易平台 |
| SSP | supply side platform（供应方平台） | 媒体用以自动销售库存的平台，目的在于最大化库存销售价格 |
| ATD | agency trading desk（代理商交易平台） | 帮助规划和购买媒介流量资源，并向客户报告受众数据的负责公司程序化购买业务的代理商 |
| PPB | programmatic premium buying（程序化优选购买） | 在保证媒体流量资源的前提下，采取自动投放替代人工插入的程序化购买形式 |

DSP 的价值体现在两个方面：一个是作为"通道"的价值，另一个是附加在通道上的数据价值。DSP 作为通道，需要以程序化的方式连接海量广告资源，包括 PC 端、移动端、户外端、视频端等媒体广告平台。数据价值又体现在三个方面：①利用数据找到目标受众；②可对目标受众实施竞价策略；③对目标受众推送合适的广告作品。数据价值反映 DSP 对大数据的处理和挖掘能力，DSP 公司通过对大数据进行建模和预测，创建用户细分模型、动态出价模型和推荐模型，从而提高广告效果。

## 二、程序化购买广告公司的市场运作程序

程序化购买广告公司又称为 DSP 公司，其程序化购买方式分为 RTB 和 non-RTB，这里我们重点介绍 DSP 公司的 RTB 市场运作。RTB 是大数据时代产生的一种全新的广告传播模式，即在每一个广告展示和曝光的基础上进行实时竞价。从用户点开一个网页的那一刻起，便开启了实时竞价，而从开始竞价到广告推送，最多不超过 100 毫秒。简而言之，就是将用户每次浏览页面的数据记录下来，并通过"竞拍"的形式卖给有需求的广告主，谁出价高谁就可以最终获得该广告位，然后得以向用户推送自己的广告与产品。RTB 广告产业链需要至少四方合作，才能共同完成程序化广告投放。与传统营销相同，首先需要供应方平台（SSP）提供广告位资源，即投放广告的平台。另一端则是需求方平台（DSP），为广告主提供程序化购买的代理服务。DSP 和 SSP 的程序化交易在广告交易平台（ADX）上进行，其中还需要数据管理平台（DMP）进行用户数据分析。这有点像股票交易所，供应方将剩下的广告位在广告交易平台"挂牌出售"，当有用户浏览该广告位所在的网站，DMP 便可将搜集与分析好的用户信息推送

给需求方平台,若此用户需求与广告内容相符,DSP 会即刻接到通知,据此决定是否出价和具体出价金额。目前该行业的盈利模式以分成为主,需求方将费用付给供应方后,充当桥梁作用的广告交易平台从供应方抽取提成,一般收取 15%～30% 的费用,盈利空间十分可观,根据实际情况,利润额度可能有所浮动。中国程序化广告技术生态图如图 16-1 所示。

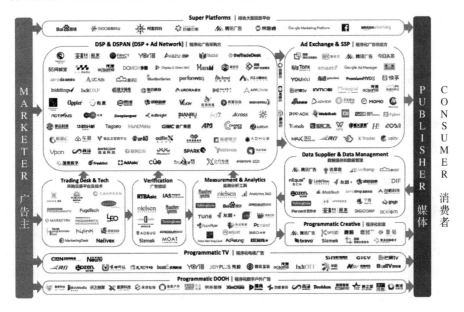

图 16-1　中国程序化广告技术生态图[①]

与传统网络广告投放相比,RTB 模式不仅节省广告主的成本,还实现了用户精准化与定制化。过去每个用户看到的广告都是一样的,若该用户没有相关需求,此条广告就没有产生效果。此外,有的网站是按次数出售广告,假设广告主一天购买 1 万次展示频率,但当日来此网站浏览的用户根本达不到 1 万人,剩余流量就被浪费了。大数据挖掘和使用越来越精通人性。RTB 广告与传统展示广告的不同之处在于,前者让广告主购买的是人群,而不是某个具体广告位。由此,广告主可以不再被动、机械地购买广告位,而转变为购买目标及潜在顾客。以传漾广告为例,SameData 是传漾广告的数据分析和挖掘内核,通过自主研发的数据挖掘分析模型,整合中国海量的受众数据并将之整理为可被广泛应用的集成数据库,指导整个传漾广告的网络营销活动。传漾广告已掌握了大约 9 亿条 Cookie,并将这 9 亿个 Cookie 分别贴上了几百个门类标签(33 个兴趣大类、168 个兴趣中类、857 个兴趣小类),广告主在投放广告时,不再是选择特定媒体的广告位,而是选择与广告最为匹配的 Cookie。同时,门类标签的内容以及数量也会根据用户浏览信息以及搜索数据的变化而做出调整,应后台大数据智能分析的变化而变化。

随着手机网络技术的发展、手机流量资费的下调,以及智能手机的不断普及,中国移动广告市场呈现快速发展态势。艾瑞咨询发布的《2020 年中国网络广告市场年度洞察报告》显示,2019 年,中国网络广告市场规模达到 6464.3 亿元,同比增长 30.2%,预计至 2022 年整体规模

---

① 资料来源:http://www.rtbchina.com,2021 年 1 月 20 日访问。

将达到 12031.4 亿元。2019 年,移动广告市场规模达到 5415.2 亿元,增长率达 47.8%,在互联网广告整体市场中占比 83.8%,预计 2022 年整体规模将达到 10570.7 亿元。移动广告程序化购买将会成为互联网广告市场的新热点。移动广告程序化购买的趋势表现为:一是 RTB 成为移动广告程序化购买的主导方式;二是本地化移动广告的程序化购买市场空间广阔;三是品牌移动 DSP 公司将会受到数字广告市场青睐。目前,品友互动、易传媒、悠易互通、力美科技、多盟、有米等众多国内领先的 DSP 公司均已推出了移动广告需求方平台。

## 第二节 程序化购买广告公司的经营策略

### 一、拓宽融资渠道

对于 DSP 公司而言,获取社会资本的投入至关重要。近年来,DSP 公司受到资本市场的青睐。DSP 公司获取资金的主要渠道是风险投资、互联网企业资本、上市广告公司资本等,其中以风险投资为主(见表 16-2)。风险投资青睐程序化市场主要是看重该市场巨大的成长空间,并且希望通过资本投入获取经济收益,如果 DSP 公司能够成功 IPO 上市,风险投资者便可撤出资本而获益。互联网企业资本青睐 DSP 公司主要是提升自身在程序化购买方面的服务能力,实现广告代理的内部化。上市广告公司资本投资 DSP 公司的目的主要是实现公司的数字化转型,提升在程序化购买广告方面的代理能力,从而提升公司竞争力。DSP 公司则可以通过吸收风险资本、互联网企业资本、上市广告公司资本获取资金资源、大数据资源、策划创意资源和客户资源等。大数据、技术、创意和流量资源是决定 DSP 公司核心竞争力的关键性因素,DSP 公司融资获取的资金应该重点放在获取大数据资源、开发专业技术工具、提升策划创意水平、吸引高端专业人才等方面。

表 16-2 中国部分 DSP 公司的融资情况[①]

| 公司名 | 成立时间 | 轮次 | 融资时间 | 金额 | 投资方 |
|---|---|---|---|---|---|
| 互动通 | 2000 年 | A | 2002.3 | 200 万美元 | 成为基金、Manitou |
| | | B | 2006.8 | >100 万美元 | 红杉资本、日本亚洲基金(JAIC) |
| | | C | 2006.9 | >50 万美元 | CAI、红杉资本 |
| | | D | 2008.4 | 未披露 | WPP Digital |
| 亿玛 | 2004 | A | 2006.7 | 500 万美元 | 华登国际、鼎晖投资 |
| | | B | 2008.2 | 1000 万美元 | 华登国际、鼎晖投资 |
| | | C | 2011.7 | 数千万美元 | 兰馨亚洲 |
| 易传媒 | 2007 | A | 2008.5 | 600 万美元 | 金沙江创投 |
| | | B | 2009.7 | 1500 万美元 | Richmond Management、新闻集团 |
| | | C | 2010.10 | 4000 万美元 | Norwest Venture Partners |
| | | 控股 | 2015.1 | 3 亿美元 | 阿里巴巴集团 |

---

① 资料来源:根据投资潮网站(www.investide.cn)和各公司发布的融资报告整理。

续表

| 公司名 | 成立时间 | 轮次 | 融资时间 | 金额 | 投资方 |
|---|---|---|---|---|---|
| 悠易互通 | 2007 | A | 2010.2 | 1200万美元 | 思伟投资、戈壁基金 |
| | | B | 2011.2 | 2000万美元 | 美国橡树投资领投,思伟投资和戈壁基金本轮跟投 |
| | | C | 2012.9 | 未披露 | 未披露 |
| | | D | 2015.1 | 1600万美元 | 粤传媒 |
| 品友互动 | 2008 | A | 2011.5 | 1000万美元 | 富德资本 |
| | | B | 2013.1 | 2000万美元 | 宽带资本领投,盘古创富和富德资本跟投 |
| | | C | 2014.7 | 2000万美元 | 未披露 |
| | | D | 2015.12 | 5亿人民币 | 中移创新产业基金、北广文资歌华基金、深创投联合领投 |
| 聚效广告 | 2009 | A | 2009.1 | 300万美元 | 光速创投 |
| | | B | 2010.8 | 1200万美元 | 光速创投、纪源资本 |
| | | C | 2011.5 | 5000万美元 | 量子策略基金、光速创投、纪源资本 |
| | | 控股 | 2014.5 | 1亿美元以上 | 奇虎360 |
| 爱点击 | 2009 | A | 2010.2 | 未披露 | 住友商事 |
| | | B | 2011.2 | 2000万美元 | 贝塔斯曼亚洲投资基金、SSG Capital Partners、住友商事 |
| | | C | 2013.1 | 未披露 | 贝塔斯曼亚洲投资基金、SSG Capital Partners |
| | | D | 2014.12 | 6000万美元 | 蓝色光标 |
| 晶赞科技 | 2011 | A | 2013.3 | 2000万美元 | 北极光创投、因特尔投资 |
| | | B | 2014.9 | 未披露 | 携程 |
| | | C | 2014.12 | 2500万美元 | 蓝色光标 |
| 智云众 | 2012 | A | 2015.1 | 1000万美元 | 贝塔斯曼亚洲投资基金 |
| 璧合科技 | 2012 | A | 2013.7 | 2000万人民币 | 德丰杰、济南华科 |
| | | B | 2014.12 | 4300万人民币 | 蓝色光标 |
| | | 上市 | 2015.8 | 未披露 | 未披露 |

DSP公司获得融资,一方面可以为公司发展提供资金支持,另一方面也反映出投资方对其专业能力和市场前景的认可,大大提升其品牌影响力。例如,2015年12月,国内领先的DSP公司品友互动宣布拆除VIE架构回归国内资本市场,并同期完成巨额融资。据悉,此次融资金额高达5亿人民币,由中国移动和国家开发投资公司的中移创新产业基金、北广文资歌华基金、深创投联合领投。融资完成后,品友互动将嫁接中国资本市场的力量,打造升级的大

数据营销生态圈,通过行业整合并购进一步确立市场龙头地位,加快在移动、电视、户外等终端的程序化战略布局,全面拓展国际化业务。此次融资事件被国内专业媒体广泛报道,对于巩固和提升品友互动的行业知名度和品牌影响力具有积极作用。

## 二、建立战略联盟

DSP 公司通过建立战略联盟,可以提升大数据的获取能力、应用服务能力和程序化广告投放的专业能力。建立战略联盟主要有以下三种途径:

1. 与优势的互联网媒体建立战略联盟,从而获取大数据资源

例如,智子云作为 2014 年才进入 DSP 行业的后起之秀,凭借数据挖掘技术,快速成为 DSP 市场的生力军,并在 2015 年一举斩获百度 BES"最佳合作伙伴"大奖。智子云和百度 BES 的合作从合作之初就非常紧密,在许多领域都是首批应用:2014 年 6 月完成 BES PC 流量技术对接;2014 年 8 月完成 BES Mobile 流量技术对接,成为 BES 首批投放 In-App 移动广告的 DSP 之一;2014 年"双十一",智子云在 BES 的广告消耗量进入 TOP 5;2015 年 3 月成为首家完成 BES 视频流量的 DSP,并在 BES 投出了第一支视频贴片 DSP 广告;2015 年 6 月成为首家完成 BES 搜索关键词单元(link unit)流量对接的 DSP 并稳定消耗,极大增强了智子云的精准定向投放能力。

2. 与领先的广告技术公司之间建立战略联盟,提升服务能力

例如,2015 年 10 月,品友互动和全球领先的广告环境技术公司 IAS(Integral Ad Science)联合发布,双方达成战略合作,联手破局程序化广告的难题之一——广告环境,重点解决品牌安全、可见性等重大问题。品友互动也成为国内首家引入国际最领先的广告环境技术的 DSP 公司,致力为品牌客户打造最可控、最先进的品牌安全和可见性能力。IAS 团队通过不断加大研发力度,及时做到规避不良环境,确保安全有效,帮助品牌广告主解决品牌安全问题。与 IAS 的战略合作能够让品友互动的客户进行 DSP 投放时,提前对于品牌安全程度、可见度程度进行筛选设置。广告主通过品友互动 DSP 系统可选取安全可靠的投放环境,完成更高质量的广告投放。

3. 与专业的互联网技术公司合作,提升大数据应用服务能力

2015 年 11 月,新三板公司凌志软件发布公告称,公司与国内领先的大数据综合服务商智子云签署了战略合作框架协议,双方拟建立全面战略合作伙伴关系,成立金融大数据合资公司,共同向国内银行、证券及保险等金融机构提供大数据 IT 体系建设、用户行为分析、VRM、互联网营销等大数据相关的技术服务,合资公司由凌志软件控股,智子云参股。

## 三、提升专业实力

对于 DSP 公司而言,专业代理实力的强弱,直接决定了其在程序化广告市场中的竞争格局。事实上,对于 DSP 公司而言,程序化精准广告投放能力和程序化广告创意,是决定其核心竞争力的关键。

1. 提升在移动、跨屏、视频等程序化购买方面的能力

这就需要 DSP 公司不断加大在技术方面的研发力度,同时与互联网媒体和移动硬件提供商、移动通信服务商等建立战略合作,提升相关领域的服务能力。例如,品友互动从 2014 年开始布局移动程序化广告市场,率先对接优酷土豆、腾讯视频、爱奇艺、搜狐视频、PPTV、乐视、风行、暴风影音等 8 家主流移动视频流量;2015 年 5 月,与腾讯广点通、今日头条等优质 App

的交易平台完成流量对接;2015年7月,与优酷、爱奇艺、腾讯视频实现PDB(私有程序化购买)的对接。这些举措大大提升了品友互动在视频程序化购买和移动程序化购买方面的代理能力。2015年10月,与小米对接流量,对于品友互动继续布局移动DSP业务,提升跨屏程序化购买能力,具有重要意义。

2. 提升程序化广告创意能力和专业的策划创意水平

程序化广告创意是一种由数据和算法驱动,通过对广告创意内容进行智能制作和创意优化,从而整合互联网创意产业上下游的技术。例如,2015年10月,璧合科技在北京、上海、广州召开产品发布会,发布了AGAIN系统。该系统其中一个特点就是关于创意的优化,它提供一个程序化创意的制作工具,这个工具区别于以往的在线创意制作工具,因为它是由数据驱动的。在创意当中可以放置创意模板、创意公司LOGO、问候语、创意所包括的产品信息、这个产品所对应的人群等信息内容,通过这些信息的排列组合就可以生成无数的创意版本,然后针对不同人的喜好去投放,实现广告投放的"千人千面"。需要特别指出的是,程序化广告创意目前还只是一种标准化和程式化的创意,对于提高广告创意效率和投放效率具有重要意义,但是优秀的个性化广告创意仍然离不开优秀的广告文案创意和广告设计人员。为此,DSP公司可以通过组建专业团队提升广告策划创意能力,也可以与擅长数字营销策划创意的广告公司建立战略合作,为广告主提供专业服务。

## 四、慎重对待收购

DSP公司通常都是由风险资本支持的企业,总是希望在规定的时间和规定的回报率下给予资本一个退出机会。理想的出售方式一般是部分或全部,分阶段或一揽子,出售给公众或出售给其他公司。欧美市场目前共有400多家与广告技术相关的公司,且大量是近几年的新创公司,其中不少是DSP公司、移动营销技术公司和广告网络公司。除了少数IPO公司外,欧美市场广告技术公司的退出方式几乎都是并购,400多家公司中被并购的超过130家。对于DSP公司的经营管理者而言,需要制定公司的长远发展战略,慎重对待收购。目前,国内DSP公司发展路径主要是以下三种形式:

1. 出售部分或全部股权

出于公司发展的考量,DSP公司选择的收购方大多是大型互联网企业或营销传播集团。

(1)被大型互联网企业收购。大型互联网企业拥有大数据资源和媒体资源,DSP公司拥有大数据分析能力和专业的程序化购买广告交易工具,双方之间的强强联合可以发挥各自优势,提升DSP公司的核心竞争力。例如,2015年1月,阿里巴巴集团战略投资并控股易传媒。控股后,易传媒仍保持独立运营,与阿里巴巴集团旗下营销推广平台阿里妈妈一起,推动数字营销程序化在中国的发展。依托于易传媒的TradingOS平台以及阿里巴巴的大数据和云计算能力,通过对双方数据的打通,双方将合作建立端到端的数字广告技术和大数据营销基础设施平台,帮助网络媒体更好地提升流量变现能力,向广告主及第三方专业机构提供领先的技术和数据产品。此次合作不仅对易传媒的发展具有里程碑式的意义,对中国数字广告领域也会产生深刻且深远的影响。

(2)被大型营销传播集团收购。大型营销传播集团拥有客户资源和专业的策划创意能力,收购DSP公司可以迅速提升其在数字营销和程序化购买等方面的专业实力,实现公司的转型发展。例如,2015年6月,蓝色光标传播集团以2.89亿美元收购Domob Limited 100%的股权和多盟智胜网络技术(北京)有限公司(简称多盟)95%的股权,以6120万美元收购亿动广告传媒(Madhouse Inc.)(简称亿动)51%的股权,同时以1000万美元对亿动进行增资,上述投资完成后,蓝色光标持有亿动54.77%的股权。多盟和亿动是目前市场上两家优秀的移动广告公司,在技术、资源、平台产品和服务方面有非常好的积累与经验。同时,两家公司在区域优势、行业优势和技术优势方面高度互补。并购之后,蓝色光标传播集团与两家公司在资源体系、服务体系、客户体系及技术平台上实现战略共享,实现1+1＞2的整合效应。

2. "新三板"上市或IPO上市

纵观国际DSP行业,其中新创公司中优秀者已实现以IPO方式部分"出售"其股权并转变为公众企业。近年来,国内DSP公司的价值和快速增长的营收普遍被认可,各种不同行业的上市公司纷纷对广告技术公司进行投资。由于价值受到认可,一大批广告技术公司正在以新三板为目的整理自己的结构和筹措上市。新三板上市给包括广告技术公司在内的各类企业一条全新的发展路径,广告技术公司可以不急于出售而是通过新三板获得更多的选择,避免过早出售公司,缩短优秀企业与资本对接的效率,有利于其在产品和资本两个市场胜出。例如,2015年8月,北京璧合科技股份有限公司在新三板挂牌。璧合科技成立于2012年8月,利用广告基础架构及算法,为广告主提供了互联网效果的广告投放平台,具有数据分析与广告投放功能,以及跨屏、跨终端的程序化广告投放技术解决方案。璧合科技在2013年获得了由德丰杰和济南华科主导的A轮融资。2014年底公司又获得蓝色光标的B轮融资,并在挂牌新三板同时完成了由科大讯飞领投、国内知名券商和机构跟投的定向增发。上市后,璧合科技将加大对大数据挖掘和应用以及算法升级等方面的投入,提高广告效果转换率。事实上,新三板远不是广告技术公司发展的终点,随着主板IPO重启等新动向,之后更大规模的并购和新三板公司转向主板会是真正的重点。

3. 并购专业的广告技术公司或数字营销公司

一些有实力的DSP公司可以通过并购专业的广告技术公司或数字营销公司,完善产业链布局,从而转型为大型的数字营销传播集团。事实上,欧美国家一些独立发展的广告技术公司已经达到了体量庞大的级别,如AppNexus、Turn、MediaMath等一批平均年收入超过3亿美元的公司,它们也成为了并购中的买家。

## 五、开拓国际市场

随着中国经济实力和综合国力的提升,中国企业亟须拓展国际市场,对于DSP公司而言,既是挑战,更是机遇。DSP公司的国际化市场战略具体表现为两个方面:

1. 在国外成立独资或合资的DSP公司

在国外成立独资或合资的DSP公司,为中国企业跨国经营提供代理服务。例如,2015年7月,品友互动正式宣布投资成立北美公司BorderX Lab,打造跨境DSP营销平台,同时引入优秀技术人才,为进一步提高品友互动在程序化购买中的技术优势提供保障,此举意味着品友互动全球化布局脚步迈开了坚实的一步。BorderX Lab办公地设在美国硅谷,拥有和最前沿的广告技术对接的天然优势,又能够吸引很多当地的人才。北美团队能提供最新的移动技术和算法,加快移动DSP快速与国际接轨,有助于品友互动在移动技术上的创新和尝试,引入国外技术和人员加快移动端产品化和平台化。

## 2.与国外优势的互联网媒体和广告交易平台开展战略合作

与国外优势的互联网媒体和广告交易平台开展战略合作,为中国企业及品牌广告主的海外程序化广告投放提供优质服务。例如,Chinapex创略作为国内首家程序化独立媒体交易平台,一直致力于帮助中国的品牌及企业在大中华区及全球范围内提升品牌价值及创造业绩增长。作为国内第一家同时对接Facebook以及Facebook Exchange(FBX)的公司,创略运用包括Facebook的发布商数据以及第三方数据,助力中国企业及品牌广告主成功实现在海外的社交程序化投放。截至2019年12月31日,Facebook全球月活跃用户达23.75亿,在全球约130多个国家和地区占据社交媒体头把交椅。庞大的用户群体、真实的注册信息和全方位细分属性,以及成熟强大的广告系统及技术工具,能帮助企业更精准地找到潜在目标客户。此外,中国领先的互联网企业如阿里巴巴、腾讯、百度、字节跳动等也在积极开拓国际市场,广告公司可与这些互联网企业开展战略合作,服务中国品牌全球化战略。

# 参考文献

[1] 陈刚. 当代中国广告史(1979—1991)[M]. 北京:北京大学出版社,2010.
[2] 陈培爱. 广告学原理[M]. 2版. 上海:复旦大学出版社,2008.
[3] 丁俊杰,陈刚. 广告的超越:中国4A十年蓝皮书[M]. 北京:中信出版社,2016.
[4] 丁俊杰,康瑾. 现代广告通论[M]. 3版. 北京:中国传媒大学出版社,2013.
[5] 樊志育. 广告学原理[M]. 修订版. 上海:上海人民出版社,2000.
[6] 甘碧群. 市场营销学[M]. 3版. 武汉:武汉大学出版社,2014.
[7] 郜明. 广告经营与管理[M]. 上海:复旦大学出版社,2008.
[8] 何海明. 广告公司的经营与管理[M]. 2版. 北京:中国物价出版社,2002.
[9] 黄升民. 广告运作策略[M]. 沈阳:辽宁大学出版社,2005.
[10] 姜智彬. 广告公司经营与管理[M]. 郑州:郑州大学出版社,2009.
[11] 金成哲. 广告公司流程化与规范化管理手册[M]. 北京:人民邮电出版社,2011.
[12] 康善招,姚小远,余敏. 广告经营管理学[M]. 上海:华东理工大学出版社,2008.
[13] 廖秉宜. 自主与创新:中国广告产业发展研究[M]. 北京:人民出版社,2009.
[14] 廖秉宜. 中国广告监管制度研究[M]. 北京:人民出版社,2015.
[15] 廖秉宜. 广告经营与管理[M]. 西安:西安交通大学出版社,2016.
[16] 廖秉宜. 中国广告产业发展研究[M]. 北京:中国书籍出版社,2020.
[17] 廖秉宜. 数字内容营销[M]. 北京:科学出版社,2019.
[18] 廖秉宜,等. 智能营销传播新论[M]. 北京:社会科学文献出版社,2019.
[19] 廖秉宜,等. 智能营销传播理论与实践研究[M]. 北京:中国社会科学出版社,2021.
[20] 廖秉宜,付丹. 广告产业经济学理论与实践研究[M]. 北京:学习出版社,2012.
[21] 鲁彦娟. 广告公司工作流程与管理[M]. 北京:清华大学出版社,2011.
[22] 倪宁. 广告学教程[M]. 4版. 北京:中国人民大学出版社,2014.
[23] 谭力文,李燕萍. 管理学[M]. 3版. 武汉:武汉大学出版社,2012.
[24] 王俊豪. 现代产业经济学[M]. 杭州:浙江大学出版社,2005.
[25] 卫军英,王佳. 广告经营管理[M]. 北京:北京大学出版社,2013.
[26] 邬义钧,胡立君. 产业经济学[M]. 北京:中国财政经济出版社,2002.
[27] 徐卫华. 新广告学[M]. 长沙:湖南师范大学出版社,2007.
[28] 杨公朴,夏大慰. 现代产业经济学[M]. 上海:上海财经大学出版社,2005.
[29] 杨宇时. 知变——广告公司管理新思路[M]. 北京:机械工业出版社,2005.
[30] 张金海. 广告经营学[M]. 武汉:武汉大学出版社,2002.
[31] 张金海,程明. 广告经营与管理[M]. 2版. 北京:高等教育出版社,2013.
[32] 张金海,姚曦. 广告学教程[M]. 上海:上海人民出版社,2003.
[33] 张信和,张鸿梅,龚江南. 广告经营实务[M]. 北京:北京师范大学出版社,2012.

[34]赵洁.广告经营与管理[M].厦门:厦门大学出版社,2007.

[35]周茂君.广告经营与管理教程[M].武汉:武汉大学出版社,2011.

[36]朱强.广告公司经营与管理[M].武汉:武汉大学出版社,2007.

[37][美]威廉·阿伦斯,等.当代广告学[M].丁俊杰,程坪,陈志娟,等译.北京:人民邮电出版社,2013.

[38][美]尤基尼·汉默夫.广告代理公司经营实务[M].邱凯生,陈若鸿,等译.北京:企业管理出版社,1999.